Cisco Lexikon der Netzwerkbegriffe

Cisco Systems

Cisco Lexikon der Netzwerkbegriffe

Markt+Technik Verlag

Die Deutsche Bibliothek – CIP-Einheitsaufnahme

Ein Titeldatensatz für diese Publikation ist bei
Der Deutschen Bibliothek erhältlich.

Autorisierte Übersetzung der amerikanischen Originalausgabe:
Internetworking Technologies Handbook, Third Edition © 2001 by Cisco Press

10 9 8 7 6 5 4 3 2 1

04 03 02 01

ISBN 3-8272-6277-1

Einbandgestaltung: H2 Design, München
Lektorat: Angelika Ritthaler, aritthaler@pearson.de
Übersetzung und Lokalisierung: Uwe Ring, Cosmos Consulting GmbH, uwe.ring@cosmosnet.de
Fachlektorat: Ralf Kothe, Cisco Systems GmbH
Herstellung: Claudia Bäurle, cbaeurle@pearson.de
Satz: text&form, Fürstenfeldbruck
Druck und Verarbeitung: Media-Print, Paderborn
Printed in Germany

Einleitung

In der heutigen Geschäftswelt werden Computernetzwerke immer wichtiger und unersetzlicher. Macintosh-Benutzer im Marketingbereich, die über Local Talk verbunden sind, können Produktbeschreibungen, Datenblätter oder Präsentationen austauschen. Benutzer in der Buchhaltung können auf gemeinsame Datenbanken von Kundeninformationen über DECnet zugreifen. SUN Workstations können Produktspezifikationen über TCP/IP in einem Ethernet-Netzwerk austauschen. In der Produktion können IBM-Geräte Echtzeitdaten über Token-Ring bezüglich Verfügbarkeit von Teilen und Aufträgen, die von Zweigstellen über eine serielle Anbindung angefordert wurden, verarbeiten.

Cisco Systems stellt die Infrastruktur von mehr als 60% der Netzwerksysteme weltweit. Cisco Press hat diese Referenz erstellt, um Fachleuten aus der Netzwerkwelt, aber auch zukünftigen Administratoren die Definitionen der Begriffe nahe zu bringen, die in der Fachsprache üblich sind.

Der erste Teil des Lexikons befasst sich mit Begriffen, die ganz allgemein in der Internetworking-Umgebung vorkommen. Der zweite Teil deckt die für Cisco Systems und Cisco IOS üblichen Begriffe ab.

Obwohl viele Produkt-Namen und Beschreibungen in diesem Lexikon enthalten sind, können Sie detailliertere Informationen vom jeweiligen Hersteller erhalten. Informationen zu Cisco-Produkten finden Sie im *Product Catalog* der US-Homepage von Cisco: *www.cisco.com/public/products_prod.shtml.*

Wir hoffen, dass dieses Lexikon Ihnen beim Verständnis der Internet-Technologien behilflich ist. Vorschläge für neue Begriffe können über E-Mail an *uwe.ring@mut.de* gemacht werden.

Allgemeine Netzwerkbegriffe

# #

100BaseFX

100-Mbit/s-Fast-Ethernet-Bandbreitenspezifikation für zwei Stränge von Multimode-Lichtwellenleitern pro Verbindung. Um eine garantierte Signalzeit zu ermöglichen, kann eine 100BaseFX-Verbindung nicht länger als 400 Meter sein. Basiert auf dem IEEE-802.3-Standard. Siehe auch *100BaseX*, *Fast Ethernet* und *IEEE 802.3*.

100BaseT

100-Mbit/s-Fast-Ethernet-Bandbreitenspezifikation für UTP-Kabel (Unshielded Twisted Pair = nicht abgeschirmtes TP-Kabel). Wie auch die zugrunde liegende 10BaseT-Technologie, sendet 100BaseT-Verbindungsimpulse bei nicht vorhandenem Netzwerk-Verkehr. Die Verbindungsimpulse enthalten dabei jedoch mehr Informationen als bei 10BaseT. Basiert auf dem IEEE-802.3-Standard. Siehe auch *10BaseT*, *Fast Ethernet* und *IEEE 802.3*.

100BaseT4

100-Mbit/s-Fast-Ethernet-Bandbreitenspezifikation, die vier Paare von Kategorie-3-, -4- oder -5-Kabeln verwendet. Die maximale Länge einer 100BaseT4 darf 100 Meter nicht übersteigen. Basiert auf dem IEEE-802.3-Standard. Siehe auch *Fast Ethernet* und *IEEE 802.3*.

100BaseTX

100-Mbit/s-Fast-Ethernet-Bandbreitenspezifikation für zwei Paare von UTP- oder STP-Kabeln. Das erste Paar ist für das Senden, das zweite für das Empfangen von Daten vorgesehen. Um ein zuverlässiges Signalzeitverhalten zu garantieren, darf eine maximale Länge von 100 Metern bei 100BaseTX pro Kabelsegment nicht überschritten werden. Basiert auf dem IEEE-802.3-Standard. Siehe auch *100BaseX*, *Fast Ethernet* und *IEEE 802.3*.

100BaseX

100-Mbit/s-Fast-Ethernet-Bandbreitenspezifikation, das sich auf die 100BaseFX- und die 100BaseTX-Standards für Fast Ethernet über Lichtwellenleiter bezieht. Basiert auf dem IEEE-802.3-Standard.

100VG-AnyLAN

100-Mbit/s-Fast-Ethernet- und Token-Ring-Technologie für vier Paare von Kategorie-3-, -4- oder -5-UTP-Kabeln. Diese von Hewlett Packard entwickelte Hochgeschwindigkeitsübertragungsform kann auf vorhandenen 10BaseT-Netzwerken eingesetzt werden. Basiert auf dem 802.12-Standard. Siehe auch *IEEE 802.12*.

10Base2

10-Mbit/s-Ethernet-Bandbreitenspezifikation für 50-Ohm-Koaxialkabel. 10Base2, das Bestandteil der IEEE-802.3-Spezifikation ist, hat eine maximale Länge von 185 Metern pro Kabelsegment. Siehe auch *Cheapernet*, *Ethernet*, *IEEE 802.3* und *Thinnet*.

10Base5
10-Mbit/s-Ethernet-Bandbreitenspezifikation für standardmässige dicke 50-Ohm-Koaxialkabel. 10Base5, das Bestandteil der IEEE-802.3-Bandbreitenspezifikation der physikalischen Ebene ist, hat eine maximale Länge von 500 Metern pro Kabelsegment. Siehe auch *Ethernet* und *IEEE 802.3.*

10BaseF
10-Mbit/s-Ethernet-Bandbreitenspezifikation, das auf die 10BaseFB-, 10BaseFL- und 10BaseFP-Standards für Ethernet über Lichtwellenleiterkabel verweist. Siehe auch *10BaseFB*, *10BaseFL*, *10BaseFP* und *Ethernet.*

10BaseFB
10-Mbit/s-Ethernet-Bandbreitenspezifikation für Lichtwellenleiter. 10BaseFB ist Bestandteil der IEEE-10BaseF-Spezifikation. Es wird nicht für die Verbindung von Arbeitsstationen verwendet, sondern dient der Bereitstellung eines synchronen Backbone, der es ermöglicht, weitere Segmente an das Netzwerk anzuschließen. 10BaseFB-Kabelsegmente können bis zu 2000 Meter Länge aufweisen. Siehe auch *10BaseF* und *Ethernet.*

10BaseFL
10-Mbit/s-Ethernet-Bandbreitenspezifikation für Lichtwellenleiter. 10BaseFL ist Bestandteil der IEEE-10BaseF-Spezifikation und, da es in der Lage ist, mit FOIRL zusammenzuarbeiten, wurde definiert, um die FOIRL-Spezifikation zu ersetzen. 10BaseFL-Kabelsegmente können bei Verwendung von FOIRL maximal 1000 Meter, ohne FOIRL 2000 Meter lang sein. Siehe auch *10BaseF*, *Ethernet* und *FOIRL.*

10BaseFP
10-Mbit/s-fiber-passiv-Ethernet-Bandbreitenspezifikation für Lichtwellenleiter. 10BaseFP ist Teil der IEEE-10BaseF-Spezifikation. Es organisiert eine bestimmte Zahl von Computern ohne Verwendung von Repeatern als Stern-Topologie. 10BaseFP-Kabelsegmente können bis zu 500 Meter lang sein. Siehe auch *10BaseF* und *Ethernet.*

10BaseFX
100-Mbit/s Fast-Ethernet-Basisband-Spezifikation über zwei Stränge Multimode Glasfaserkabel pro Link. Um das Signal-Timing zu erhalten, dürfen 400 Meter Länge nicht überschritten werden. Basiert auf IEEE 802.3. Siehe auch *100BaseX*, *Fast Ethernet* und *IEEE 802.3.*

10BaseT
10-Mbit/s-Ethernet-Bandbreitenspezifikation für zwei Paare von Twisted-Pair-Kabel (Kategorie 3, 4 oder 5), ein Paar für das Senden, ein Paar für das Empfangen von Daten 10BaseT, das ein Bestandteil der IEEE-802.3-Spezifikation ist, hat eine maximale Länge von ca. 100 Metern pro Segment. Siehe auch *Ethernet* und *IEEE 802.3.*

10Broad36
10-Mbit/s-Ethernet-Bandbreitenspezifikation für Breitband-Koaxialkabel. 10Broad36, das Bestandteil der IEEE-802.3-Spezifikation ist, hat eine maximale Länge von 3600 Meter pro Kabelsegment. Siehe auch *Ethernet* und *IEEE 802.3.*

1822
Historischer Begriff, der sich auf das ursprüngliche ARPANET-Host zu IMP-Interface bezieht. Die Spezifikationen finden sich im BBN-Report 1822. Siehe *Host* und *IMP.*

24th Channel Signaling
Siehe auch *A&B Bit Signaling.*

370 Block Mux Channel
Siehe *Block Multiplexer Channel.*

4B/5B Local Fiber
4-Byte/5-Byte Local Fiber. Physikalisches Lichtwellenleitermedium, das für FDDI oder ATM verwendet wird. Unterstützt Geschwindigkeiten bis 100 Mbit/s über Multimode-Fiber. Siehe auch *TAXI 4B/5B.*

4-Byte/5-Byte Local Fiber
Siehe *4B/5B Local Fiber.*

6BONE
Das experimentelle IPv6-Netz des Internets.

802.x
Reihe von IEEE-Standards für die Definition von LAN-Protokollen.

822
Kurz für RFC 822. Bezieht sich auf das Format der Internet-E-Mail.

8B/10B Local Fiber
8-Byte/10-Byte Local Fiber. Physikalisches Lichtwellenleitermedium, das Geschwindigkeiten bis zu 149,76 Mbit/s über Multimode-Fiber unterstützt.

8-Byte/10-Byte Local Fiber
Siehe *8B/10B Local Fiber.*

A

A&B Bit Signaling

Vorgang, der bei T1-Übertragungsanschlüssen genutzt wird. Jeder der 24 T1-Kanäle verwendet ein Bit von jedem sechsten Frame zum Transport von Administrationssignalinformation. Auch *24th Channel Signaling* genannt.

A/D

Analog-Digital-Wandler.

AAA

Authentifikation, Authorisation, Accounting. Gesprochen »Triple A«.

AAL

ATM Adaptation Layer. Diensteabhängige Unterschicht der Datenverbindungsschicht. Der AAL akzeptiert Daten von unterschiedlichen Anwendungen und übergibt sie in Form von 48-Byte-ATM-Nutzlast-Segmenten zur ATM-Schicht. AALs bestehen aus zwei Unterschichten, CS und SAR. AALs unterscheiden sich hinsichtlich des Quelle-Ziel-Zeitverhaltens durch die Verwendung von CBR bzw. VBR, und ob sie Daten verbindungsorientiert oder nicht verbindungsorientiert transportieren. Zurzeit werden von der ITU-T vier AALs empfohlen: AAL1, AAL2, AAL3/4, AAL5. Siehe auch *AAL1*, *AAL2*, *AAL3/4*, *AAL5*, *CS*, und *SAR*. Siehe auch *ATM* und *ATM-Schicht*.

AAL1

ATM Adaptation Layer 1. Einer der vier von der ITU-T empfohlenen AALs. AAL1 wird für verbindungsorientierte, verzögerungsempfindliche Dienste verwendet, die eine konstante Bitrate erfordern, wie z.B. unkomprimierte Videos. Siehe auch *AAL*.

AAL2

ATM Adaptation Layer 2. Einer der vier von der ITU-T empfohlenen AALs. AAL2 wird für verbindungsorientierte Dienste verwendet, die eine variable Bitrate unterstützen, z.B. Sprachverkehr. Siehe auch *AAL*.

AAL3/4

ATM Adaptation Layer 3/4. Einer der vier von der ITU-T empfohlenen AALs (aus zwei unterschiedlichen Schichten bestehend). AAL 3/4 unterstützt sowohl die verbindungsorientierten als auch die nicht verbindungsorientierten Anbindungen, es wird aber hauptsächlich für die Übertragung von SMDS-Paketen über ATM-Netzwerke benutzt. Siehe auch *AAL*.

AAL5

ATM Adaptation Layer 5. Einer der vier von der ITU-T empfohlenen AALs. AAL5 unterstützt verbindungsorientierte VBR-Dienste und wird hauptsächlich für den klassischen IP-Verkehr über ATM und LANE eingesetzt. AAL5 greift auf SEAL zurück und ist das einfachste der derzeit empfohlenen AALs. Es bietet einen geringen Bandbreitenoverhead und einfachere Prozessanforderungen bei eingeschränkten Bandbreitenmöglichkeiten und Fehlerkorrektureigenschaften. Siehe auch *AAL* und *SEAL*.

AARP
AppleTalk Address Resolution Protocol. Protokoll der Apple-Protokollsammlung, das einer Netzwerk-Adresse eine Datenverbindungsadresse zuweist.

AARP-Probe-Pakete
Pakete, die von AARP übertragen wurden, um festzustellen, ob eine zufällig gewählte Knoten-ID von einem anderen Knoten in einem nicht erweiterten AppleTalk-Netzwerk verwendet wird. Falls die Knoten-ID nicht belegt ist, benutzt der sendende Knoten diese ID. Falls die Knoten-ID benutzt wird, wählt der sendende Knoten eine neue ID aus und verifiziert sie wiederum mittels AARP-Probe-Paketen. Siehe auch *AARP*.

ABCD Signalisierung
4-Bit-Telefon-Signalisierung, bei der jeder Buchstabe eines der vier Bit repräsentiert. Oft in Verbindung mit CAS oder Robbed-Bit-Signalisierung auf T1- oder E1-Telefonsträngen.

ABM
Asynchronous Balanced Mode. HDLC-Kommunikationsmodus, der Peer-orientierte Punkt-zu-Punkt-Kommunikation zwischen zwei Stationen unterstützt, wobei jede Station die Übertragung beginnen kann.

ABR
1. Available Bit Rate = verfügbare Übertragungsrate. Eine QOS-Klasse, die vom ATM-Forum für ATM-Netzwerke definiert wurde. ABR wird für Verbindungen verwendet, für die keine Taktung zwischen Quelle und Ziel erforderlich ist. ABR bietet keine Garantie in bezug auf Elementverlust oder Verzögerung, nur den bestmöglichen Service. Die Sendequelle regelt die Übertragungsrate in Abhängigkeit von der Information, die den Netzwerkzustand und die Fähigkeit, Daten erfolgreich zu übermitteln, beschreibt. Siehe auch *CBR*, *UBR*, und *VBR*.

2. Area Border Router. Router, der an der Grenze eines oder mehrerer OSPF-Bereiche liegt, welche diese Bereiche mit dem Netzwerk-Backbone verbindet. ABRs werden als Mitglieder vom OSPF-Backbone und von den angeschlossenen Bereichen angesehen. Deswegen pflegen Sie die Routing-Tabellen sowohl für die Backbone-Topologie als auch für die Topologien der anderen Bereiche.

ABRD
Automatic Baud Rate Detection.

Abstract Syntax Notation One
Siehe *ASN.1*.

AC
Alternating Current (Wechselspannung).

Access List (Zugangsliste)
Liste im Router, die den Zugang zum oder vom Router für eine Anzahl von Diensten kontrolliert (z.B. um zu verhindern, dass Pakete mit einer bestimmten IP-Adresse eine bestimmte Schnittstelle des Routers verlassen).

Access Method (Zugriffsmethode)
1. Die Art und Weise, in der Netzwerkgeräte auf das Netzwerkmedium zugreifen;

2. Software innerhalb eines SNA-Prozesses, die den Informationsfluss über das Netzwerk kontrolliert.

Access Server (Zugangs-Server)

Kommunikationsprozessor, der asynchrone Geräte mit einem LAN oder WAN über Netzwerk- oder Terminalemulations-Software verbindet. Kann sowohl asynchrones als auch synchrones Routing von unterstützten Protokollen ausführen. Manchmal auch *Network Access Server* genannt (s.a. *Communication Server*).

Accounting-Management

Eine von fünf Kategorien für die Netzwerk-Verwaltung, die von der ISO für das Management von OSI-Netzwerken definiert wurde. Abrechnungsmanagement-Subsysteme sind verantwortlich für das Sammeln von Netzwerkdaten und deren Ressourcennutzung. Siehe auch *Konfigurationsmanagement*, *Fault-Management*, *Performance-Management* und *Security-Management*.

ACD

Automatic Call Distribution (automatische Anrufverteilung). Gerät oder Dienst, der automatisch Anrufe zu Teilnehmern in geografisch verteilten Regionen weiter routet. Siehe auch *CO*.

ACELP

Algebraic Code Excited Linear Prediction.

ACF

Advanced Communications Function. Eine Gruppe von SNA-Produkten, die verteilte Prozesse und Ressourcensharing unterstützen. Siehe auch *ACF/NCP*.

ACF/NCP

Advanced Communications Function/Network Control Program. Das erste SNA-NCP. AFC/NCP befindet sich im Kommunikationscontroller und den Schnittstellen mit SNA-Zugriffsmethoden im Host-Prozessor, um die Netzwerkkommunikation zu kontrollieren. Siehe auch *ACF* und *NCP*.

Acknowledgement

Meldung, die von einem Netzwerkgerät zu einem anderen geschickt wird, um zu bestätigen, dass ein Ereignis (z.B. der Empfang einer Nachricht) eingetreten ist. Manchmal auch mit ACK abgekürzt. Vergleiche auch *NAK*.

ACK

Siehe *Acknowledgement*.

ACR

Allowed Cell Rate. Parameter, der vom ATM-Forum für das ATM-Verkehrsmanagement definiert wurde. ACR variiert zwischen MCR und PCR und wird durch Staukontrollmechanismen dynamisch gesteuert.

ACS

Asynchronous Communications Server.

ACSE
Association Control Service Element. Eine OSI-Konvention, die benutzt wird, um eine Verbindung zwischen zwei Applikationen einzurichten, aufrechtzuerhalten oder zu beenden.

ActiveX
Windows-spezifische Technik für Applets ohne Java. ActiveX-Applets brauchen merklich länger zum Herunterladen als entsprechende Java-Applets, allerdings nutzen sie die Fähigkeiten von Windows besser aus. Siehe auch *Applet, Java.*

ACU
Automatic Calling Unit.

ACUTA
Association of College and University Telecomm Administrators.

AD
Administrative Domäne. Gruppen von Hosts, Routern und Netzwerken, die von einer einzelnen Organisation betrieben und verwaltet werden.

Adapter
Siehe *NIC (Network Interface Card).*

Adaptive Differential Pulse Code Modulation
Siehe *ADPCM.*

adaptives Routing
Siehe *dynamisches Routing.*

ADCCP
Advanced Data Communications Control Protocol. Ein ANSI-Standard, bitorientiertes Kontrollprotokoll für die Datenverbindung.

Address Mapping (Adresszuordnung)
Diese Technik ermöglicht die Zusammenarbeit verschiedener Protokolle durch das Übersetzen von Adressen in unterschiedliche Formate. Beispiel: Falls IP über X.25 geroutet wird, muss die IP-Adresse der X.25-Adresse zugewiesen werden, sodass die IP-Pakete über das X.25-Netzwerk transportiert werden können. Siehe auch *Address Resolution (Adressauflösung).*

Address Mask (Adressmaske)
Bit-Kombination, die beschreibt, welcher Teil einer Adresse sich auf das Netzwerk oder das Subnetz und welcher Teil sich auf den Host bezieht. Manchmal wird sie nur als Maske bezeichnet. Siehe auch *Subnetz-Maske.*

Address Resolution (Adressauflösung)
Allgemein eine Methode zum Auflösen von Schwierigkeiten zwischen Adressierungverfahren von Computern. Adressauflösung spezifiziert eine Methode, um Netzwerkschichten (Schicht 3) auf Datenverbindungsschichten (Schicht 2) abzubilden. Siehe auch *Address Mapping (Adresszuordnung).*

Address Resolution Protocol
Siehe *ARP.*

Addressed Call-Modus

Ein Modus, der es Kontrollsignalen und Befehlen erlaubt, Anrufe in V.25bis aufzubauen und zu beenden. Siehe auch *V.25bis*.

ADF

Adapter Description File.

Adjacency (Angrenzen)

Beziehung zwischen ausgewählten benachbarten Routern und Endpunkten, die benutzt wird, um Routing-Informationen auszutauschen. Basiert auf der Benutzung eines gemeinsamen Mediensegments.

Adjacent Nodes (direkt benachbarte Knoten)

1. Knoten, die mit einem vorgegebenen Knoten in SNA-Netzwerken ohne dazwischenliegenden Knoten verbunden sind.

2. Knoten in DECnet- und OSI-Netzwerken, die sich ein gemeinsames Netzwerksegment teilen (in Ethernet, FDDI oder Token-Ring-Netzwerken).

ADM

Add Drop Multiplexer. In OSS ein Multiplexer, der es erlaubt, ein Signal zu einem SONET hinzuzufügen oder fallen zu lassen. Siehe auch *SONET*.

ADMD

Administration Management Domain. Öffentlicher Träger des X.400-Nachrichten-Behandlungssystems. Alle ADMDs weltweit ergeben zusammen das X.400-Backbone. Siehe auch *PRMD*.

administrative Entfernung

Eine Einschätzung der Vertrauenswürdigkeit einer Informationsquelle für das Routing. Je höher der Wert, desto geringer die Einschätzung der Vertrauenswürdigkeit.

Admission Control (Zugangskontrolle)

Siehe *Traffic Policing (Verkehrsüberwachung)*.

ADP

Automatic Data Processing.

ADPCM

Adaptive Differential Pulse Code Modulation. Prozess, bei dem analoge Sprachsamples als qualitativ hochwertige digitale Signale kodiert werden.

Adresse

Datenstruktur oder logische Konvention, die verwendet wird, um das eindeutige Vorhandensein z.B. eines bestimmten Prozesses oder Netzwerkgeräts, zu erkennen.

ADSL

Asymmetric Digital Subscriber Line. Eine von vier DSL-Techniken. ADSL liefert mehr Bandbreite Downstream als Upstream. Downstream-Raten gehen von 1,5 bis 9 Mbit/s, während Upstream-Raten von 16 bis 640 Kbit/s gehen. ADSL-Übertragungen gehen über Entfernungen bis zu 5500 Meter über ein einzelnes verdrilltes Kupferkabel. Siehe auch *HDSL, SDSL* und *VDSL*.

ADSP
AppleTalk Data Stream Protocol.

ADSU
ATM DSU. Terminaladapter, der benutzt wird, um ein ATM-Netzwerk über ein HSSI-kompatibles Gerät anzusteuern. Siehe auch *DSU*.

ADTS
Automated Digital Terminal System.

Advanced Communications Function/Network Control Program
Siehe *ACF/NCP*.

Advanced Communications Function
Siehe *ACF*.

Advanced CoS Management
Erweitertes Class of Service-Management. Grundlage für die Bereitstellung des benötigten QoS für alle Anwendungen. Cisco-Switches beherrschen per-VC Queuing, per-VC Rate Scheduling, Multiple CoS Queuing und Egress Queuing. Dies ermöglicht es dem Netzwerk-Verwalter, Verbindungen so einzurichten, dass die jeweiligen Anforderungen der Anwendung erfüllt werden. Früher FairShare oder OptiClass genannt.

Advanced Data Communications Control Protocol
Siehe *ADCCP*.

Advanced Intelligent Network
Siehe *AIN*.

Advanced Peer-to-Peer Networking
Siehe *APPN*.

Advanced Program-to-Program Communication
Siehe *APPC*.

Advanced Research Projects Agency Network
Siehe *ARPANET*.

Advanced Research Projects Agency
Siehe *ARPA*.

Advanced Research Projects Agency
Siehe *ARPA*.

Advertising (Bekanntmachen)
Ein Router-Prozess, bei dem Routing- oder Dienste-Updates in einem bestimmten Intervall verschickt werden, sodass andere Router im Netzwerk ihre Listen von nutzbaren Routen aufrechterhalten können.

AE
Application Entity.

AEP
AppleTalk Echo Protocol. Wird verwendet, um die Verbindung zwischen zwei Apple-Knoten zu testen. Ein Knoten sendet ein Paket zu einem anderen Knoten und empfängt eine Kopie bzw. ein Echo von diesem Paket.

AFCEA
Armed Forces Communications and Electronics Association.

AFI
Authority and Format Identifier. Teil einer ATM-Adresse im NSAP-Format, die Typ und Format des IDI-Teils der ATM-Adresse angibt. Siehe auch *IDI* und *NSAP*.

AFNOR
Association Française de Normalisation.

AFP
AppleTalk Filing Protocol. Presentation-Layer-Protokoll, das es Usern ermöglicht, Dateien und Applikationen auf einem Datei-Server gemeinsam zu nutzen. AFP unterstützt AppleShare und Mac OS File Sharing.

AFS
Andrew File System.

Agent
Allgemein: eine Software, die Anfragen bearbeitet und im Auftrag einer Anwendung Antworten zurückschickt.

AI
1. Artificial Intelligence.
2. Access Interface.

AIM
Asynchronous Interface Modul.

AIN
Andvanced Intelligent Network. Stellt in SS7 erweiterte Dienste für User unter deren Kontrolle zur Verfügung. Veränderungen an Switch-Architektur, Signalisierung und Peripherie sind nötig. Siehe auch *SS7*.

AIO
Asynchronous Input/Ouput.

AIP
Siehe *AIP* im Abschnitt »Cisco Systems Begriffe und Akronyme«.

AIS
Alarm Indication Signal. Während einer T1-Verbindung wird anstelle des normalen Signals dieses Signal übertragen, um die kontinuierliche Übertragung aufrechtzuerhalten und dem Empfangsterminal mitzuteilen, dass entweder am Übertragungsterminal oder nachfolgend ein Übertragungsfehler aufgetreten ist. Siehe auch *T1*.

AIX
Advanced Interface Executive.

aktive Hubs
Mehrkanalige Geräte, die LAN-Signalübermittlungen verstärken.

aktiver Monitor
Gerät, das für die Token-Ring-Verwaltung zuständig ist. Ein Netzwerkknoten wird als aktiver Monitor im Netz ausgewählt, falls dessen MAC-Adresse die höchste im Token-Ring darstellt. Der aktive Monitor ist verantwortlich für Verwaltungsaufgaben, wie beispielsweise das Sicherstellen, dass Tokens nicht verlorengehen oder Frames undefiniert kreisen. Siehe auch *Ring-Monitor* und *Standby-Monitor.*

Alarm Indication Signal
Siehe *AIS*.

Alarm
Nachricht, die einen Administrator über ein Netzwerkproblem informiert. Siehe auch *Event (Ereignis)* und *Trap*.

A-Law
Der ITU-T-Standard, der bei der Umwandlung zwischen analogen und digitalen Signalen in PCM-Systemen verwendet wurde. A-Law wird vorzugsweise in europäischen Telefonnetzen verwendet und ist identisch zum nordamerikanischen µ-Law-Standard. Siehe auch *Companding* und *Mikro-Law.*

Algorithmen
Wohldefinierte Regel oder wohldefinierter Prozess. In Netzwerken werden Algorithmen dazu benutzt, die beste Route für den Netzwerkverkehr von einer bestimmten Quelle zu einem bestimmten Ziel zu ermitteln.

Alias
Siehe *Entity (Entität)*.

Alignment Error (Ausrichtungsfehler)
In IEEE-802.3-Netzwerken tritt ein Fehler auf, falls die Anzahl von Bits eines empfangenen Frame nicht durch acht teilbar ist. Die Fehler werden meist durch Beschädigungen der Frames aufgrund von Kollisionen verursacht.

A-Link
SS7 Zugangs-Link. Dedizierter SS7-Signalisierungs-Link, der physikalisch nicht mit einem bestimmten Traffic übertragenden Link assoziiert ist.

Allowed Cell Rate (Zulässige Zellrate)
Siehe *ACR*.

All-Rings-Explorer-Paket
Siehe *All-Routes-Explorer-Paket*.

All-Routes-Explorer-Paket

Erkundungspaket, welches ein gesamtes SRB-Netzwerk durchquert und dabei allen möglichen Pfaden zu einem bestimmten Ziel folgt. Eine andere Bezeichnung ist *All-Rings-Explorer-Paket*. Siehe auch *Explorer-Paket*, *Local-Explorer-Paket* und *Spanning-Explorer-Paket*.

ALO Transaction

ATP-Transaktion, bei der der Request solange wiederholt wird, bis eine Antwort empfangen wird oder eine maximale Wiederholungszahl erreicht ist. Dieser Mechanismus stellt sicher, dass der Transaction-Request mindestens einmal ausgeführt wird. Siehe auch *ATP*.

ALS

Active Line State.

Alternate Mark Inversion (alternierende Markierungsumkehrung)

Siehe *AMI*.

AM

Amplitudenmodulation. Modulationstechnik, durch die Informationen über die Amplitude des Trägersignals übertragen werden. Vergleiche mit *FM* und *PAM*. Siehe *Modulation*.

AMA

Automatic Messaging Accounting. Die automatische Sammlung, Aufzeichnung und Verarbeitung von Informationen zur Anrufabrechnung in OSS.

AMADNS

AMA Data Networking System. System nächster Generation (früher Bellcore) für Sammlung und Transport von AMA-Daten von den zentralen Switches zu einem Abrechnungssystem. Siehe auch *AMA*.

AMATPS

AMA Teleprocessing System. Bellcore System für Sammlung und Transport von AMA-Daten von zentralen Switches zu einem Abrechnungssystem in OSS. AMATPS besteht aus AMA-Übertrager und Sammler. Siehe auch *AMA*.

American National Standards Institute

Siehe *ANSI*.

American Standard Code for Information Interchange

Siehe *ASCII*.

AMI

Alternate Mark Inversion = alternierende Markierungsumkehrung. In T1- und E1-Leitungen verwendete Leitungscodeart. Bei der AMI werden Nullen in jeder Bit-Zelle durch 01 dargestellt und Einsen abwechselnd durch 11 bzw. 00. Für die AMI ist es erforderlich, dass das sendende Gerät die Ones-Density (die Dichte der Einser zueinander) beibehält. Die Ones-Density wird nicht unabhängig vom Datenstrom beibehalten. Manchmal auch als *binärkodierte alternierende Markierungsumkehrung* bezeichnet. Siehe auch *Ones-Density*.

Amplitudenmodulation

Siehe *AM*.

Amplitude
Maximalwert einer analogen oder digitalen Wellenform.

AMRL
Adjusted Main Ring Length.

Analog Signal
Die Darstellung von Information mit einer durchgehenden veränderbaren physikalischen Größe wie Spannung. Wegen der durchgehenden Veränderbarkeit und der Periodenverschiebung kann ein analoges Signal theoretisch eine unendliche Zahl von Zuständen oder Werten aufnehmen. Dies steht in Kontrast zu einem digitalen Signal, das als Rechteck-Welle nur eine sehr begrenzte Zahl an Zuständen darstellen kann.

Analog Transmission (analoge Übertragung)
Signalübertragung per Drahtleitung oder durch die Luft, bei der die Informationen durch die Veränderung irgendeiner Kombination von Amplitude, Frequenz und Phase des Signals übermittelt werden.

ANI
Automatic Number Identification. SS7-Feature, bei dem eine Reihe von Ziffern, analog oder digital, dem Anruf hinzugefügt werden und so die Telefonnummer des anrufenden Geräts wiedergeben.

Anonymous FTP
Ermöglicht es dem Nutzer, aus dem Internet Dateien herunterzuladen, ohne ein User/Passwort-Paar zu besitzen. Mit dem speziellen Usernamen anonymous gelangt der User in den öffentlichen Bereich des FTP-Servers. Siehe *FTP*.

ANP
Automatic Numbering Plan.

ANSI X3T9.5
Siehe *X3T9.5*.

ANSI
American National Standards Institute. Eine freiwillige Organisation, die sich aus Betrieben, Regierungsstellen und anderen Mitgliedern zusammensetzt. Sie koordiniert die normenbezogenen Aktivitäten, stimmt nationalen Standards der USA zu und entwirft Positionen der USA in internationalen Normierungsgremien. Das ANSI hilft bei der Entwicklung internationaler und US-amerikanischer Standards, die sich unter anderem auf die Bereiche Kommunikation und Netzwerke beziehen. Das ANSI ist ein Mitglied der IEC und der ISO. Siehe auch *IEC* und *ISO*.

Antenne
Gerät für Übertragung und Empfang von Funkwellen. Antennen sind für relativ eng definierte Frequenzen ausgelegt und sehen teilweise sehr unterschiedlich aus. Eine Antenne für ein 2,5-GHz-System (MMDS) arbeitet nicht mit einem 28-GHz-(LMDS-)System zusammen.

ANW
Advanced Netware.

Anycast

In ATM kann eine Adresse von mehreren Endsystemen geteilt werden. Eine Anycast-Adresse kann dafür verwendet werden, einen Request zu einem Knoten zu routen, der bestimmte Dienste anbietet.

AOW

Asia and Oceania Workshop. Einer der drei regionalen ISO-Implementierungs-Workshops. Siehe auch *EWOS*.

AP

1. Application Process.
2. Application Processor.

APA

All Points Addressable.

APAD

Asynchronous Packet Assembler/Disassembler.

APaRT

Automated Packet Recognition/Translation. Mit dieser Technologie lässt sich ein Server an CDDI oder FDDI anbinden, ohne dass eine Neukonfiguration der Anwendungen oder Netzwerkprotokolle erforderlich ist. APaRT erkennt bestimmte einkapselnde Pakettypen der Datensicherungsschicht und übersetzt diese bei der Übertragung von einem Medium auf ein anderes in das native Format des Zielgeräts.

APC

Adjacent Point Code. Der Point Code für den nächsten Hop im System für den Trägerkanal; normalerweise ist dies der STP (Signal Transfer Point).

APDU

Application Protocol Data Unit.

API

Application Programming Interface. Spezifikation von Konventionen für Funktionsaufrufe, die eine Schnittstelle zu einem Dienst definiert.

APNIC

Asia Pacific Network Information Center. Uneigennützige Internet-Registrierungsorganisation für die asiatische Pazifikregion. Die anderen Internet-Registrierungen sind im Moment IANA, RIPE NCC und InterNIC.

Apollo Domain

Von Apollo-Computer entwickelte proprietäre Sammlung von Netzwerkprotokollen für die Kommunikation in proprietären Apollo-Netzwerken.

APPC

Advanced Program-to-Program Communication. IBM-SNA-Systemsoftware, die in einer verteilten Rechnerumgebung eine Kommunikation mit hoher Geschwindigkeit zwischen Programmen auf verschiedenen Computern ermöglicht. APPC baut Verbindungen zwischen kommunizierenden Programmen auf bzw. beendet sie und besteht aus zwei Schnittstellen: einer Programmierschnittstelle und einer Schnittstelle für den Datenaustausch. Erstere reagiert auf Requests von Programmen, die kommunizieren müssen; Letztere baut Arbeitssitzungen zwischen Programmen auf. APPC läuft auf LU-6.2-Geräten. Siehe auch *LU 6.2*.

Applet

Kleines Programm, oft im Kontext von Java-basierten Programmen, das kompiliert und in einer HTML Seite eingebettet wird. Siehe auch *ActiveX* und *Java*.

AppleTalk Address Resolution Protocol

Siehe *AARP*.

AppleTalk Echo Protocol

Siehe *AEP*.

AppleTalk Remote Access

Siehe *ARA*.

AppleTalk Transaction Protocol

Siehe *ATP*.

AppleTalk Update-Based Routing Protocol

Siehe *AURP*.

AppleTalk Zone

Siehe *Zone*.

AppleTalk

Von Apple Computer entworfene Reihe von Kommunikationsprotokollen. Derzeit gibt es zwei Phasen. Phase 1, die frühere Version, unterstützt ein einzelnes physikalisches Netzwerk, das nur eine Netzwerknummer besitzen und sich nur in einer Zone befinden kann. Phase 2, die aktuellere Version, unterstützt mehrere logische Netzwerke in einem einzelnen physikalischen Netzwerk und gestattet auch Netzwerke in mehr als einer Zone. Siehe auch *Zone*.

Application (Anwendung)

Programm, das Funktionen direkt für den User ausführt. FTP und Telnet Clients sind Beispiele für Netzwerk-Applikationen/Anwendungen.

Application Layer (Anwendungsschicht)

Schicht 7 des OSI-Referenzmodells. Diese Schicht stellt Dienste für Anwendungsprozesse bereit (beispielsweise E-Mail, Dateiübertragung und Terminalemulation), die sich außerhalb des OSI-Modells befinden. Die Anwendungsschicht stellt die Verfügbarkeit von zukünftigen Kommunikationspartnern (und die erforderlichen Ressourcen) fest und richtet sie ein, synchronisiert kooperierende Anwendungen und sorgt für eine Vereinbarung über Verfahren zur Wiederherstellung nach Fehlern und zur Kontrolle der Datenintegrität. Entspricht grob dem *Transaction Services Layer (Transaktionsdiensteschicht)* im SNA-Modell. Siehe auch *Data Link Layer (Datensicherungsschicht)*, *Network Layer (Netzwerkschicht)*, *Physical Layer (physikalische Bitübertragungsschicht)*, *Presentation Layer (Darstellungsschicht)*, *Session Layer (Kommunikationsschicht)* und *Transport Layer (Transportschicht)*.

Application Programming Interface

Siehe *API*.

APPN

Advanced Peer-to-Peer Networking. Erweiterung der ursprünglichen IBM-SNA-Architektur. APPN sorgt für die Einrichtung einer Arbeitssitzung zwischen Peer-Knoten, eine dynamische transparente Routenberechnung und setzt Verkehrsprioritäten beim APPC-Verkehr. Vergleiche mit *APPN+*. Siehe auch *APPC*.

APPN+

APPN der nächsten Generation, bei dem der kennungsaustauschende Routing-Algorithmus durch ein Sourceroutingverfahren ersetzt ist. Wird auch als *High-Performance Routing* bezeichnet. Siehe auch *APPN*.

APS

Automatic Protection Switching. SONET Switching-Mechanismus, der Traffic von Verbindungen im Fall von Leitungsdeffekten oder Kartenausfällen routet.

ARA

AppleTalk Remote Access. Ein Protokoll, das Macintosh-Benutzern den direkten Zugriff auf Informationen und Ressourcen einer entfernten AppleTalk-Site ermöglicht.

ARC

ATM Research Consortium.

Archie

System, das eine Liste anonymer FTP-Server anbietet. Siehe *Gopher*, *WAIS* und *World Wide Web*.

ARCnet

Attached Resource Computer Network. Ein in den späten 1970er und frühen 1980er-Jahren von Datapoint Corporation entwickeltes 2,5-Mbit/s-Token-Bus-LAN.

Area Border Router

Siehe *ABR*.

Area

Logische Reihe von Netzwerksegmenten (entweder CLNS-, DECnet- oder OSPF-basiert) und deren angebundene Geräte. Areas sind üblicherweise durch Router mit anderen Areas verbunden und stellen ein einzelnes autonomes System dar. Siehe auch *autonomes System*.

ARIN

American Registry for Internet Numbers. Gemeinnützige Organisation für Administration und Vergabe von IP-Adressen an die im Moment von der InterNIC verwalteten geografischen Gebiete. Zu diesen Gebieten gehören auch Nordamerika, Südamerika, Südafrika und die Karibik.

ARL

Adjusted Ring Length.

ARM

Asynchronous Response Mode. Ein Modus bei der HDLC-Kommunikation, der auf eine Primärstation und mindestens eine Sekundärstation zurückgreift, wobei entweder die Primär- oder eine der Sekundärstationen Übertragungen veranlassen kann. Siehe auch *Primärstation* und *Sekundärstation*.

ARP

Address Resolution Protocol. Ein Internet-Protokoll, das verwendet wird, um ein IP-Adresse auf eine MAC-Adresse abzubilden. In der RFC 826 definiert. Vergleiche mit *RARP*. Siehe auch *Proxy ARP*.

ARPA

Advanced Research Projects Agency. Forschungs- und Entwicklungsinstitut des US-amerikanischen Verteidigungsministeriums (DoD). ARPA zeichnet sich für eine Vielzahl technologischer Fortschritte in Kommunikation und Netzwerken verantwortlich. ARPA wurde zur DARPA, und anschließend wieder zur ARPA (1994). Siehe auch *DARPA*.

ARPANET

Advanced Research Projects Agency Network. Ein 1969 eingeführtes wegweisendes paketaustauschendes Netzwerk. ARPANET wurde in den 1970er-Jahren von BBN entwickelt und von ARPA (und später DARPA) begründet. Letztendlich entwickelte es sich zum Internet. Der Begriff ARPANET wurde 1990 offiziell zurückgezogen. Siehe auch *ARPA*, *BBN*, *DARPA* und *Internet*.

ARQ

Automatic Repeat Request. Kommunikationstechnik, bei der das Empfangsgerät Fehler entdeckt und Neuübertragungen anfordert.

ARU

Alarm Relay Unit.

AS

Siehe *autonomes System*.

ASAM

ATM Subscriber Access Multiplexer. Ein zentraler Multiplexer, der SDL-Ports mit einem weiten Bereich von Interfaces unterstützt. Ein ASAM sendet und empfängt Teilnehmerdaten (oft Internet-Dienste) über bestehende Kupfer-Telefonleitungen und sammelt allen Traffic auf einem einzelnen schnellen Strang für den Transport zum Internet oder Firmen-Intranets. Dieses Gerät ähnelt einem DSLAM (Hersteller verwenden verschiedene Begriffe für ähnliche Geräte).

ASBR

Autonomous System Boundary Router. Ein zwischen einem autonomen System unter OSPF und einem Nicht-OSPF-Netzwerk befindlicher ABR. Auf ASBRs läuft sowohl OSPF als auch ein weiters Routingprotokoll wie beispielsweise RIP. ASBRs müssen sich in einer Non-Stub-OSPF-Area befinden. Siehe auch *ABR*, *Non-Stub-Area* und *OSPF*.

ASCII

American Standard Code for Information Interchange. 8-Bit-Code für die Zeichendarstellung (7 Bits plus Parität).

ASD

Automated Software Distribution.

ASE

Application Service Element.

ASIC

Application Specific Integrated Circuit.

ASN

Auxiliary Signal Network.

ASN.1

Abstract Syntax Notation One.

OSI-Sprache für die von bestimmten Computerstrukturen und Darstellungstechniken unabhängige Beschreibung von Datentypen. Vom ISO International Standard 8824 beschrieben. Siehe auch *BER (1)*.

ASP

1. AppletTalk Session Protocol. Protokoll, das ATP dafür benutzt, Sitzungen aufzubauen, zu verwalten, abzuschließen und Requests zu sequenzieren. Siehe auch *ATP*.

2. Telekommunikation. Unterstützender Signalpfad. Link zwischen TransPaths, der es diesen erlaubt, Signalisierungsinformationen auszutauschen, die nicht mit dem PSTN-Backbone kompatibel sind; dient der Funktionstransparenz.

ASPI

Advanced SCSI Programming Interface.

Assigned Numbers

RFC [STD2] dokumentiert die aktuell zugewiesenen Serien von Zahlen in Protokoll-Implementierungen. Diese RFC wird regelmäßig upgedatet, aktuelle Informationen sind bei der IANA erhältlich. Entwickeln Sie ein Protokoll oder eine Anwendung, die Link, Socket, Port, Protokoll usw. benötigt, setzen Sie sich mit der IANA in Verbindung, um eine Nummernzuweisung zu erhalten. Siehe auch *IANA* und *STD*.

Association Control Service Element

Siehe *ACSE*.

associativer Speicher

Speicher, auf den basierend auf seinem Inhalt und nicht seiner Speicheradresse zugegriffen wird. Manchmal auch als *Content-Addressable Memory (CAM)* bezeichnet.

AST

Automatic Spanning Tree. Funktion, welche die automatische Auflösung von umfassenden Bäumen in SRB-Netzwerken unterstützt und einen einzigen Pfad für Spanning Explorer Frames bereitstellt, um von einem gegebenen Knoten zu einem anderen zu gelangen. AST basiert auf dem IEEE-802.1-Standard. Siehe *IEEE 802.1* und *SRB*.

ASTA

Advanced Software Technology and Algorithms. Komponente des HPCC-Programms zum Entwickeln von Software und Algorithmen für die Implementierung auf Hochleistungsrechnern und leistungsfähigen Kommunikationssystemen. Siehe auch *HPCC*.

Asynchronous Balanced Mode

Siehe *ABM*.

Asynchronous Response Mode
Siehe *ARM*.

Asynchronous Time-Division Multiplexing
Siehe *ATDM*.

Asynchronous Transfer Mode
Siehe *ATM*.

Asynchronous Transmission (asynchrone Übertragung)
Dieser Begriff umschreibt digitale Signale, die ohne genauen Takt übertragen werden. Solche Signale verfügen im Allgemeinen über verschiedene Frequenzen und Phasenrelationen. Üblicherweise kapseln asynchrone Übertragungen einzelne Zeichen in Steuerbits (als Start- und Stopbit bezeichnet), die den Anfang und das Ende jedes Zeichens kennzeichnen. Vergleiche mit *Isochronous Transmission (isochrone Übertragung)*, *Plesiochronous Transmission (plesiochrone Übertragung)* und *Synchronous Transmission (synchrone Übertragung)*.

ATCP
AppleTalk Control Protocol. Protokoll, das AppleTalk über PPP nach RFC 1378 aufbaut und verwaltet. Siehe auch *PPP*.

ATDM
Asynchronous Time-Division Multiplexing. Methode zum Senden von Informationen, die dem normalen TDM ähnelt, außer dass Zeitscheiben nach Bedarf belegt werden, statt von vornherein bestimmten Übermittlern zugeordnet zu werden. Vergleiche mit *FDM*, *statistisches Multiplexing* und *TDM*.

ATG
Siehe ATG in »Cisco Systems Begriffe und Akronyme«.

ATH
Attention Hangup.

At-Least-Once Transaction
Siehe *ALO Transaction*.

ATM
Asynchronous Transfer Mode. Internationaler Standard für die Zellübertragung, bei der mehrere Dienstarten (wie beispielsweise Sprach-, Video- oder Datendienste) in Zellen fester Länge (53 Byte) transportiert werden. Zellen fester Länge ermöglichen die hardwaremäßige Zellbearbeitung, wodurch Übertragungsverzögerungen reduziert werden. ATM wurde entwickelt, um die Vorteile der Hochgeschwindigkeitsübertragungsmedien wie beispielsweise E3, SONET und T3 zu nutzen.

ATM Adaptation Layer 1
Siehe *AAL1*.

ATM Adaptation Layer 2
Siehe *AAL2*.

ATM Adaptation Layer 3/4
Siehe *AAL3/4*.

ATM Adaptation Layer 5
Siehe *AAL5*.

ATM Adaptation Layer
Siehe *AAL*.

ATM ARP Server
Gerät, das Dienste zur Adressauflösung für LISs bietet, wenn klassisches IP über ATM betrieben wird. Siehe auch *LIS*.

ATM Data Service Unit
Siehe *ADSU*.

ATM Endpunkt
Punkt im ATM-Netzwerk, an dem Verbindungen begonnen oder beendet werden. Zu ATM-Endpunkten gehören Workstations, Server, Switches und Router.

ATM Interface Processor
Siehe *AIS*.

ATM Management
Siehe *ATMM*.

ATM NIC
Siehe *ATM Network Interface Card* in »Cisco Systems Begriffe und Akronyme«.

ATM Service Interface
Siehe ASCU.

ATM User-User Connection (ATM-Benutzer-Benutzer-Verbindung)
Von der ATM-Schicht erzeugte Verbindung, um die Kommunikation zwischen zwei oder mehreren Nutzern von ATM-Diensten, wie beispielsweise ATMM-Prozesse, zu ermöglichen. Eine solche Kommunikation kann mittels eines VCC unidirektional oder mittels zweier VCCs bidirektional ablaufen. Siehe auch *ATM-Schicht*, *ATMM* und *VCC*.

ATM-Forum
Eine 1991 gemeinsam von Cisco Systems, NET/ADAPTIVE, Northern Telecom und Sprint gegründete internationale Organisation, die am Standard orientierte Vereinbarungen für die Implementierung von ATM-Technologien entwickelt und fördert. Das ATM-Forum erweitert von ANSI und ITU-T entwickelte offizielle Standards und entwickelt im Voraus Vereinbarungen für die Implementierung von offiziellen Standards.

ATMM
ATM Management. Ein auf einem ATM-Switch laufender Prozess, der die VCI-Übersetzung und Einhaltung der Raten kontrolliert. Siehe auch *ATM* und *VCI*.

ATM-Schicht
Diensteunabhängige Unterschicht der Datensicherungsschicht (Data Link Layer) in einem ATM-Netzwerk. Die ATM-Schicht erhält die 48 Byte großen Nutzlastsegmente vom AAL und hängt jedem einen 5 Byte großen Header an, wodurch standardmäßige 53 Byte große ATM-Zellen erzeugt werden. Diese Zellen werden für die Übertragung über das physikalische Medium an die physikalische Bitübertragungsschicht übergeben. Siehe auch *AAL*.

ATM-UNI
Siehe *UNI.*

ATP
AppleTalk Transaction Protocol. Protokoll der Transportschicht, das einen zuverlässigen Austausch von Requests und Responses zwischen zwei Socket-Clients ermöglicht.

Attached Resource Computer Network
Siehe *ARCnet.*

Attachment Unit Interface
Siehe *AUI.*

Attenuation (Abschwächung)
Energieverlust von Kommunikationssignalen.

Attribut
Konfigurationsdaten, welche die Eigenschaften von Datenbankobjekten wie beispielsweise das Gehäuse, die Steckkarten, Anschlüsse oder virtuellen Leitungen eines bestimmten Geräts definieren. Attribute können voreingestellt oder vom Benutzer konfigurierbar sein. Bei einem LightStream-2020-ATM-Switch werden Attribute mittels des Konfigurationsprogramms oder mittels CLI-Befehlen eingestellt.

AU
Access Unit. Gerät, das ISDN-Zugang zu PSNs bietet. Siehe auch *PSN.*

AUI
Attachment Unit Interface. IEEE-802.3-Schnittstelle zwischen einer MAU (Media Attachment Unit) und einer NIC (Network Interface Card). Auch als *Transceiverkabel* bezeichnet. Siehe auch *IEEE 802.3*, *MAU* und *NIC (Network Interface Card).*

AUP
Acceptable Use Policy. Viele Durchgangsnetzwerke haben Policies, die die Einsatzmöglichkeiten der Netzwerke einschränken. Die Durchsetzung von AUPs von Netz zu Netz sind unterschiedlich.

AURP
AppleTalk Update-Based Routing Protocol. Methode zum Kapseln von AppleTalk-Verkehr im Header eines Fremdprotokolls, wodurch sich zwei oder mehr nicht zusammenhängende AppleTalk-Internetzwerke über ein fremdes Netzwerk wie beispielsweise TCP/IP verbinden lassen, um ein AppleTalk-WAN zu bilden. Diese Verbindung wird als AURP-Tunnel bezeichnet. Neben der Kapselungsfunktion pflegt AURP durch den Austausch von Routinginformationen zwischen außerhalb befindlichen Routern Routingtabellen für das gesamte AppleTalk-WAN. Siehe auch *AURP-Tunnel* und *Exterior Router (außerhalb befindliche Router).*

AURP-Tunnel
Eine in einem AURP-WAN erzeugte Verbindung, die als eine einzige virtuelle Datenverbindung zwischen AppleTalk-Internetzwerken fungiert, die durch ein fremdes Netzwerk (beispielsweise ein TCP/IP-Netzwerk) physikalisch voneinander getrennt sind. Siehe auch *AURP.*

AUSM
ATM User Service Module.

Authority-Zone
Im Zusammenhang mit dem DNS ist eine Authority-Zone ein Abschnitt des Domain-Namenbaums, für den ein Name-Server die Authority darstellt. Siehe auch *DNS*.

Automated Packet Recognition/Translation
Siehe *APaRT*.

Automatic Call Distribution
Siehe *ACD*.

Automatic Call Reconnect
Eine Eigenschaft, die das automatische Umleiten von Aufrufen um eine fehlgeschlagene Leitung herum gestattet.

Automatic Protection Switching
Siehe *APS*.

Automatic Repeat Request
Siehe *ARQ*.

Automatic Routing Management
Früher AutoRoute. Verbindungsorientierter Mechanismus in Cisco WAN-Switches für Verbindungen über das Netzwerk. Switches führen eine Connection Admission Control (CAC) für alle Typen von Verbindungen im Netzwerk durch. Verteilte Netzwerk-Intelligenz ermöglicht es, mit CAC automatisch Verbindungen über optimale Pfade zu routen, wobei QoS sichergestellt ist.

Automatic Spanning Tree
Siehe *AST*.

autonomes Bündnis
Eine Gruppe von autonomen Systemen, die sich eher auf die Erreichbarkeit ihres eigenen Netzwerks und ihre eigenen Routing-Informationen verlässt als auf die von anderen autonomen Systemen oder Bündnissen erhaltenen.

autonomes System
Eine Ansammlung von Netzwerken mit gemeinsamer Administration und einer gemeinsamen Routingstrategie. Autonome Systeme werden in Areas unterteilt. Einem autonomen System muss von der IANA eine eindeutige 16 Bit große Nummer zugewiesen sein. Manchmal als *AS* abgekürzt. Siehe auch *Area* und *IANA*.

Autonomous Switching
Siehe *Autonomous Switching* in »Cisco Systems Begriffe und Akronyme«.

Autonomous System Boundary Router
Siehe *ASBR*.

Autorekonfiguration

Von Knoten durchgeführter Vorgang innerhalb der ausgefallenen Domain eines Token-Ring-Netzwerks. Knoten führen beim Versuch, das Netzwerk um die ausgefallenen Areas herum neu zu konfigurieren, automatisch Diagnosen durch.

Available Bit Rate

Siehe *ABR*.

Average Rate (Durchschnittsrate)

Durchschnittliche Rate, mit der eine gegebene virtuelle Leitung überträgt. Die Angabe erfolgt in Kilobit pro Sekunde (Kbit/s).

AVM

ATM Sprach-Multiplexer.

AW

Administrative Gewichtung. Vom Netzwerk-Administrator gesetzter Wert, der anzeigt, wie wünschenswert ein Netzwerk-Link ist. Eine von vier Link-Metriken, die von PTSPs ausgetauscht werden, um die verfügbaren Ressourcen in einem ATM-Netzwerk zu bestimmen.

B

B-Kanal

Bearer Channel. Ein Vollduplex-64-Kbit/s-Kanal bei ISDN, der zum Versenden von User Daten verwendet wird. Vergleiche *D Kanal, E Kanal* und *H Kanal.*

B8ZS

Binary 8-Zero Substitution. In T1- und E1-Leitungen verwendete Leitungscodeart, bei der immer dann ein besonderer Code ersetzt wird, wenn acht aufeinander folgende Nullen über die Verbindung geschickt werden. Dieser Code wird dann am entfernten Ende der Verbindung interpretiert. Diese Technik garantiert die Ones-Density unabhängig vom Datenstrom. Manchmal auch als *Bipolar 8-Zero Substitution* bezeichnet. Vergleiche mit *AMI.* Siehe auch *Ones-Density.*

Back Pressure

Verbreitung von Stauinformationen eines Netzwerks stromaufwärts durch ein Internetzwerk.

Backbone (Rückgrat)

Der Teil eines Netzwerks, der als hauptsächlicher Pfad für den Datenverkehr agiert, der meistens aus anderen Netzwerken stammt und für andere Netzwerke bestimmt ist.

Back-End

Knoten oder Software-Programm, der bzw. das einem Front-End Dienste bereitstellt. Siehe auch *Client*, *Front-End* und *Server.*

Backoff

Die (üblicherweise zufällige) Verzögerung für eine durch widerstreitende MAC-Protokolle erzwungene erneute Übertragung, nachdem ein Netzknoten mit zu übertragenden Daten feststellt, dass das physikalische Medium bereits in Gebrauch ist.

Backplane

Physikalische Verbindung zwischen einem Schnittstellenprozessor bzw. einer Schnittstellenkarte und den Datenbussen sowie den Energieversorgungsbussen innerhalb eines Gehäuses.

Backward Explicit Congestion Notification

Siehe *BECN.*

Backward Learning (rückgerichtetes Lernen)

Für das Routen von Datenverkehr verwendeter algorithmischer Vorgang, der Mutmaßungen über Informationen anstellt, indem er symmetrische Netzwerkbedingungen voraussetzt. Wenn beispielsweise Knoten A über den Zwischenknoten C ein Paket von Knoten B empfängt, geht der rückgerichtet lernende Routing-Algorithmus davon aus, dass A den Knoten B optimal über C erreichen kann.

Balanced Configuration (abgeglichene Konfiguration)
Unter HDLC ein Punkt-zu-Punkt-Netzwerk mit zwei kombinierten Stationen.

Balanced, Unbalanced (abgeglichen, unabgeglichen)
Siehe *Balun.*

Balun
Balanced, Unbalanced = abgeglichen, unabgeglichen. Eine Vorrichtung zum Anpassen der Impedanz zwischen einer abgeglichenen und einer unabgeglichenen Leitung, üblicherweise einem Twisted-Pair- und einem Koaxialkabel.

Bandwidth (Bandbreite)
Die Differenz zwischen den höchsten und niedrigsten für Netzwerksignale verfügbaren Frequenzen. Der Begriff wird auch verwendet, um die ungefähre Durchsatzkapazität eines Netzwerkmediums oder Protokolls anzugeben.

Bandwidth Allocation (Bandbreitenbelegung)
Siehe *Bandwidth Reservation.*

Bandwidth Reservation (Bandbreitenreservierung)
Vorgang der Bandbreitenzuweisung zu von einem Netzwerk bedienten Benutzern und Anwendungen. Dies betrifft die Prioritätszuteilung zu den unterschiedlichen Verkehrsflüssen, die davon abhängt, wie entscheidend und verzögerungsempfindlich sie sind. Dadurch wird die verfügbare Bandbreite so gut es geht ausgenutzt, und wenn es im Netzwerk zu Stauungen kommt, kann der Verkehr mit niedrigerer Priorität ausgesetzt werden. Manchmal auch als *Bandbreitenbelegung* bezeichnet. Siehe auch *Call Priority (Aufrufpriorität).*

Banyan VINES
Siehe *VINES.*

BARRNet
Bay Area Regional Research Network. Regionales, die Bay Area von San Francisco bedienendes Netzwerk. Der BARRNet-Backbone setzt sich aus vier Campus der University of California (Berkeley, Davis, Santa Cruz und San Francisco), der Stanford University, dem Lawrence Livermore National Laboratory und dem NASA Ames Research Center zusammen. BARRNet ist mittlerweile Bestandteil von BBN Planet. Siehe auch *BBN Planet.*

Baseband (Basisband)
Eigenschaft einer Netzwerktechnologie, bei der nur eine Trägerfrequenz eingesetzt wird. Ethernet ist ein Beispiel für ein Basisband-Netzwerk. Auch als *Narrowband* bezeichnet. Gegenteil von *Broadband (Breitband).*

Bash
Bourne-Again Shell. Interaktive UNIX-Shell auf Basis der traditionellen Bourne-Shell mit verbesserter Funktionalität. Siehe auch *Root Account.*

Basic Encoding Rules
Siehe *BER.*

Basic Rate Interface
Siehe *BRI.*

Basic Research and Human Resources

Siehe *BRHR*.

Baud

Einheit für die Signalgeschwindigkeit, die der Anzahl der einzelnen pro Sekunde übertragenen Signalelemente entspricht. Baud ist synonym zu Bits pro Sekunde (bit/s), falls jedes Signalelement genau 1 Bit darstellt.

Baum-Topologie

Eine LAN-Topologie, die abgesehen davon, dass die Netzwerke Zweige mit mehreren Knoten enthalten können, einer Bus-Topologie ähnelt. Übertragungen von einer Station verbreiten sich über die Länge des Mediums und werden von allen anderen Stationen empfangen. Vergleiche mit *Bus-Topologie*, *Ring-Topologie* und *Stern-Topologie*.

Bay Area Regional Research Network

Siehe *BARRNet*.

BBN Planet

Eine Tochterfirma von BBN, die ein USA-weites Zugangsnetz auf das Internet betreibt, das sich zum Teil aus den früheren regionalen Netzwerken BARRNET, NEARNET und SURAnet zusammensetzt. Siehe auch *BARRNet*, *BBN*, *NEARNET* und *SURAnet*.

BBN

Bolt, Beranek, and Newman, Inc. In Massachusetts ansässige Hochtechnologiefirma, die das ARPANET (und später das Internet) Core Gateway System entwickelt und gewartet hat. Siehe auch *BBN Planet*.

BCP

Best Current Practices. Die neueste Subserie von RFCs zur Beschreibung von BCPs im Internet. Statt ein Protokoll zu spezifizieren, befassen sich diese Dokumente damit, wie Protokolle am besten eingesetzt werden können und welche Optionen zur Interoperabilität von Produkten verschiedener Hersteller beitragen.

Bc

Committed Burst. Eine ausgehandelte Tarifmetrik in Frame-Relay-Internetzwerken. Die maximale Menge von Daten (in Bits), die ein Frame-Relay-Internetzwerk annehmen und mit der CIR übertragen muss. Siehe auch *Be* und *CIR*.

BDCS

Broadband Digital Cross-Connect System. SONET DCS mit der Fähigkeit, DS-3, STS-1 und STS-3c-Signale miteinander zu verbinden. Siehe auch *DCS*.

Be

Excess Burst. Eine ausgehandelte Tarifmetrik in Frame-Relay-Internetzwerken. Die Anzahl von Bits, die ein Frame-Relay-Internetzwerk nach der Anpassung des Bc zu übertragen versucht. Be-Daten werden im Allgemeinen mit einer geringeren Wahrscheinlichkeit zugestellt als Bc-Daten, weil Be-Daten vom Netzwerk als DE gekennzeichnet werden können. Siehe auch *Bc* und *DE*.

Beacon
(dt. Leuchtfeuer). Frame eines Token-Ring- oder FDDI-Geräts, das ein schwerwiegendes Problem mit dem Ring anzeigt, beispielsweise einen Kabelbruch. Ein Beacon-Frame enthält die Adresse der als ausgefallen angenommenen Station.

Bearer Channel
Siehe *B-Kanal.*

Because It's Time Network
Siehe *BITNET.*

BECN
Backward Explicit Congestion Notification. In einem Frame-Relay-Netzwerk gesetztes Bit in Frames, die sich in entgegengesetzter Richtung zu Frames bewegen, die auf einen verstopften Pfad stoßen. DTEs, die Frames mit gesetztem BECN-Bit empfangen, können einfordern, dass übergeordnete Protokolle geeignete Maßnahmen zur Datenflusskontrolle durchführen. Vergleiche mit *FECN.*

Bell Communications Research
Siehe *Bellcore.*

Bell Operating Company
Siehe *BOC.*

Bellcore
Bell Communications Research. Eine Organisation, die im Auftrag der RBOC Forschung und Entwicklung betreibt.

Bellman-Ford-Routing-Algorithmus
Siehe *Distance-Vector-Routing-Algorithmus.*

BER
1. Bit Error Rate = Bitfehlerrate. Der Anteil empfangener Bits mit Fehlern.

2. Basic Encoding Rules. Im ISO-ASN.1-Standard beschriebene Regeln zum Kodieren von Dateneinheiten. Siehe auch *ASN.1.*

Berkeley Internet Name Domain
Siehe *BIND.*

Berkeley Standard Distribution
Siehe *BSD.*

BERT
Bit-Error-Rate-Tester. Ein Gerät, das die Bitfehlerrate eines gegebenen Kommunikationskanals ermittelt. Siehe auch *BER (1).*

Best-Effort Delivery (bestmögliche Zustellung)
Umschreibt ein Netzwerksystem, das kein ausgeklügeltes Bestätigungssystem einsetzt, um eine zuverlässige Informationszustellung zu garantieren.

BGP

Border Gateway Protocol. EGP ersetzendes Routing-Protokoll zwischen Domains. BGP tauscht Erreichbarkeitsinformationen mit anderen BGP-Systemen aus und ist in der RFC 1163 definiert. Siehe auch *BGP4* und *EGP*.

BGP4

BGP Version 4. Version 4 des im Internet eingesetzten, vorherrschenden Routing-Protokolls zwischen Domains. BGP4 unterstützt CIDR und setzt Mechanismen zum Zusammenfassen von Routen ein, um den Umfang der Routing-Tabellen zu reduzieren. Siehe auch *BGP* und *CIDR*.

BIA

Burned-in MAC Address.

BICI

Broadband Inter-Carrier Interface. ITU-T Standard, der Protokolle und Prozeduren für Aufbau, Erhaltung und Beendigung von geswitchten Breitbandverbindungen zwischen öffentlichen Netzwerken beschreibt.

BIGA

Bus Interface Gate Array. Technologie, die es dem Catalyst 5000 ermöglicht, Frames ohne Eingriff durch den Hostprozessor aus seinem paketaustauschenden Speicher zu empfangen und an seinen lokalen MAC-Zwischenspeicher zu übertragen.

Big-Endian

Methode zum Speichern oder Übertragen von Daten, bei der das wichtigste Bit oder Byte zuerst dargestellt wird. Vergleiche mit *Little-Endian*.

Binärsystem

Ein durch Einsen und Nullen dargestelltes Zahlensystem (1 = an, 0 = aus).

Binary 8-Zero Substitution

Siehe *B8ZS*.

Binary Coded Alternate Mark Inversion

Siehe *AMI*.

Binary Synchronous Communication

Siehe *BSC*.

BIND

Berkeley Internet Name Domain. Von der University of California in Berkeley (USA) entwickelte und verteilte DNS-Implementierung.

BinHex

Binary Hexadecimal. Methode zur Konvertierung von binären Dateien in ASCII zur Übertragung durch Anwendungen wie E-Mail, die nur mit ASCII umgehen können.

BIP

Bit Interleaved Parity. Eine Methode für die Überwachung von Fehlern in Links mit ATM. Ein Prüfbit oder Wort wird im Link-Overhead des vorhergehenden Blocks oder Frames gesendet. Bit-Fehler in den Nutzdaten können so festgestellt und als Erhaltungsinformation ausgewertet werden.

Biphase Koding (zweiphasige Kodierung)

Ursprünglich für den Einsatz im Ethernet entwickeltes zweipoliges Kodierungsverfahren. Takt-Informationen sind im synchronen Datenstrom eingebettet und werden aus ihm zurückgewonnen, ohne dass dafür gesonderte Einführungssequenzen notwendig sind. Das zweiphasige Signal enthält keinen Gleichstromanteil.

bipolar (zweipolig)

Elektrische Eigenschaft, die einen Stromkreis mit sowohl negativer als auch positiver Polarität kennzeichnet. Gegensatz zu *Unipolar.*

Bipolar 8-Zero Substitution

Siehe *B8ZS.*

BISDN

Breitband ISDN. Ein von der ITU-T entworfener Kommunikationsstandard für bandbreitenintensive Anwendungen wie beispielsweise Video. BISDN greift derzeit über SONET-basierte Übertragungsleitungen auf die ATM-Technologie zurück, um Datenraten von 155 bis 622 Mbit/s und mehr zu erreichen. Gegensatz zu *N-ISDN.* Siehe auch *BRI, ISDN* und *PRI.*

Bisync

Siehe *BSC.*

Bit

Im binären Zahlensystem verwendete binäre Ziffer. Kann 0 oder 1 sein.

Bit Error Rate Tester

Siehe *BERT.*

Bit Error Rate

Siehe *BER.*

Bit Interleaved Parity

Siehe *BIP.*

BITNET III

Anwählbarer Dienst, der Mitgliedern des CREN eine Anbindung ermöglicht. Siehe auch *CREN.*

BITNET

»Because It's Time« Networking Services. Billiges, langsames akademisches Netzwerk, das in erster Linie aus IBM-Mainframes und angemieteten 9600-Bit/s-Leitungen besteht. BITNET ist mittlerweile Bestandteil des CREN. Siehe auch *CREN.*

bitorientiertes Protokoll

Eine Klasse von Kommunikationsprotokollen der Datensicherungsschicht, die Frames unabhängig von deren Inhalt übertragen können. Im Gegensatz zu byte-orientierten Protokollen gestatten bit-orientierte Protokolle einen Vollduplex-Betrieb und sind daneben effektiver und zuverlässiger. Vergleiche mit *Byte-orientiertes Protokoll.*

Bitrate
Geschwindigkeit, mit der Bits übertragen werden; üblicherweise in Bits pro Sekunde (Bit/s) angegeben.

Bits per Second (Bits pro Sekunde)
Abgekürzt: *bps (Bit/s)*.

Black Hole (schwarzes Loch)
Beim Routing ein Begriff für einen Bereich des Internetzwerks, in das zwar Pakete gelangen, aus dem sie aber aufgrund widriger Bedingungen oder einer miserablen Systemkonfiguration eines Teils des Netzwerks nicht wieder auftauchen

Block Multiplexer Channel
Ein IBM-gemäßer Kanal, der den FIPS-60-Kanal implementiert, der wiederum dem US-amerikanischen Standard für den E-Kanal entspricht. Dieser Kanal wird auch als *OEMI Channel* und *370 Block Mux Channel* bezeichnet.

Block Serial Tunnel
Siehe *BSTUN*.

Blocking (Blockade)
Eine Situation in einem austauschenden System, in der keine Pfade zur Verfügung stehen, die eine Leitung vervollständigen würden. Der Begriff wird auch zur Beschreibung einer Lage verwendet, in der mit einer Aktivität solange nicht begonnen werden kann, bis eine andere beendet worden ist.

Blower
Interner Lüfter für große Router- und Switch-Gehäuse.

BLSR
Bidirectional Line Switch Ring. SONET Ring-Architektur, die Arbeits- und Schutzfasern zwischen Knoten besitzt. Wird die Arbeitsfaser zwischen zwei Knoten durchtrennt, wird der Traffic automatisch auf die Schutzfaser umgeleitet. Siehe auch *SONET*.

BNC-Stecker
Standardstecker für die Verbindung eines IEEE-802.3-10Base2-Koaxialkabels mit einer MAU.

BNI
Broadband Network Interface.

BNM
Broadband Network Module.

BNN
Boundary Network Node. In der SNA-Terminologie ein Subarea-Knoten, der eine Unterstützung von Übergangsfunktionen für angrenzende Peripherieknoten bereitstellt. Zu dieser Unterstützung gehören das Sequencing, Pacing und die Adressübersetzung. Auch als *Boundary Node (Übergangsknoten)* bezeichnet.

Bolt, Beranek, and Newman, Inc.
Siehe *BBN*.

Boot Programmable Read-Only Memory
Siehe *Boot PROM.*

Boot PROM
Boot Programmable Read-Only Memory. Ein auf einer Leiterplatine befindlicher Chip, der verwendet wird, um eine Computerhardware beim Booten mit ausführbaren Instruktionen zu versorgen.

BOOTP
Von einem Netzknoten zum Ermitteln der IP-Adresse seiner Ethernet-Schnittstelle verwendetes Protokoll, damit diese sich auf das Booten des Netzwerks auswirken kann.

Bootstrap Protocol
Siehe *BOOTP.*

Border Gateway (Übergangs-Gateway)
Ein Router, der mit Routern in anderen autonomen Systemen kommuniziert.

Border Gateway Protocol
Siehe *BGP.*

Boundary Function (Übergangsfunktion)
Eine Fähigkeit von SNA-Subarea-Knoten, um für eine Protokollunterstützung bei angehängten Peripherieknoten zu sorgen. Typischerweise in Geräten wie IBM 3745 zu finden.

Boundary Network Node (Übergangsnetzknoten)
Siehe *BNN.*

Boundary Node (Übergangsknoten)
Siehe *BNN.*

BPDU
Bridge Protocol Data Unit. Ein Hello-Paket im Spanning-Tree Protocol, das in konfigurierbaren Intervallen verschickt wird, um Informationen zwischen den Bridges im Netzwerk auszutauschen. Siehe auch *PDU.*

BPI
Baseline Privacy Interface.

bps (bit/s)
Bits per Second = Bits pro Sekunde.

BPV
Bipolar Violation.

BPX Service Node
Siehe *BPX Service Node* in »Cisco Systems Begriffe und Akronyme«.

Break-Out/Break-In
Siehe BOBI in »Cisco Systems-Begriffe und Akronyme«.

Breitband ISDN
Siehe *BISDN.*

BRF
Bridge Relay Function.

BRHR
Basic Research and Human Resources. Für die Unterstützung von Forschung und Lehre in der Informatik, Computertechnik und den rechenintensiven Wissenschaften entworfene Komponente des HPCC-Programms. Siehe auch *HPCC*.

BRI
Basic Rate Interface. ISDN-Schnittstelle, die sich aus zwei B-Kanälen und einem D-Kanal für die wechselnde Kommunikation von Sprache, Video und Daten zusammengesetzt. Vergleiche mit *PRI*. Siehe auch *BISDN*, *ISDN* und *N-ISDN*.

Bridge Forwarding
Ein Vorgang, der mithilfe von Einträgen in einer Filterdatenbank feststellt, ob Frames mit einer gegebenen MAC-Adresse an einen gegebenen Anschluss oder an gegebene Anschlüsse weitergeleitet werden können. Im IEEE-802.1-Standard beschrieben. Siehe auch *IEEE 802.1*.

Bridge Group
Feature, das Netzwerk-Schnittstellen bestimmten Spanning-Tree-Guppen zuweist. Bridge-Gruppen können mit IEEE 802.1 oder der DEC-Spezifikation einhergehen.

Bridge Number
Eine Nummer, die jede Bridge in einem SRB-LAN identifiziert. Parallele Bridges müssen über unterschiedliche Bridgenummern verfügen.

Bridge Protocol Data Unit
Siehe *BPDU*.

Bridge Static Filtering
Vorgang, bei dem für eine Bridge eine Filterdatenbank mit statischen Einträgen vorhanden ist. Jeder statische Eintrag ordnet einer MAC-Zieladresse erstens einen Anschluss zu, der Frames mit dieser MAC-Zieladresse empfangen kann, und zweitens eine Reihe von Anschlüssen, über welche die Rahmen übertragen werden können. Im IEEE-802.1-Standard definiert. Siehe auch *IEEE 802.1*.

Bridge (Brücke)
Ein Gerät, das zwei Netzwerksegmente mit demselben Kommunikationsprotokoll verbindet und Pakete zwischen diesen übergibt. Bridges fungieren als Datensicherungsschicht (Schicht 2) des OSI-Referenzmodells. Im Allgemeinen nutzt eine Bridge die MAC-Adresse eines ankommenden Frames zum Filtern, Weiterleiten oder Verbreiten des Frames. Siehe auch *Relay (Übermittlung)*.

Broadband (Breitband)
Übertragungsverfahren, bei dem mehrere voneinander unabhängige Signale über ein Kabel gemultiplext werden. In der Telekommunikationsterminologie trifft dies auf jeden Kanal zu, der über eine Bandbreite verfügt, die für mehr als eine reine Sprachübertragung (4 kHz) ausreicht. In der LAN-Terminologie ist damit ein Kabel gemeint, auf dem analoge Signalisierung eingesetzt wird. Wird auch als *Wideband* bezeichnet. Gegensatz zu *Baseband (Basisband)*.

Broadband ISDN
Siehe *BISDN.*

Broadband Network Interface
Siehe *BNI.*

Broadband Network Module
Siehe *BNM.*

Broadband Switch Module
Siehe *BXM.*

Broadcast and Unknown Server
Siehe *BUS.*

Broadcast-Adresse
Eine besondere, für das Senden einer Nachricht an alle Stationen reservierte Adresse. Im Allgemeinen entspricht eine Broadcast-Adresse einer für alle gültigen MAC-Zieladresse. Vergleiche mit *Multicast-Adresse* und *Unicast-Adresse.* Siehe auch *Broadcast.*

Broadcast-Domain
Die Menge derjenigen Geräte, die von irgendeinem Gerät dieser Gruppe stammende Broadcast-Frames empfangen. Broadcast-Domains sind typischerweise durch Router begrenzt, da Router keine Broadcast-Frames weiterleiten.

Broadcast-Search (Broadcast-Suche)
Die Verbreitung einer Suchanfrage (Search-Request) an sämtliche Netzknoten, falls der Aufenthaltsort einer Ressource dem Fragesteller nicht bekannt ist. Siehe auch *Directed Search (zielgerichtete Suche).*

Broadcast-Storm
Unerwünschtes Netzwerkgeschehen, bei dem viele Broadcasts gleichzeitig über alle Netzwerksegmente verschickt werden. Ein Broadcast-Storm nimmt wichtige Netzwerkbandbreite in Anspruch und verursacht typischerweise zeitliche Verzögerungen im Netzwerk.

Broadcast
Ein Datenpaket, das an sämtliche Knoten eines Netzwerks gesendet wird. Broadcasts werden durch eine Broadcast-Adresse ausgewiesen. Vergleiche mit *Multicast* und *Unicast.* Siehe auch *Broadcast-Adresse.*

Brouter
Mischung aus Bridge und Router. Bezeichnet ein Gerät, das Bridging- und Routing-Funktionen erfüllt.

Browser
Siehe *WWW-Browser.*

BSC
Binary Synchronous Communication. Zeichenorientiertes Protokoll der Datensicherungsschicht für Halbduplex-betriebene Anwendungen. Häufig auch einfach als *Bisync* bezeichnet.

BSD

Berkeley Standard Distribution. Dieser Begriff steht für jedes einer Vielzahl von UNIX-konformen Betriebssystemen, die auf dem UC Berkeley BSD-Betriebssystem basieren.

BSTUN

Block Serial Tunnel.

BTU

British Thermal Units.

BTW

By the way. Eine von vielen in Chats oder E-Mails verwendeten Abkürzungen. Siehe auch *IMHO*.

BT

Burst Tolerance. Vom ATM-Forum definierter Parameter für das ATM-Verkehrsmanagement. Bei VBR-Verbindungen, bestimmt BT die Größe des maximalen Burst von aufeinander folgenden Zellen, die übertragen werden können. Siehe auch *VBR*.

Buffer (Puffer, Zwischenspeicher)

Speicherbereich für die Behandlung »auf Durchreise« befindlicher Daten. Zwischenspeicher werden in Internetzwerken für die Kompensation unterschiedlicher Bearbeitungsgeschwindigkeiten der Netzwerk-Geräte eingesetzt. Daten-Bursts werden so lange in Puffern zwischengespeichert, bis sie von langsameren Geräten verarbeitet werden können. Manchmal auch als *Packet Buffer (Paketpuffer)* bezeichnet.

Build

Erzeugt flache Dateien, die in der Signaling Controller-Datenbank verwendet werden können.

Burst Tolerance

Siehe *BT*.

BUS

Broadcast and Unknown Server. In ELANs eingesetzter Multicast-Server, der für das Verbreiten von an ein unbekanntes Ziel adressiertem Verkehr und das Weiterleiten von Multicast- und Broadcast-Verkehr an die entsprechenden Clients verwendet wird. Siehe auch *ELAN*.

Bus

1. Gemeinsamer aus Drahtleitungen oder anderen Medien zusammengesetzter physikalischer Signalpfad, über den Signale von einem Teil eines Computers zu einem anderen gesendet werden können. Manchmal auch als *Highway* bezeichnet.

2. Siehe *Bus-Topologie*.

Bus-and-Tag-Kanal

In den 1960er-Jahren von IBM entwickelter Kanal, der die Technologie mehradriger Kupferleitungen aufgreift. Durch den ESCON-Kanal ersetzt. Siehe auch *ESCON-Kanal* und *Parallelkanal*.

Bus Interface Gate Array

Siehe *BIGA*.

Bus-Topologie

Lineare LAN-Architektur, bei der sich Übertragungen von Netzwerkstationen über die gesamte Länge des Mediums verbreiten und von allen übrigen Stationen empfangen werden. Vergleiche mit *Ring-Topologie*, *Stern-Topologie* und *Baum-Topologie*.

BVI

Bridge Group Virtual Interface.

BX.25

AT&T-Implementierung von X.25. Siehe auch *X.25*.

BXM

Broadband Switch Module.

Bypass-Modus

Betriebsmodus in FDDI- und Token-Ring-Netzwerken, in denen eine Schnittstelle aus dem Ring entfernt wurde.

Bypass-Relay

Gestattet es einer bestimmten Token-Ring-Schnittstelle, heruntergefahren und somit wirksam aus dem Ring entfernt zu werden.

Byte Reversal (Byte-Umkehrung)

Ein Verfahren, bei dem zuerst das unwichtigste Byte numerischer Daten gespeichert wird. Wird von Geräten mit Intel-Prozessoren bei Ganzzahlen (Integer) und Adressen eingesetzt.

byteorientiertes Protokoll

Eine Klasse von Kommunikationsprotokollen der Datensicherungsschicht, die ein bestimmtes Zeichen des Anwenderzeichensatzes verwenden, um Frames voneinander zu trennen. Diese Protokolle wurden weitgehend durch bit-orientierte Protokolle ersetzt. Vergleiche mit *Bit-orientiertes Protokoll*.

Byte

Dieser Begriff beschreibt eine Reihe aufeinander folgender binärer Ziffern, die als eine Einheit bearbeitet werden (beispielsweise ein Byte aus 8 Bit).

C

CA

1. Certification Authority.
2. Telekommunikation: Call Appearance.

Cable Range (Kabelbereich)

Bereich von Netzwerknummern, den Knoten in einem erweiterten AppleTalk-Netzwerk verwenden dürfen. Der Kabelbereichswert kann entweder eine einzige Netzwerknummer oder eine fortlaufende Sequenz mehrerer Netzwerknummern sein. Knotenadressen werden auf dem Kabelbereichswert basierend zugewiesen.

Cable Television (Kabelfernsehen)

Siehe *CATV*.

CAC

Connection Admission Control. Reihe von Aktionen, die von einem ATM-Switch beim Verbindungsaufbau durchgeführt werden, um festzustellen, ob der für eine Verbindung angeforderte QoS die QoS-Garantien für bestehende Verbindungen verletzt. CAC wird auch beim Routing eines Requests durch ein ATM-Netzwerk verwendet.

Caching

Eine Form von Replikation, bei der die während einer vorhergehenden Transaktion gewonnenen Informationen für die Verarbeitung späterer Transaktionen verwendet werden.

CAF

Controllable ATM Fabric.

Cage

Hardware, in der Karten installiert werden.

California Education and Research Federation Network

Siehe *CERFnet*.

Call Admission Control

Ein in ATM-Netzwerken verwendeter Mechanismus für das Verkehrsmanagement, der feststellt, ob das Netzwerk einen Pfad mit ausreichender Bandbreite für eine angeforderte VCC bereitstellen kann. Siehe auch *VCC*.

Call Detail Record

Siehe *CDR* in »Cisco Systems Begriffe und Akronyme«.

Call Leg

Diskretes Segment einer Anrufverbindung. Ein Call Leg ist eine logische Verbindung zwischen Router und einem Telefonendpunkt über einen B-Kanal oder einem anderen Endpunkt, der ein Sitzungsprotokoll verwendet.

Call Priority (Aufrufpriorität)

Jedem Ursprungsanschluss in einem Switched-Circuit-System zugewiesene Priorität. Diese Priorität legt die Reihenfolge fest, in der für Aufrufe erneut eine Verbindung erstellt wird. Die Aufrufpriorität legt weiterhin fest, welche Aufrufe während einer Bandbreitenreservierung stattfinden können und welche nicht. Siehe auch *Bandwidth Reservation (Bandbreitenreservierung)*.

Call Reference Value

Siehe *CRV*.

Call Setup Time

Die zum Einrichten eines geschalteten Anrufs zwischen DTW-Geräten benötigte Zeit.

CAM

Content-Adressable Memory. Siehe *associative Memory (assoziativer Speicher)*.

Canadian Standards Association

Siehe *CSA*.

CAP

Competitive Access Provider. Unabhängige Firma, die lokal Telekommunikationsdienste vor allem für Firmen anbietet und damit in Konkurrenz zu BOC oder IOC des Gebiets steht. Siehe auch *BOC* und *IOC*.

Carrier (Trägerwelle, -frequenz)

Elektromagnetische Welle oder Wechselstrom mit einer festen Frequenz, die für die Modulation durch ein weiteres datentragendes Signal geeignet ist. Siehe auch *Modulation*.

Carrier Detect

Siehe *CD*.

Carrier Sense Multiple Access Collision Detect

Siehe *CSMA/CD*.

Catenet

Netzwerk, in dem Hosts an verschiedene Netzwerke angebunden sind, die wiederum mit Routern verbunden sind. Das Internet ist ein bekanntes Beispiel für ein Catenet.

CATV

Cable Television = Kabelfernsehen. Kommunikationssystem, bei dem viele Kanäle mit Programmmaterial in Wohnungen übertragen werden, wobei breitbandige Koaxialkabel zum Einsatz kommen. Wurde früher als *Community Antenna Television* bezeichnet.

CBAC

Context-based Access Control. Protokoll, das interne User-sichere Zugangskontrolle für jede Anwendung und allen Traffic zwischen den Netzwerk-Perimetern bietet. CBAC verbessert die Sicherheit durch Überprüfen von Quell- und Zieladresse und durch Verfolgung des Verbindungsstatus jeder Anwendung.

CBDS
Connectionless Broadband Data Service. Europäische paketaustauschende, datagrammbasierte Hochgeschwindigkeits-WAN-Netzwerktechnologie. Ähnelt dem SMDS. Siehe auch *SMDS*.

CBR
Constant Bit Rate = konstante Bitrate. Vom ATM-Forum für ATM-Netze definierte QoS-Klasse. CBR wird für Verbindungen eingesetzt, die für eine ungestörte Zustellung auf einen genauen Takt angewiesen sind. Vergleiche mit *ABR (1)*, *UBR* und *VBR*.

CCB
Call Control Block.

CCIE
Cisco Certified Internetwork Expert.

CCITT
Consultative Committee for International Telegraph and Telephone. Eine internationale Organisation, die für die Entwicklung von Kommunikationsstandards verantwortlich ist. Heute ITU-T genannt. Siehe *ITU-T*.

CCNA
Cisco Certified Network Associate.

CCOT
Cross Office Transfer Time.

CCR
Commitment, Concurrency and Recovery.

CCS
Common Channel Signaling. In Telefonnetzen verwendetes Signalisierungsverfahren, das Signalisierungsinformationen von Benutzerdaten trennt. Ein bestimmter Kanal ist ausschließlich für die Übertragung der Signalisierungsinformationen für alle anderen Kanäle des Systems vorgesehen. Siehe auch *SS7*.

CD
Carrier Detect. Signal, das anzeigt, ob ein Interface aktiv ist. Wird außerdem von Modems erzeugt, um anzuzeigen, dass ein Anruf zur Verbindung geführt hat.

CDDI
Copper Distributed Data Interface. Die Implementierung von FDDI-Protokollen über STP- und UTP-Kabel. CDDI führt Übertragungen über verhältnismäßig kurze Entfernungen durch (etwa 100 Meter) und ermöglicht Datenraten von 100 Mbit/s, wobei eine doppelte Ring-Architektur zum Einsatz kommt, um für Redundanz zu sorgen. Basiert auf dem ANSI Twisted-Pair Physical Medium Dependent (TPPMD)-Standard. Vergleiche mit *FDDI*.

CDMA
Code Division Multiple Access. Übertragungsschema, das es mehreren Usern ermöglicht, sich einen Bereich von RF-Frequenzen zu teilen. Im Prinzip unterteilt das System einen größeren Frequenzbereich in mehrere kleine, die für die einzelnen Übertragungen verwendet werden. Das übertragende Gerät teilt die Daten auf eine festgelegte, nicht sequenzielle Fre-

quenzfolge auf. Der Empfänger sammelt dann die verschiedenen Datenstücke von den verteilten Frequenzen und wandelt sie in einen kohärenten Datenstrom um.

CDP

Siehe *CDP* in »Cisco Systems Begriffe und Akronyme«.

CDPD

Cellular Digital Packet Data. Offener Standard für die drahtlose Datenkommunikation in beide Richtungen über Mobilfunkkanäle mit hohen Frequenzen. Ermöglicht Datenübertragungen zwischen einer entfernten Mobilfunkverbindung und einem NAP. Wird mit 19,2 Kbit/s betrieben.

CDR

Call Detail Record.

CDV

Cell Delay Variation. Komponente der Zellübertragungsverzögerung, die durch Pufferung und Zell-Scheduling erzeugt wird. CDV ist ein QoS-Verzögerungsparameter in Verbindung mit CBR- und VBR-Diensten. Siehe auch *CBR* und *VBR*.

CDVT

Cell Delay Variation Tolerance = Abweichungstoleranz bei der Zellzustellung. Vom ATM-Forum für das ATM-Verkehrsmanagement bestimmter Parameter. Bei CBR-Übertragungen legt er den Grad an Unregelmäßigkeit fest, der für die Entnahme von Datenproben für die PCR noch erträglich ist. Siehe auch *CBR* und *PCR*.

CEF

Siehe *CEF* in »Cisco Systems Begriffe und Akronyme«.

Cell (Zelle)

Die grundlegende Einheit beim ATM-Switching und -Multiplexing. Zellen enthalten IDs, die den Datenstrom angeben, zu dem sie gehören. Jede Zelle setzt sich aus einem 5 Byte großen Header und 48 Byte Nutzlast zusammen. Siehe auch *Cell Relay (Zellübermittlung)*.

Cell Delay Variation Tolerance

Siehe *CDVT*.

Cell Delay Variation

Siehe CDV.

Cell Loss Priority

Siehe *CLP*.

Cell Loss Ratio

Siehe *CLR*.

Cell Relay (Zellübermittlung)

Netzwerktechnologie, die auf der Verwendung kleiner Pakete oder Zellen mit festem Umfang basiert. Weil die Zellen eine feste Länge haben, können sie per Hardware mit hoher Geschwindigkeit bearbeitet und ausgetauscht werden. Die Zellübermittlung stellt die Grundlage vieler Protokolle für Hochgeschwindigkeitsnetze wie beispielsweise ATM, IEEE 802.6 und SMDS dar. Siehe auch *Cell (Zelle)*.

Cell Transfer Delay
Siehe *CTD*.

Cells per Second (Zellen pro Sekunde)
Abgekürzt: *cps*.

Cellular Digital Packet Data
Siehe *CDPD*.

Cellular Radio (Mobilfunk)
Technologie, die für den Zugang zu den Netzen von Telefongesellschaften auf Funkübertragung zurückgreift. Der Dienst wird in einem bestimmten Bereich von Sendern mit geringer Leistung bereitgestellt.

CELP
Code Excited Linear Prediction Comparision. Kompressionsalgorithmus für Sprachkodierung über langsame Links. Verwendet in den ITU-T-Empfehlungen G.728, G.729, G.723.1.

Central Office
Siehe *CO*.

Centrex
AT&T-PBX (Nebenstellenanlage), die eine direkte Anwahl innerhalb der Anlage und eine automatische Rufnummernermittlung der anrufenden PBX ermöglicht. Siehe *PBX*.

CEPT
Conférence Européenne des Postes et des Télécommunications. Zusammenschluss der 26 europäischen Post- und Telefongesellschaften (PTTs), die Empfehlungen für Kommunikationsstandards an die ITU-T weitergeben. Siehe auch *PTT*.

CER
Cell Error Rate. Die Rate der übertragenen Zellen bei ATM, die Fehler haben im Verhältnis der fehlerfrei übertragenen Zellen in einem gegebenen Zeitraum.

CERFnet
California Education and Research Federation Network. In Südkalifornien gegründetes TCP/IP-Netzwerk, das weltweit Hunderte von Bildungseinrichtungen miteinander verbindet und den Teilnehmern gleichzeitig einen Internet-Zugang ermöglicht. CERFnet wurde 1988 von General Atomics und dem San Diego Supercomputer Center gegründet und von der NSF finanziert.

CERN
European Laboratory for Particle Physics. Geburtsort des WWW.

CERT
Computer Emergency Response Team. Arbeitet mit der Internet Community zusammen, um die Verantwortung für die Sicherheitsbelange inklusive Hosts zu fördern, aktive Schritte für ein größeres Bewusstsein um Sicherheitsprobleme zu unternehmen und die Forschung in diesem Bereich zusammen zu führen. Das US-CERT ist bei der Carnegie Mellon Universität in Pittsburgh angesiedelt, aber regionale CERTs entstehen überall auf der Welt.

CES
Circuit Emulation Service. Ermöglicht es Usern, mehrere Circuit Emulation-Ströme für Sprache und Video über einen einzelnen schnellen ATM-Link ohne eigenen ATM-Access-Multiplexer zu multiplexen oder zusammenzufassen.

CFRAD
Siehe *Cisco FRAD* in »Cisco Systems Begriffe und Akronyme«.

CGI
Common Gateway Interface. Reihe von Regeln, die beschreiben, wie ein Webserver mit anderen Applikationen auf demselben Computer kommunizieren kann und wie das CGI-Programm mit dem Webserver kommuniziert. Jede Anwendung kann ein CGI-Programm sein, wenn sie Input und Output entsprechend des CGI-Standards handhabt.

Chaining (Verkettung)
Ein SNA-Konzept, bei dem RUs für die Wiederherstellung nach Fehlern zusammengeschlossen werden.

Challenge Handshake Authentication Protocol
Siehe *CHAP*.

Channel (Kanal)
1. Ein Kommunikationspfad. In bestimmten Umgebungen können auf einem einzigen Kabel mehrere Kanäle gemultiplext werden.

2. Bei IBM der spezifische Pfad zwischen Großrechnern (wie beispielsweise Mainframes) und angebundenen Peripheriegeräten.

Channel Definition Format
Siehe *CDF*.

Channel Interface Processor
Siehe *CIP* in »Cisco Systems Begriffe und Akronyme«.

Channel Service Unit
Siehe *CSU*.

channel-attached
Bezieht sich auf die direkte Anbindung von Geräten an einen Computer durch Datenkanäle (Ein-/Ausgabe-Kanäle).

channelized E1 (kanalisiertes E1)
Mit 2048 Mbit/s betriebene Zugangsverbindung, die sich in 30 B-Kanäle und 1 D-Kanal unterteilt. Unterstützt DDR, Frame-Relay und X.25. Vergleiche mit *channelized T1 (kanalisiertes T1)*.

channelized T1 (kanalisiertes T1)
Mit 1544 Mbit/s betriebene Zugangsverbindung, die sich in 24 Kanäle (23 B-Kanäle und 1 D-Kanal) mit jeweils 64 Kbit/s unterteilt. Die einzelnen Kanäle oder Kanalgruppen stellen Verbindungen zu unterschiedlichen Zielen her. Unterstützt DDR, Frame-Relay und X.25. Auch als *fractional T1* bezeichnet. Vergleiche mit *channelized E1 (kanalisiertes E1)*.

CHAP

Challenge Handshake Authentication Protocol. Bei Verbindungen mit PPP-Kapselung unterstütztes Sicherheitsmerkmal, das nichtautorisierte Zugriffe verhindert. CHAP verhindert unautorisierte Zugriffe nicht selber, sondern identifiziert lediglich den entfernten Endpunkt. Der Router oder Zugangsserver bestimmt dann, ob dem Benutzer der Zugriff gestattet wird. Vergleiche mit *PAP*.

Chat Script

Eine Zeichenkette, die das »Anmeldungsgespräch« festlegt, das zwischen zwei Systemen verwendet wird. Das Script besteht aus Paaren von vorgesehenen Nachrichten, die erstens die Zeichenkette definieren, deren Empfang das lokale System vom entfernten System erwartet, und zweitens festlegen, welche Antwort das lokale System verschicken soll.

Cheapernet

In der Industrie verwendeter Begriff für den IEEE-802.3-10Base2-Standard oder das in dem Standard spezifizierte Kabel. Vergleiche mit *Thinnet*. Siehe auch *10Base2*, *Ethernet* und *IEEE 802.3*.

Checksum (Checksumme, Prüfsumme)

Methode zum Überprüfen der Integrität übertragener Daten. Eine Prüfsumme ist ein ganzzahliger Wert, der aus einer durch eine Reihe von arithmetischen Operationen bestimmte Oktett-Folge berechnet wird. Der Wert wird auf Empfängerseite erneut berechnet und zur Verifikation mit dem empfangenen Wert verglichen.

Child Peer Group

Peer-Gruppe, die für eine andere Peer-Gruppe eine Parent-Peer-Gruppe ist. Siehe auch *LGN*, *Peer Group* und *Parent Peer Group*.

Choke-Paket

An einen Sender geschicktes Paket, damit er von vorhandenen Stauungen erfährt und seine Senderate verringert.

CIA

Siehe *Classical IP over ATM*.

CICNet

Ein regionales Netzwerk, das akademische, forschende nichtkommerzielle und kommerzielle Einrichtungen im Mittleren Westen der USA miteinander verbindet. Das 1988 gegründete CICNet war ein Bestandteil des NSFNET und wurde von der NSF finanziert, bis das NSFNET 1995 aufgelöst wurde. Siehe auch *NSFNET*.

CICS

Customer Information Control System. Ein Anwendungs-Subsystem von IBM, das es ermöglicht, an entfernten Terminals eingegebene Transaktionen gleichzeitig von Benutzeranwendungen bearbeiten zu lassen.

CID

1. Craft Interface Device. Terminal- oder PC-basiertes Interface, das die Leistung lokaler Verwaltungsoperationen beschleunigt.

2. Channel ID. Bezeichnet die Frame Relay Subkanal-ID für Voice over Frame Relay.

CIDR

Classless Interdomain Routing. Von BGP4 unterstützte Technik, die auf der Zusammenfassung von Routen basiert. CIDR ermöglicht es Routern, Routen in Gruppen zusammenzufassen, um die Menge der von den Hauptroutern vorgehaltenen Routing-Informationen zu kürzen. Mit CIDR erscheinen mehrere IP-Netzwerke außerhalb der Gruppe als eine einzige, größere Einheit. Siehe auch *BGP4*.

CIP

Siehe *CIP* in »Cisco Systems Begriffe und Akronyme«.

CIR

Committed Information Rate. Rate, bei der Frame Relay unter normalen Umständen der Übertragung von Daten zustimmt. CIR, angegeben in Bit/s, ist eine der wichtigsten Metriken für Verhandlungen. Siehe auch *Bc*.

Circuit (Leitung)

Kommunikationspfad zwischen zwei oder mehr Punkten.

Circuit Group (Leitungsgruppe)

Eine Gruppierung zusammengehöriger serieller Leitungen, die zwei Bridges miteinander verbinden. Wenn sich eine der seriellen Leitungen einer Leitungsgruppe im umfassenden Baum für ein Netzwerk befindet, kann jede der seriellen Leitungen der Leitungsgruppe für den Lastenausgleich verwendet werden. Diese lastenausgleichende Strategie vermeidet Probleme bei der Sortierung von Daten, indem jede Zieladresse einer bestimmten seriellen Leitung zugewiesen wird.

Circuit-Steering

Mechanismus, der von einigen ATM-Switches eingesetzt wird, um virtuelle Verbindungen abzuhören und die Zellen an einen anderen Port zu kopieren, an dem ein ATM-Analysator angeschlossen ist. Auch als Port-Snooping bekannt.

Circuit-Switching

Ein austauschendes System, bei dem für die Dauer des »Anrufs« ein dedizierter physikalischer Leitungsweg zwischen dem Sender und dem Empfänger vorhanden sein muss. Schwerpunktmäßig im Netzwerk von Telefongesellschaften eingesetzt. Dem Circuit-Switching lassen sich *Contention (Wettbewerb)* und *Token-Passing (Tokenweitergabe)* als kanalbezogene Zugangsmethoden und *Message-Switching (Nachrichtenaustausch)* sowie *Packet-Switching (Paketaustausch)* als austauschende Techniken gegenüberstellen.

Cisco Discovery Protocol

Siehe *CDP* in »Cisco Systems Begriffe und Akronyme«.

Cisco Frame Relay Access Device

Siehe *Cisco FRAD* in »Cisco Systems Begriffe und Akronyme«.

Cisco Internetwork Operating System Software

Siehe *Cisco IOS* in »Cisco Systems Begriffe und Akronyme«.

Cisco IOS

Siehe *Cisco IOS* in »Cisco Systems Begriffe und Akronyme«.

Cisco Link Services Interface
Siehe *CLSI* in »Cisco Systems Begriffe und Akronyme«.

Cisco Link Services
Siehe *CLS* in »Cisco Systems Begriffe und Akronyme«.

CiscoBus Controller
Siehe *SP* in »Cisco Systems Begriffe und Akronyme«.

CiscoFusion
Siehe *CiscoFusion* in »Cisco Systems Begriffe und Akronyme«.

Ciscos FRAD
Siehe Cisco *FRAD* in »Cisco Systems Begriffe und Akronyme«.

Cisco-Trunk (Private Line) Call
Siehe *Cisco-Trunk (Private Line) Call* in »Cisco Systems Begriffe und Akronyme«.

CiscoView
Siehe *Cisco-Trunk (Private Line) Call* in »Cisco Systems Begriffe und Akronyme«.

C-ISUP
Siehe *C-ISUP* in »Cisco Systems Begriffe und Akronyme«.

CIX
Commercial Internet Exchange. Ein Verbindungspunkt zwischen kommerziellen Internet-Providern. Siehe *FIX* und *GIX*.

Class A Station
Siehe *DAS*.

Class B Station
Siehe *SAS*.

Class of Service (Diensteklasse)
Siehe *COS*.

Classical IP over ATM
Spezifikation für den Betrieb von IP unter ATM auf eine alle Vorteile der ATM-Eigenschaften nutzende Weise. In der RFC 1577 definiert. Manchmal als *CIA* bezeichnet.

Classless Interdomain Routing
Siehe *CIDR*.

CLAW
Common Link Access for Workstations. Ein Protokoll der Datensicherungsschicht, das von per Kanal angebundenen Systemen der RISC-System/6000-Reihe sowie von IBM-3172-Geräten verwendet wird, auf denen TCP/IP ohne Last läuft. CLAW erhöht die Effizienz bei der Kanalnutzung und ermöglicht es dem CIP, in einer TCP/IP-Umgebung die Funktionalität einer 3172 bereitzustellen und eine direkte Kanalanbindung zu unterstützen. Die Ausgabe der Bearbeitung durch einen TCP/IP-Mainframe geschieht als eine Folge von IP-Datagrammen, die der Router ohne Änderungen austauschen kann.

Clear Channel

Kanal, der Out-of-Band-Signalisierung (im Gegensatz zur In-Band-Signalisierung) verwendet, wodurch die volle Bitrate des Kanals zur Verfügung steht.

Clear To Send

Siehe *CTS*.

ClearDDTS

Distributed Defect Tracking System. Entwickler und CSEs verwenden DDTS, um Fehler in Software, Hardware und Mikrocode-Produkten zu finden. CSEs benutzen auch ClearDDTS als formalen Weg, um Entwicklern einen Punkt mitzuteilen. Kunden verwenden Release Note-Informationen aus der ClearDDTS-Datenbank, um Probleme zu lösen oder ein Software-Update auszuwählen.

CLEC

Competitive Local Exchange Carrier. Firma, die Kommunikationsnetze in Städten aufbaut und betreibt und für ihre Kunden eine Alternative zur lokalen Telefongesellschaft darstellt. Siehe *CAP*.

CLI

1. Command Line Interface. Schnittstelle, die dem User die Interaktion mit dem Betriebssystem durch Eingabe von Befehlen und optionalen Parametern erlaubt. UNIX und DOS haben CLIs. Vergleiche mit *GUI*.

2. Command Language Interpreter. Grundlegendes Cisco IOS Konfigurations- und Verwaltungs-Interface.

Client

Knoten oder Software-Programm (Front-End-Gerät), das Dienste von einem Server anfordert. Siehe auch *Back-End*, *Front-End* und *Server*.

Client-Server Computing

Dieser Begriff steht für verteilte rechnende (bearbeitende) Netzwerksysteme, in denen die Transaktionsverantwortlichkeiten zwei Bestandteilen zukommen: Client (Front-End) und Server (Back-End). Beide Begriffe (Client und Server) können auf Software-Programme oder tatsächliche Rechner angewendet werden. Wird auch als *verteilte Berechnung (Bearbeitung)* bezeichnet. Vergleiche mit *Peer-to-Peer Computing*. Siehe auch *RPC*.

Client-Server Model

Beschreibt ein Modell, in dem der User Dienste auf einem Server benutzt. Beispiele sind DNS und Fileserver/Client Beziehungen wie bei NFS oder Diskless-Clients.

CLNP

Connectionless Network Protocol. OSI-Protokoll der Netzwerkschicht, für das vor der Übertragung von Daten keine Leitung eingerichtet zu sein braucht. Siehe auch *CLNS*.

CLNS

Connectionless Network Service. OSI-Dienst der Netzwerkschicht, für den vor der Übertragung von Daten keine Leitung eingerichtet zu sein braucht. CLNS routet Nachrichten unabhängig von anderen Nachrichten an ihre Ziele. Siehe auch *CLNP*.

CLP

Cell Loss Priority = Zellverlustpriorität. Ein Feld im Header von ATM-Zellen, das die Wahrscheinlichkeit bestimmt, mit der eine Zelle verloren gehen kann, wenn es zu Stauungen im Netzwerk kommt. Zellen mit CLP = 0 gelten als zuverlässiger Verkehr, wobei ein Verlust unwahrscheinlich ist. Zellen mit CLP = 1 gelten als bestmöglicher Verkehr, bei dem es in überlasteten Situationen zu Verlusten kommen kann, um Ressourcen für die Behandlung des zuverlässigen Verkehrs freizugeben.

CLR

Cell Loss Ratio. Die Rate von verworfenen Zellen zu erfolgreich übertragenen Zellen bei ATM. CLR kann als QoS-Parameter beim Verbindungs-Setup verwendet werden.

CLTP

Connectionless Transport Protocol. Leistet Datenadressierung beim Ende-zu-Ende-Transport und Fehlerkontrolle (per Checksum), kann aber weder Zustellung noch Flusskontrolle garantieren. Das OSI-Äquivalent von UDP.

Cluster Controller

1. Im Allgemeinen ein intelligentes Gerät, das die Verbindungen für einen Cluster von Terminals zu einer Datenleitung bereitstellt.

2. In der SNA ein programmierbares Gerät, das die Ein-/Ausgabeoperationen angehängter Geräte steuert. Typischerweise ein Gerät vom Typ IBM 3174 oder 3274.

CMIP

Common Management Information Protocol. Von der ISO erstelltes und standardisiertes OSI-Protokoll für das Netzwerkmanagement zum Überwachen und Steuern heterogener Netzwerke. Siehe auch *CMIS*.

CMIS

Common Management Information Services. Von der ISO erstellte und standardisierte OSI-Diensteschnittstelle für das Netzwerkmanagement zum Überwachen und Steuern heterogener Netzwerke. Siehe auch *CMIP*.

CMI

Coded Mark Inversion. Von der ITU-T für STS-3c-Übertragungen spezifizierte Technik zur Leitungskodierung. Kommt auch in DS-1-Systemen zur Anwendung. Siehe auch *DS-1* und *STS-3c*.

CMNS

Connection-Mode Network Service. Erweitert das lokale X.25-Switching für eine Vielzahl von Medien (Ethernet, FDDI, Token-Ring). Siehe auch *CONP*.

CMT

Connection Management. FDDI-Prozess, der die Übergänge des Rings während seiner verschiedenen Zustände handhabt (aus, aktiv, verbunden usw.), wie sie in der ANSI-X3T9.5-Spezifikation definiert sind.

CMTS

Cable Modem Termination System. Jeder DOCSIS-kompatibler Kopfstellen-Kabelrouter, wie der Cisco uBR7246.

CO
Central Office. Stelle der lokalen Telefongesellschaft, zu der alle Verbindungen in einem bestimmten Gebiet geschaltet werden und wo das Circuit-Switching der Teilnehmerleitungen erfolgt.

CO FRAD
Central Office Frame Relay Access Device.

CODEC
Coder-Decoder. Ein Gerät, das typischerweise auf PCM zurückgreift, um analoge Signale in einen digitalen Bit-Strom und digitale zurück in analoge Signale zu verwandeln.

Coded Mark Inversion
Siehe *CMI*.

Coder-Decoder
Siehe *CODEC*.

Koding (Kodierung)
Elektrische Techniken zum Übermitteln binärer Signale.

CO-IPX
Verbindungsorientiertes IPX. Natives ATM-Protokoll aus Basis von IPX, entwickelt von Novell.

Collapsed Backbone
Ein nichtverteilter Backbone, in dem alle Netzwerksegmente durch ein Internetzwerkgerät miteinander verbunden sind. Bei einem zusammengefassten Backbone kann es sich um ein virtuelles Netzwerksegment handeln, das sich in einem Gerät wie beispielsweise einem Hub, einem Router oder einem Switch befindet.

Collision (Kollision)
Im Ethernet die Folge zweier gleichzeitig übertragender Knoten. Die Frames der Geräte stoßen zusammen und werden beschädigt, wenn sie sich auf dem physikalischen Medium begegnen. Siehe auch *Collision Domain*.

Collision Detection
Siehe *CSMA/CD*.

Collision Domain
Im Ethernet derjenige Netzwerkbereich, in dem sich kollidierte Frames ausbreiten. Repeater und Hubs verbreiten Kollisionen, während LAN-Switches, Bridges und Router dies nicht tun. Siehe auch *Collision (Kollision)*.

Command Line Interface
Siehe CLI.

Committed Burst
Siehe *Bc*.

Committed Information Rate
Siehe *CIR*.

Common Carrier (öffentlicher Transport)
Lizenzierter, privater Dienstleistungsbetrieb, der die Öffentlichkeit zu regulierten Preisen mit Kommunikationsdiensten versorgt.

Common Channel Signaling
Siehe *CCS.*

Common Gateway Interface
Siehe *CGI.*

Common Link Access for Workstations
Siehe *CLAW.*

Common Management Information Protocol
Siehe *CMIP.*

Common Management Information Services
Siehe *CMIS.*

Common Part Convergence Sublayer
Siehe *CPCS.*

Common Programming Interface for Communications
Siehe *CPI-C.*

Common Transport Semantic
Siehe *CTS.*

Communication (Kommunikation)
Übertragung von Informationen.

Communication Controller (Kommunikationscontroller)
In der SNA ein Knoten einer Subarea (beispielsweise ein Gerät vom Typ IBM 3745), der ein NCP enthält.

Communication Server (Kommunikationsserver)
Ein Kommunikationsprozessor, der asynchrone Geräte mittels Netzwerk- oder Terminalemulationssoftware an ein LAN oder WAN anbindet. Er führt ausschließlich ein asynchrones Routing von IP und IPX durch. Vergleiche mit *Access Server (Zugangsserver).*

Communications Line (Kommunikationsleitung)
Die physikalische Verbindung (beispielsweise ein Kabel oder eine Telefonleitung), die ein oder mehrere Geräte mit einem oder mehreren anderen Geräten verbindet.

Community (Gemeinschaft)
Unter SNMP eine logische Gruppe von verwalteten Geräten und NMS aus derselben Verwaltungsdomain.

Community Antenna Television
Heute unter CATV bekannt. Siehe *CATV.*

Community-String
Eine als Kennwort dienende Zeichenkette, die zur Authentifizierung von Nachrichten verwendet wird, die zwischen einer Manager-Station und einem Router mit einem SNMP-Agenten verschickt werden. Der Community-String wird in jedem Paket zwischen dem Manager und dem Agenten mitgeschickt.

Companding
Ein aus den gegensätzlichen Vorgängen der Komprimierung (Compression) und des Entpackens (Expanding) zusammengesetzter Begriff. Ein Bestandteil des PCM-Verfahrens, bei dem analoge Signalwerte logisch auf diskrete Wert von Maßeinheiten auf einer nichtlinearen Skala gerundet werden. Die dezimale Einheitenanzahl wird dann vor der Übertragung in ihre binäre Entsprechung umgewandelt. Dieser Vorgang wird am Empfangsterminal mithilfe derselben nicht-linearen Skala umgekehrt. Vergleiche mit *Compression (Komprimierung)* und *Expansion (Entpacken)*. Siehe auch *A-Law* und *Mikro-Law.*

Complete Sequence Number PDU
Siehe *CSNP.*

Compressed Serial Link Internet Protocol
Siehe *CSLIP.*

Compression (Komprimierung)
Das Bearbeiten einer Datenmenge mit einem Algorithmus, der den benötigten Speicherplatz oder die für die Übertragung der Datenmenge benötigte Bandbreite reduziert. Vergleiche mit *Companding* und *Expansion (Entpacken).*

Computer Science Network
Siehe *CSNET.*

Concentrator
Siehe *Hub.*

CONF
Configuration Failure.

Conférence Européenne des Postes et des Télécommunications
Siehe *CEPT.*

Configuration Direct VCC
Bidirektionaler Punkt-zu-Punkt-VCC in ATM, aufgebaut von einem LEC zu einem LES. Eine von drei in Phase 1 LANE definierte Kontrollverbindungen. Vergleiche *Control Distribute VCC* und *Control Direct VCC.*

Configuration Management
Eine von fünf durch ISO für die Verwaltung von OSI-Netzwerken definierte Netzwerk-Management-Kategorie. Configuration Management-Subsysteme sind für die Erkennung des Zustandes des Netzes zuständig. Siehe auch *Accounting Management, Fault Management, Performance Management* und *Security Management.*

Configuration Register
Siehe *Configuration Register* in »Cisco Systems Begriffe und Akronyme«.

Configuration Tool

1. Service-Management-Tool mit GUI.
2. Element-Management-Service-Tool mit GUI.

Congestion

Ein die Netzwerkkapazität überschreitender Verkehr.

Congestion Avoidance

Mechanismus, mit dem ATM-Netzwerke Traffic in das Netzwerk steuern, um Verzögerungen zu minimieren. Um Ressourcen effektiv zu nutzen, wird Traffic mit niedriger Priorität verworfen, wenn die Bedingungen so sind, dass er nicht zugestellt werden kann.

Congestion Collapse

Bedingung, bei der die erneute Übertragung von Frames in einem ATM-Netzwerk kaum oder gar nicht zu erfolgreichem Eintreffen am Ziel führt. Dies kommt häufig in ATM-Netzwerken vor, die aus Switches aufgebaut sind, die keine adäquaten und effektiven Puffer-Mechanismen oder ABR Congestion Feedback-Mechanismen besitzen.

Connection Admission Control

Siehe *CAC*.

Connection Management

Siehe *CMT*.

connectionless (verbindungslos)

Dieser Begriff bezeichnet die Datenübertragung ohne das Vorhandensein einer virtuellen Leitung. Vergleiche mit *Connection-oriented (verbindungsbezogen)*. Siehe auch *Virtual Circuit (virtuelle Leitung)*.

Connectionless Broadband Data Service

Siehe *CBDS*.

Connectionless Network Protocol

Siehe *CLNP*.

Connectionless Network Service

Siehe *CLNS*.

Connection-Mode Network Service

Siehe *CMNS*.

connection-oriented (verbindungsbezogen)

Dieser Begriff bezeichnet die Datenübertragung, für die das Einrichten einer virtuellen Leitung erforderlich ist. Siehe auch *Connectionless (verbindungslos)*. Siehe auch *Virtual Circuit (virtuelle Leitung)*.

Connection-Oriented Network Protocol

Siehe *CONP*.

CONP

Connection-Oriented Network Protocol. Dieses OSI-Protokoll ermöglicht den Protokollen der oberen Schichten einen verbindungsbezogenen Betrieb. Siehe auch *CMNS*.

CONS
Connection-oriented Network Services.

Console
DTE, über das Befehle für einen Host eingegeben werden.

Constant Bit Rate (konstante Bitrate)
Siehe *CBR*.

Consultative Committee for International Telegraph and Telephone
Siehe *CCITT*.

Content-Addressable Memory (per Inhalt addressierbarer Speicher)
Siehe *assoziativer Speicher*.

Contention (Wettbewerb)
Zugriffsmethode, bei der Netzwerkgeräte für die Zugriffserlaubnis auf das physikalische Medium miteinander konkurrieren. Gegensatz zu *Circuit-Switching* und *Token-Passing*.

Context-Based Access Control
Siehe *CCB*.

Control Direct VCC
Bidirektionaler VCC in ATM, der von einem LEC oder LES aufgebaut wurde. Eine von drei in Phase 1 LANE definierten Kontrollverbindungen. Vergleiche *Configuration Direct VCC* und *Control Distribute VCC*.

Control Distribute VCC
Ein unidirektionaler, von einem LES oder LEC aufgebauter VCC in ATM. Eine von drei in Phase 1 LANE definierten Kontrollverbindungen. Typischerweise ist der VCC eine Point-to-Multipoint-Verbindung. Vergleiche *Configuration Direct VCC* und *Control Direct VCC*.

Control Point (Kontrollpunkt)
Siehe *CP*.

Convergence (Konvergenz)
Die Schnelligkeit und Fähigkeit einer Gruppe von Internetzwerkgeräten, auf denen ein bestimmtes Routing-Protokoll läuft, einer Topologie eines Internetzwerks nach einer Topologieänderung zuzustimmen.

Convergence Sublayer
Siehe *CS*.

Conversation (Gespräch)
In der SNA eine LU-6.2-Sitzung zwischen zwei Transaktionsprogrammen.

Cooperation for Open Systems Interconnection Networking in Europe
Siehe *COSINE*.

COOS
Commanded OOS. Eine Ressource ist OOS, weil sie als Befehl eingegeben wurde. Siehe auch *OOS* in »Cisco Systems Begriffe und Akronyme«.

Copper Distributed Data Interface
Siehe *CDDI*.

COPS
Common Open Policy Service. QoS Policy-Austauschprotokoll als IETF-Standard für den Austausch von QoS Policy-Informationen.

CORBA
Common Object Request Broker Architecture. OMGs Antwort auf die Notwendigkeit der Zusammenarbeit zwischen einer großen Zahl an unterschiedlichen Hard- und Software-Produkten. Einfach ausgedrückt, ermöglicht CORBA es Anwendungen, miteinander zu kommunizieren, egal wo sie sind und wer sie entwickelt hat. Siehe *IIOP*.

Core Gateway (Haupt-Gateway)
Die Primärrouter im Internet.

Core Router (Haupt-Router)
In einer paketaustauschenden Stern-Topologie ein Router, der Bestandteil des Backbone ist und als einzige Verbindung dient, die sämtlicher Verkehr von peripheren Netzwerken auf dem Weg zu anderen peripheren Netzwerken durchlaufen muss.

Corporation for Open Systems
Siehe *COS*.

Corporation for Research und Educational Networking
Siehe *CREN*.

COS
1. Class of Service = Diensteklasse. Zeigt an, wie ein übergeordnetes Protokoll einfordert, dass ein untergeordnetes Protokoll seine Nachrichten behandelt. Beim SNA-Subarea-Routing werden COS-Informationen von Subarea-Knoten verwendet, um die optimale Route zum Einrichten einer gegebenen Sitzung zu bestimmen. Eine COS-Definition umfasst eine Nummer einer virtuellen Route sowie ein Feld für die Übertragungspriorität. Wird auch als *TOS (Type of Service = Dienstart)* bezeichnet.

2. Corporation for Open Systems. Eine Organisation, die den Einsatz von OSI-Protokollen über Konformitätstests, Zertifizierung und ähnliche Aktivitäten bekannt macht.

COSINE
Cooperation for Open Systems Interconnection Networking in Europe. Von der Europäischen Union (EU) finanziertes Projekt für den Aufbau eines Kommunikationsnetzwerks zwischen wissenschaftlichen und industriellen Einrichtungen in Europa. Das Projekt wurde 1994 beendet.

Cost (Aufwand)
Ein typischerweise auf dem Hop-Count, der Medienbandbreite oder anderen Maßstäben basierender beliebiger Wert, der vom Netzwerkadministrator zugewiesen und verwendet wird, um unterschiedliche Pfade durch eine Internetzwerkumgebung miteinander zu vergleichen. Die Aufwandswerte werden von Routingprotokollen verwendet, um den bevorzugten Pfad zu einem bestimmten Ziel zu ermitteln: je geringer der Aufwand/die Kosten, desto besser der Pfad. Manchmal auch als *Path Cost (Pfadaufwand)* bezeichnet. Siehe auch *Routing-Metrik*.

COT
Continuity Test. Anforderung der SS7-Protokoll-Spezifikation. Der B-Kanal wird entweder per Loopback oder Tonerzeugung und Erkennung getestet. Wird zum Test individueller DS0-Kanäle verwendet.

Count to Infinity (Endlosschleife)
Ein Problem, das in Routing-Algorithmen auftreten kann, die nur langsam konvergieren, wobei Router den Hop-Count zu bestimmten Netzwerken ständig erhöhen. Typischerweise wird eine beliebige Obergrenze für den Hop-Count festgelegt, um dieses Problem zu vermeiden.

CP (Kontrollpunkt)
Control Point. In SNA-Netzwerken ein Element, das die APPN-Netzwerkkomponenten eines PU-2.1-Knotens identifiziert, Geräteressourcen verwaltet und anderen Geräten Dienste bereitstellen kann. Beim APPN sind Kontrollpunkte dazu in der Lage, über CP-zu-CP-Sitzungen mit logisch direkt benachbarten Kontrollpunkten zu kommunizieren. Siehe auch *EN* und *NN*.

CPC
Calling Party Category.

CPCS
Common Part Convergence Sublayer. Eine von zwei Unterschichten jeder AAL. Der CPCS ist diensteunabhängig und teilt sich weiter in die CS- und SAR-Unterschichten auf. Der CPCS ist für die Vorbereitung von Daten auf den Transport durch das ATM-Netzwerk verantwortlich, wozu auch das Erstellen der 48 Byte großen Nutzlastzellen gehört, die an die ATM-Schicht übergeben werden. Siehe auch *AAL*, *ATM-Schicht*, *CS*, *SAR* und *SSCS*.

CPE
Customer Premises Equipment = Kundenendausstattung. Abschließende Geräte wie beispielsweise Terminals, Telefone und Modems, die von der Telefongesellschaft geliefert, in der Kundenwohnung und an das Netz der Telefongesellschaft angeschlossen werden.

CPI-C
Common Programming Interface for Communications. Von IBM entwickeltes plattformunabhängiges API, um für die Portabilität in APPC-Anwendungen zu sorgen. Siehe auch *APPC*.

CPNIE
Called Party Number Information Element.

CPP
Siehe *CPP* in »Cisco Systems Begriffe und Akronyme«.

cps
Characters per Second = Zeichen pro Sekunde.

CQ
Custom Queuing.

Craft Interface Device
Siehe *CID*.

Crankback

Mechanismus bei ATM für den Fall, dass ein Verbindungs-Setup-Request geblockt wird, weil ein Knoten im gewählten Pfad den Request nicht akzeptieren kann. In diesem Fall wird der Pfad zu einem dazwischen liegenden Knoten gelegt, der einen anderen Pfad zum Ziel mittels GCAC zu finden versucht. Siehe auch *GCAC*.

CRC

Cyclic Redundancy Check. Technik zur Fehlerüberprüfung, bei der ein Frame-Empfänger mittels Division des Frame-Inhalts durch einen unteilbaren binären Divisor einen Rest berechnet und diesen mit einem vom Sendeknoten im Frame untergebrachten Wert vergleicht.

CREN

Corporation for Research and Educational Networking. Das Ergebnis des Zusammenschlusses von BITNET und CSNET. CREN kümmert sich um die Bereitstellung einer Internet-Anbindung über BITNET III für seine Mitglieder, zu denen die Absolventen, Studenten, Fakultäten und sonstigen Mitglieder der beteiligten Lehr- und Forschungseinrichtungen gehören. Siehe auch *BITNET*, *BITNET III* und *CSNET*.

CRF

Concentrator Relay Function. Eines von drei mittels PTSP ausgetauschten Attributen zur Bestimmung der verfügbaren Ressourcen eines ATM-Netzwerks. CRM ist ein Maß für die Differenz zwischen der pro Traffik-Klasse belegten effektiven Bandbreite.

CRL

Certificate Revocation List.

Cross Talk (Übersprechen)

Von einer Leitung auf eine andere übertragene interferierende Energie.

CRV

Call Reference Value. In allen Q.931-Nachrichten enthaltene Nummer, die es ermöglicht, jeden ISDN-Anruf zu identifizieren.

CSA

Canadian Standards Association. Kanadische Agentur, die Produkte gemäß den nationalen Sicherheitsstandards zertifiziert.

CSI

Called Subscriber Identification. Das Kodierungsformat enthält die Telefonnummer eines entfernten Faxterminals.

CSLIP

Compressed Serial Link Internet Protocol. Erweiterung von SLIP, die es gegebenenfalls ermöglicht, dass nur Header-Informationen über eine SLIP-Verbindung geschickt werden, wodurch der Overhead reduziert und der Paketdurchsatz auf SLIP-Leitungen erhöht wird. Siehe auch *SLIP*.

CSM

Call Switching Module.

CSMA/CD

Carrier Sense Multiple Access Collision Detect. Mechanismus für den Medienzugriff, bei dem übertragungsbereite Geräte zuerst den Kanal auf ein Trägersignal hin überprüfen. Wenn für einen bestimmten Zeitraum kein Trägersignal festgestellt wurde, kann ein Gerät mit der Übertragung beginnen. Wenn zwei Geräte gleichzeitig übertragen, kommt es zu einer Kollision, die von allen daran beteiligten Geräten festgestellt wird. Diese Kollision verzögert nachfolgend die erneute Übertragung von diesen Geräten für einen zufällig bestimmten Zeitraum. Der Zugriff mittels CSMA/CD kommt im Ethernet und IEEE 802.3 zum Einsatz.

CSNET

Computer Science Network. Ein großes Internetzwerk, das sich hauptsächlich aus Universitäten, Forschungseinrichtungen und kommerziellen Konzernen zusammensetzt. Das CSNET wurde mit dem BITNET zum CREN zusammengeschlossen. Siehe auch *BITNET* und *CREN*.

CSNP

Complete Sequence Number PDU. Eine vom designierten Router in einem OSPF-Netzwerk verschickte PDU zur Datenbanksynchronisation.

CSU

Channel Service Unit. Eine digitale Schnittstelle, mit der Endkundengeräte an das örtliche digitale Telefonnetz angebunden werden. Häufig im Zusammenhang mit DSU genannt (*CSU/DSU*). Siehe auch *DSU*.

CS

Convergence Sublayer. Eine von zwei Unterschichten des AAL-CPCS, die für das Auffüllen und die Fehlerüberprüfung zuständig ist. Vom SSCS übergebene PDUs werden mit einem 8 Byte großen Trailer versehen (für die Fehlerüberprüfung und andere Steuerungsinformationen) und gegebenenfalls aufgefüllt, damit die Länge der resultierenden PDU durch 48 teilbar ist. Diese PDUs werden anschließend zur weiteren Bearbeitung an die SAR-Unterschicht des SSCS übergeben. Siehe auch *AAL*, *CPCS*, *SAR*, und *SSCS*.

CTD

Cell Transfer Delay. Zeit zwischen einem Zellausgangsereignis an der Quell UNI und dem entsprechenden Zelleingangsereignis an der Ziel-UNI für bestimmte Verbindungen in ATM. Die CTD zwischen zwei Punkten ist die Summe der gesammten Übertragungsverzögerung zwischen allen ATM-Knoten und der gesamten Verarbeitungsverzögerung aller ATM-Knoten.

CTI

Computer Telephony Integration. Bezeichnung für die Verschmelzung von PBX mit Computern und Computerprogrammen. Die Verwendung der Caller-ID für das automatische Heraussuchen von Kundeninformationen aus einer Datenbank ist ein Beispiel für eine CTI-Anwendung.

CTS

1. Clear To Send = Sendebereitschaft. Eine Leitung der EIA/TIA-232-Spezifikation, die aktiviert wird, sobald DCE bereit ist, Daten von einer Datenendeinrichtung anzunehmen.

2. Common Transport Semantic. Eckstein der IBM-Strategie zur Reduktion der in Netzwerken eingesetzten Anzahl von Protokollen. Die CTS stellt Entwicklern von Netzwerksoft-

ware eine einzige API zur Verfügung und ermöglicht es Anwendungen, unter APPN, OSI oder TCP/IP zu laufen.

CU

Coding Unit. Art von Zugangsgerät (siehe auch *Access Device*).

Customer Information Control System

Siehe *CICS*.

Customer Premises Equipment

Siehe *CPE*.

Cut-Through Packet-Switching

Paketaustauschendes Verfahren, bei dem Daten über einen Switch weitergeleitet werden, sodass der Anfang eines Pakets den Switch am Ausgangsanschluss bereits verlässt, bevor das Paket vollständig am Eingangsanschluss angekommen ist. Ein Gerät, das auf das Cut-Through Packet-Switching zurückgreift, liest und bearbeitet Pakete, sobald die Zieladresse nachgesehen und der Ausgangsanschluss ermittelt wurde, und leitet die Pakete gleich weiter. Auch als *On-the-Fly Packet-Switching* bezeichnet. Gegensatz zu *Store-and-Forward Packet-Switching*.

CxBus

Siehe *CxBus* in »Cisco Systems Begriffe und Akronyme«.

Cycles per Second

Siehe *Hertz*.

Cyclic Redundancy Check

Siehe *CRC*.

D

D4 Framing

Siehe *SF.*

DAC

Dual-Attached Concentrator. FDDI- oder CDDI-Konzentrator, der an beide Ringe eines FDDI- oder CDDI-Netzwerks angehängt werden kann. Er kann weiterhin an den Hauptanschlüssen anderer FDDI- oder CDDI-Konzentratoren doppelt vorhanden sein.

DAP

Directory Access Protocol. Protokoll zwischen DUA und DSA in einem X.500 Directory. Siehe *LDAP.*

DARPA Internet

Veralteter Begriff für das Internet. Siehe *Internet.*

DARPA

Defense Advanced Research Projects Agency. US-amerikanische Regierungsstelle, die die Forschung für das Internet und das Experimentieren mit dem Internet begründet hat. Aus der ARPA hervorgegangen und 1994 wieder zur ARPA geworden. Siehe auch *ARPA.*

DAS

Dual Attachment Station. Ein sowohl an den primären als auch den sekundären FDDI-Ring angehängtes Gerät. Das doppelte Anhängen sorgt für eine Redundanz des FDDI-Rings; falls der primäre Ring ausfällt, kann die Station den primären Ring mit dem sekundären Ring überdecken, wodurch der Ausfall eingegrenzt und die Ringintegrität gewahrt wird. Auch als *Class A Station* bezeichnet. Vergleiche mit *SAS.*

Data Bus Connector

Siehe *DB Connector.*

Data Channel

Siehe *D-Kanal.*

Data Circuit-Terminating Equipment

Siehe *DCE.*

Data Communications Equipment

Siehe *DCE.*

Data Country Code

Siehe *DCC.*

Data Direct VCC

Ein bidirektionaler Punkt-zu-Punkt-VCC zwischen zwei LECs bei ATM. Das ist eine von drei durch Phase 1 LANE definierte Datenverbindungen. Data Direct-VCCs bieten kein

QoS und werden deshalb typischerweise für UBR- und ABR-Verbindungen verwendet. *Vergleiche Control Distribute VCC* und *Control Direct VCC.*

Data Encryption Standard
Siehe *DES.*

Data Exchange Interface
Siehe *DXI.*

Data Flow Control Layer (Datenfluss-Kontrollschicht)
Schicht 5 des SNA-Modells. Diese Schicht bestimmt und verwaltet Interaktionen zwischen Sitzungspartnern, insbesondere den Datenfluss. Entspricht dem *Session Layer (Kommunikationsschicht)* des OSI-Modells. Siehe auch *Data Link Control Layer (Datenverbindungs-Kontrollschicht), Path Control Layer (Pfad-Kontrollschicht), Physical Control Layer (physikalische Kontrollschicht), Presentation Services Layer (Darstellungsdiensteschicht), Transaction Services Layer (Transaktionsdiensteschicht)* und *Transmission Control Layer (Übertragungs-Kontrollschicht).*

Data Link Control Layer (Datenverbindungs-Kontrollschicht)
Schicht 2 des SNA-Modells. Für die Datenübertragung über eine bestimmte physikalische Verbindung zuständig. Entspricht grob dem *Data Link Layer (Datensicherungsschicht)* des OSI-Modells. Siehe auch *Data Flow Control Layer (Datenfluss-Kontrollschicht), Path Control Layer (Pfad-Kontrollschicht), Physical Control Layer (physikalische Kontrollschicht), Presentation Services Layer (Darstellungsdiensteschicht), Transaction Services Layer (Transaktionsdiensteschicht)* und *Transmission Control Layer (Übertragungs-Kontrollschicht).*

Data Link Layer (Datensicherungsschicht)
Schicht 2 des OSI-Referenzmodells. Diese Schicht sorgt für eine zuverlässige Datenübermittlung über eine physikalische Verbindung. Die Datensicherungsschicht beschäftigt sich mit der physikalischen Adressierung, der Netzwerktopologie, der Leitungsverfügbarkeit, der Meldung von Fehlern, der geordneten Zustellung von Frames sowie der Datenflusskontrolle. Die IEEE hat diese Schicht in zwei Unterschichten aufgeteilt: die MAC-Unterschicht und die LLC-Unterschicht. Wird manchmal einfach als *Link Layer (Verbindungsschicht)* bezeichnet. Entspricht grob dem *Data Link Control Layer (Datenverbindungs-Kontrollschicht)* im SNA-Modell. Siehe auch *Application Layer (Anwendungsschicht), LLC, MAC, Network Layer (Netzwerkschicht), Physical Layer (physikalische Bitübertragungsschicht), Presentation Layer (Darstellungsschicht), Session Layer (Kommunikationsschicht)* und *Transport Layer (Transportschicht).*

Data Network Identification Code
Siehe *DNIC.*

Data Service Unit
Siehe *DSU.*

Data Set Ready
Siehe *DSR.*

Data Sink (Datenempfänger)
Netzwerk-Ausstattung, die Datenübertragungen annimmt.

Data Stream (Datenstrom)
Sämtliche über eine Kommunikationsleitung während einer einzigen Lese- oder Schreiboperation übertragene Daten.

Data Terminal Equipment (Datenendeinrichtung)
Siehe *DTE (DEE)*.

Data Terminal Ready
Siehe *DTR*.

Database Object
In einer Datenbank gespeicherte Information.

DATABASE2
Siehe *DB2*.

Datagram Delivery Protocol
Siehe *DDP*.

Datagramm
Logische Gruppierung von Informationen, die als eine Einheit der Netzwerkschicht über ein Übertragungsmedium geschickt wird, ohne dass zuvor eine virtuelle Leitung eingerichtet wird. IP-Datagramme stellen die wesentlichen Informationseinheiten im Internet dar. In den unterschiedlichen Schichten des OSI-Referenzmodells und in verschiedenen Technologien werden auch die Begriffe *Frame*, *Nachricht*, *Paket* und *Segment* für die Bezeichnung logischer Informationsgruppierungen verwendet.

Datakit
Proprietäres AT&T-Paket-Switching-System, das häufig bei RBOCs vorkommt.

Data-Link Connection Identifier
Siehe *DLCI*.

Data-Link Switching
Siehe *DLSw*.

Data Movement Processor
Siehe DMP in »Cisco Systems Begriffe und Akronyme«.

Datenbankobjekt
Im Allgemeinen eine in einer Datenbank gespeicherte Informationseinheit.

Datenbus-Stecker
Siehe *DB-Stecker*.

dB
Dezibel.

DB2
Management-System für relationale Datenbanken von IBM.

dBi

dB in Bezug auf eine isotrope Antenne, die theoretisch eine perfekt symmetrische Ausbreitung aufweist. Echte Antennen weisen meist nicht mal eine annhähernd symmetrische Ausbreitung auf, was aber meist ein Vorteil ist.

dBm

dB pro Milliwatt. 0 dBm ist als 1 mW bei 1 kHz mit 600 Ohm Impedanz definiert.

DB-Stecker

Datenbus-Stecker. Ein Steckertyp zum Verbinden serieller und paralleler Kabel mit einem Datenbus. Die Bezeichnungen für DB-Stecker haben das Format DB-*x*, wobei *x* für die Anzahl der im Stecker enthaltenen Drähte steht. Jede Leitung ist mit einem Pin im Stecker verbunden, aber häufig sind nicht alle Pins mit einer Funktion belegt. DB-Stecker werden in verschiedenen EIA/TIA-Standards definiert.

dBw

dB bezogen auf 1 Watt.

DCA

Defense Communications Agency. Eine US-amerikanische Regierungsstelle, die für DDN-Netzwerke wie beispielsweise das MILNET zuständig ist. Heute als DISA bezeichnet. Siehe *DISA*.

DCC

Data Country Code. Eines von zwei ATM-Adressformaten, die das ATM-Forum für den Einsatz in privaten Netzwerken entwickelt hat. An das Subnetz-Adressierungsmodell angepasst, bei dem die ATM-Schicht für die Zuordnung von Adressen der Netzwerkschicht zu ATM-Adressen zuständig ist. Siehe auch *ICD*.

DCE

Data Communications Equipment (nach EIA-Auslegung) oder Data Circuit-Terminating Equipment (nach ITU-T-Auslegung). Diejenigen Geräte und Verbindungen eines Kommunikationsnetzes, die das Netzwerk-Ende einer Benutzer-Netzwerk-Schnittstelle darstellen. Das DCE sorgt für die physikalische Verbindung mit dem Netzwerk, leitet Datenverkehr weiter und liefert Taktsignale für die Synchronisation von Datenübertragungen zwischen DCE-Geräten und Datenendeinrichtungen. Beispiele für DCE sind Modems und Schnittstellenkarten. Vergleiche mit *DTE (DEE)*.

DCOM

Distributed Component Object Model. Protokoll, das es Software-Komponenten erlaubt, direkt über das Netzwerk miteinander zu kommunizieren. Wurde von Microsoft entwickelt und ursprünglich Network OLE genannt. DCOM ist für Übertragungen über mehrere Netzwerk ausgelegt, darunter auch mittels Internet-Protokollen wie HTTP. Siehe *IIOP*.

DCS

Digital Crossconnect System. Netzwerk-Element, das eine automatische Verbindung zwischen digitalen Signalen herstellt.

DCT

Discrete Cosine Transform.

DDM

Distributed Data Management. Software in einer IBM-SNA-Umgebung, die für die Peer-zu-Peer-Kommunikation und die gemeinsame Dateinutzung sorgt. Einer von drei SNA-Transaktionsdiensten. Siehe auch *DIA* und *SNADS*.

DDN

Defense Data Network. US-amerikanisches Militärnetz, das sich aus einem nicht geheimen (MILNET) und einigen geheimen und streng geheimen Netzwerken zusammensetzt. Das DDN wird von der *DISA* betrieben und gewartet. Siehe auch *DISA* und *MILNET*.

DDP

Datagram Delivery Protocol. Protokoll der Netzwerkschicht von Apple, das für die Socket-zu-Socket-Zustellung von Datagrammen über ein AppleTalk-Internetzwerk zuständig ist.

DDR

Dial-on-Demand Routing. Eine Technik, bei der ein Cisco-Router eine Switched-Circuit-Sitzung automatisch veranlassen und beenden kann, sobald Übertragungsstationen dies verlangen. Der Router täuscht Keepalives vor, so dass Endstationen die Sitzung als aktiv behandeln. DDR gestattet das Routing über ISDN oder Telefonleitungen, die Gebrauch von einem externen ISDN-Adapter oder -Modem machen.

De-facto-Standard

Ein Standard, der aufgrund seiner weiten Verbreitung existiert. Vergleiche mit *de jure-Standard*. Siehe auch *Standard*.

De-jure-Standard

Ein Standard, der aufgrund der Zustimmung einer offiziellen Normierungskörperschaft existiert. Vergleiche mit *De-facto-Standard*. Siehe auch *Standard*.

Deadlock (Sackgasse)

1. Unaufgelöster Wettstreit um die Nutzung einer Ressource.

2. Unter APPN eine Situation, in der zwei Elemente eines Prozesses jeweils auf eine Handlung durch oder eine Reaktion vom anderen Element warten, bevor sie den Prozess fortsetzen.

DECnet

Eine von Digital Equipment Corp. entwickelte und unterstützte Gruppe von Kommunikationsprodukten (einschließlich einer Protokollsammlung). Die neueste Fassung, DECnet/OSI (auch als DECnet Phase V bezeichnet), unterstützt sowohl OSI-Protokolle als auch proprietäre Protokolle von Digital. Phase IV Prime unterstützt inhärente MAC-Adressen, die DECnet-Knoten die Koexistenz mit Systemen ermöglicht, auf denen andere Protokolle mit Einschränkungen bei MAC-Adressen laufen. Siehe auch *DNA*.

DECnet-Routing

Von Digital Equipment Corp. mit DECnet Phase III eingeführtes proprietäres Routingverfahren. In DECnet Phase V hat DECnet seinen Übergang zu den OSI-Routingprotokollen (ES-IS und IS-IS) vollendet.

Decryption (Entschlüsselung)

Die umgekehrte Anwendung zu einem Verschlüsselungsalgorithmus für verschlüsselte Daten, wobei diese Daten in den ursprünglichen, unverschlüsselten Zustand zurückversetzt werden. Siehe auch *Encryption (Verschlüsselung)*.

dedizierte Leitung

Kommunikationsleitung, die uneingeschränkt für Übertragungen reserviert ist, statt je nach Übertragungsbedarf geschaltet zu werden. Siehe auch *Leased Line (Mietleitung)*.

dediziertes LAN

Ein Netzwerksegment, das einem einzigen Gerät zugeteilt wird. Wird in LAN-Topologien mit geschalteten Netzwerken verwendet.

Default Route (Standardroute)

Ein Eintrag der Routing-Tabelle, der zum Weiterleiten von Frames verwendet wird, für die in der Routing-Tabelle kein nächster Hop explizit aufgeführt ist.

Defense Advanced Research Projects Agency

Siehe *DARPA*.

Defense Communications Agency

Siehe *DCA*.

Defense Data Network

Siehe *DDN*.

Defense Information Systems Agency

Siehe *DISA*.

Defense Intelligence Agency

Siehe *DIA*.

DEK

Data Encryption Key. Wird für die Verschlüsselung von Test und für die Durchführung von Integritätstests verwendet (Signaturen).

Delay (Verzögerung)

Die Zeit zwischen der Veranlassung einer Transaktion durch einen Sender und der ersten vom Sender empfangenen Reaktion. Auch die für das Bewegen eines Pakets über einen gegebenen Pfad von der Quelle zum Ziel benötigte Zeit.

Demand Priority (Anforderungspriorität)

In 100VG-AnyLAN verwendete Methode für den Medienzugriff, die einen Hub einsetzt, der mit mehreren Übertragungs-Requests umgehen und den Verkehr entsprechend der Priorität bearbeiten kann, wodurch sie für die Behandlung zeitempfindlichen Verkehrs wie beispielsweise Multimedia und Video nützlich ist. Demand Priority beseitigt den Overhead durch Paketkollisionen, die Wiederherstellung nach Kollisionen und den in Ethernet-Netzwerken typischen Broadcast-Verkehr. Siehe auch *100VG-AnyLAN*.

Demarc

Demarcation Point. Übergangspunkt von der Ausstattung eines Vermittlers zur Kundenendausstattung (*CPE*).

Demodulation

Rückverwandlung eines modulierten Signals in die ursprüngliche Form. Modems führen eine Demodulation durch, indem sie ein analoges Signal nehmen und es in die ursprüngliche (digitale) Form zurückverwandeln. Siehe auch *Modulation*.

Demodulator

Gerät für die Zusammenstellung der Signale, nachdem sie von der Antenne empfangen wurden. Der Demodulator ist typischerweise das erste wichtige Downstream Gerät nach der Antenne und noch vor etwaigen Cisco-Geräten. Das entsprechende Gerät auf der Übertragungsseite ist der Modulator.

Demultiplexing

Das Trennen von mehreren in ein gemeinsames physikalisches Signal gemultiplexten Eingangsströmen zurück in mehrere Ausgangsströme. Siehe auch *Multiplexing*.

Dense Mode PIM

Siehe *PIM Dense Mode*.

Department of Defense (US-amerikanisches Verteidigungsministerium)

Siehe *DoD*.

Department of Defense Intelligence Information System Network Security for Information Exchange

Siehe *DNSIX*.

Dependent LU Requester

Siehe *DLUR*.

Dependent LU Server

Siehe *DLUS*.

Dependent LU

Siehe *DLU*.

designierte Bridge

Die Bridge mit dem niedrigsten Pfadaufwand beim Weiterleiten eines Frames von einem Segment zur Routen-Bridge.

designierter Router

Ein OSPF-Router, der LSAs für ein Multiaccess-Netzwerk erzeugt und über andere Verantwortlichkeiten beim Betrieb von OSPF verfügt. Jedes Multiaccess-OSPF-Netzwerk, das über mindestens zwei angehängte Router verfügt, besitzt einen designierten Router, der durch das OSPF Hello-Protocol ausgewählt wird. Der designierte Router ermöglicht eine Reduzierung der in einem Multiaccess-Netzwerk benötigten Anzahl von direkten Nachbarschaften, wodurch wiederum die Menge des Verkehrs für das Routingprotokoll sowie der Umfang der Topologiedatenbank reduziert wird.

Destination Address (Zieladresse)

Die Adresse eines Netzwerkgeräts, das Daten empfängt. Siehe auch *Source Address (Quelladresse)*.

Destination MAC (Ziel-MAC)
Siehe *DMAC*.

Destination Service Access Point
Siehe *DSAP*.

DES
Data Encryption Standard. Vom US-amerikanischen Normierungsgremium entwickelter standardisierter Verschlüsselungsalgorithmus.

Deterministic Load Distribution (deterministische Lastenverteilung)
Eine Technik für die Verteilung des Verkehrs zwischen zwei Bridges über eine Leitungsgruppe. Garantiert die Paketreihenfolge zwischen Quelle-Ziel-Paaren und leitet den Verkehr für ein Quelle-Ziel-Paar bei einer gegebenen Konfiguration der Leitungsgruppe immer im gleichen Segment einer Leitungsgruppe weiter.

Deutsche Industrie Norm
Siehe *DIN*.

Deutsche-Industrie-Norm-Stecker
Siehe *DIN-Stecker*.

Device (Gerät)
Siehe *Knoten*.

DE
Discard Eligible = »darf ausgesetzt werden«. Siehe *Tagged Traffic*.

Dezibel
Abgekürzt: *dB*.

DHCP
Dynamic Host Configuration Protocol. Verfahren zur dynamischen Zuweisung von IP-Adressen, damit Adressen wieder verwendet werden können, wenn Hosts sie nicht länger benötigen.

DIA
Document Interchange Architecture. Definiert die für den transparenten Austausch von Dokumenten in einem SNA-Netzwerk benötigten Protokolle und Datenformate. Einer von drei SNA-Transaktionsdiensten. Siehe auch *DDM* und *SNADS*.

Dial-Backup
Schutz vor WAN-Ausfällen, indem bei Bedarf eine serielle Wählverbindung hergestellt wird.

Dial-on-Demand Routing
Siehe *DDR*.

Dial-Up Line (Anwahlleitung)
Eine Kommunikationsleitung, die von einer Switched-Circuit-Verbindung unter Verwendung des Telefonnetzes aufgebaut wird.

Differential Enkoding (differentielle Kodierung)
Digitale Kodierungstechnik, bei der ein binärer Wert durch eine Signaländerung statt durch einen bestimmten Signalpegel gekennzeichnet wird.

Differential Manchester Enkoding (differentielle Manchester-Kodierung)
Digitales Kodierungsverfahren, bei dem eine gemittelte Bit-Übergangszeit zur Taktung eingesetzt wird und ein Übergang zu Beginn jeder Bit-Periode eine Null kennzeichnet. Das Kodierungsverfahren wird in IEEE 802.5- und Token-Ring-Netzwerken eingesetzt.

Diffusing Update Algorithm
Siehe *DUAL*.

Digital Network Architecture
Siehe *DNA*.

Digital Signal Level 0
Siehe *DS-0*.

Digital Signal Level 1
Siehe *DS-1*.

Digital Signal Level 3
Siehe *DS-3*.

Dijkstra-Algorithmus
Siehe *SPF.*

DIN
Deutsche Industrie Norm.

DIN-Stecker
Ein Stecker mit mehreren Pins, der in einigen Macintosh- und IBM-PC-kompatiblen Computern sowie auf einigen Karten für Netzwerkprozessoren verwendet wird.

Direct Memory Access (direkter Speicherzugriff)
Siehe *DMA*.

Directed Search (zielgerichtete Suche)
Eine Suchanfrage, die an einen spezifischen Knoten geschickt wird, von dem bekannt ist, dass er über eine Ressource verfügt. Auf eine zielgerichtete Suche wird zurückgegriffen, um die ständige Existenz der Ressource zu bestimmen und für den Knoten spezifische Routing-Informationen zu erhalten. Siehe auch *Broadcast Search (Broadcast-Suche)*.

Directory Services (Verzeichnisdienste)
Dienste, die Netzwerkgeräten beim Auffinden von Diensteanbietern helfen.

DISA
Defense Information Systems Agency. US-amerikanische Militärorganisation, die für die Implementierung und den Betrieb militärischer Informationssysteme einschließlich dem DDN zuständig ist. Siehe auch *DDN*.

Discard Eligible
Siehe *DE*.

Discovery-Architektur
APPN-Software, die es einem als APPN-Endknoten konfigurierten Rechner ermöglicht, den primären und den sekundären Netzknoten automatisch aufzuspüren, wenn der Rechner an ein APPN-Netzwerk gebracht wird.

Discovery-Modus
Eine Methode, mittels der eine AppleTalk-Schnittstelle von einem betriebsfähigen Knoten Informationen über ein angeschlossenes Netzwerk erlangt und diese dann für die eigene Konfiguration verwendet. Wird auch als *dynamische Konfiguration* bezeichnet.

Distance Vector Multicast Routing Protocol
Siehe *DVMRP*.

Distance-Vector-Routing-Algorithmus
Eine Klasse von Routing-Algorithmen, die die Anzahl der Hops auf einer Route durchgehen, um einen umfassenden Baum mit dem kürzesten Pfad herauszufinden. Distance-Vector-Routing-Algorithmen rufen jeden Router dazu auf, mit jedem Update die gesamte Routing-Tabelle zu verschicken, allerdings nur an seine Nachbarn. Distance-Vector-Routing-Algorithmen können zu Routing-Schleifen neigen, sind von der Berechnung her aber einfacher gehalten als Link-State-Routing-Algorithmen. Auch als *Bellman-Ford-Routing-Algorithmus* bezeichnet. Siehe auch *Link-State Routing-Algorithmus* und *SPF*.

Distortion Delay
Ein Problem mit einem Kommunikationssignal, das von uneinheitlichen Übertragungsgeschwindigkeiten der Komponenten eines Signals über ein Übertragungsmedium herrührt. Auch als *Group Delay* bezeichnet.

Distributed Computing/Processing (verteilte Berechnung/Bearbeitung)
Siehe *Client-Server Computing*.

Distributed Data Management
Siehe *DDM*.

Distributed Queue Dual Bus
Siehe *DQDB*.

Distributed Relational Database Architecture
Siehe *DRDA*.

DIT
Directory Information Tree. Globaler Baum von Einträgen, die Informationen zu Objekten im OSI X.500 Directory entsprechen.

D-Kanal
1. Steuerkanal (engl. Data Channel). Vollduplex-betriebener 16-Kbit/s-(BRI-) oder 64-Kbit/s (PRI-)ISDN-Signalisierungskanal. Vergleiche mit *B-Kanal*, *E-Kanal* und *H-Kanal*.

2. In der SNA eine Vorrichtung, die einen Prozessor und Hauptspeicher mit der Peripherie verbindet.

DLCI
Data-Link Connection Identifier. Ein Wert, der in einem Frame-Relay-Netzwerk eine PVC oder eine SVC anzeigt. In der einfachen Frame-Relay-Spezifikation sind DLCIs lokal signi-

fikant (angebundene Geräte können unterschiedliche Werte zur Angabe derselben Verbindung verwenden). In der erweiterten LMI-Spezifikation sind DLCIs global signifikant (DLCIs stehen für einzelne Endgeräte). Siehe auch *LMI*.

DLL

Dynamic Link Library.

DLSw

Data-Link Switching. Ein in der RFC 1795 beschriebener Standard zur Zusammenarbeit, der eine Methode für das Weiterleiten von SNA- und NetBIOS-Verkehr über TCP/IP-Netze bereitstellt, wobei das Switching und Kapseln der Datensicherungsschicht verwendet wird. DLSw verwendet das SSP (Switch-to-Switch Protocol) anstelle des SRB, wodurch die wesentlichen Einschränkungen des SRB (begrenzter Hop-Count, Broadcast-Verkehr und unnötiger Verkehr, Time-outs, fehlende Datenflusskontrolle sowie fehlende Priorisierungsverfahren) beseitigt werden. Siehe auch *SRB* und *SSP (Switch-to-Switch Protocol)*.

DLSw+

Siehe *DLSw+* in »Cisco Systems Begriffe und Akronyme«.

DLU

Dependent LU. Eine vom SSCP abhängige logische Einheit (LU), die Dienste zum Einrichten von Sitzungen mit anderen LUs bereitstellt. Siehe auch *LU* und *SSCP*.

DLUR

Dependent LU Requester. Die Client-Hälfte der Dependent LU Requester/Server-Erweiterung für APPN. Die DLUR-Komponente befindet sich auf APPN-Endknoten und -Netzknoten, die angrenzende DLUs mit Sicherheitsdiensten des DLUS unterstützen. Siehe auch *APPN*, *DLU* und *DLUS*.

DLUR-Knoten

In APPN-Netzwerken ein Endknoten oder Netzknoten, der die DLUR-Komponente implementiert. Siehe auch *DLUR*.

DLUS

Dependent LU Server. Die Server-Hälfte der Dependent LU Requester/Server-Erweiterung für APPN. Die DLUS-Komponente stellt über ein APPN-Netzwerk SSCP-Dienste für DLUR-Knoten bereit. Siehe auch *APPN*, *DLU* und *DLUR*.

DLUS-Knoten

In APPN-Netzwerken ein Netzknoten, der die DLUS-Komponente implementiert. Siehe auch *DLUS*.

DMA

Direct Memory Access. Die Datenübertragung von einem Peripheriegerät wie beispielsweise einer Festplatte in den Speicher, ohne dass die Daten ihren Weg durch den Prozessor nehmen. Per DMA lassen sich Daten mit hoher Geschwindigkeit ohne Prozessor-Overhead in den Speicher übertragen.

DMAC

Destination MAC = Ziel-MAC. Die MAC-Adresse, die im Paketfeld für die Zieladresse angegeben ist. Vergleiche mit *SMAC*. Siehe auch *MAC-Adresse*.

DMP
Siehe *DMP* in »Cisco Systems Begriffe und Akronyme«.

DN
Distinguished Name. Globaler autoritativer Name eines Eintrags im OSI X.500 Directory.

DNA
Digital Network Architecture. Von Digital Equipment Corp. entwickelte Netzwerkarchitektur. Die DNA verkörpernden Produkte (einschließlich der Kommunikationsprotokolle) werden zusammen als DECnet bezeichnet. Siehe auch *DECnet*.

DNIC
Data Network Identification Code. Bestandteil einer X.121-Adresse. DNICs bestehen aus zwei Teilen: Der Erste gibt das Land an, in dem sich das adressierte PSN befindet, und der Zweite gibt das PSN selbst an. Siehe auch *X.121*.

DNS
Domain Naming System. Im Internet eingesetztes System für die Übersetzung der Namen von Netzknoten in Adressen. Siehe auch *Authority-Zone*.

DNSIX
Department of Defense Intelligence Information System Network Security for Information Exchange. Eine von der US-amerikanischen Defense Intelligence Agency für den Netzwerkbetrieb definierte Sammlung von Sicherheitsanforderungen.

DOCSIS
Data-over-Cable Service Interface Specifications. Legt technische Spezifikationen für Geräte auf Teilnehmer und Kopfstellenseite fest. Die Übernahme von DOCSIS beschleunigt den Einsatz von Datendiensten per Kabel und stellt die Interoperabilität von Geräten verschiedener Hersteller sicher.

Document Interchange Architecture
Siehe *DIA*.

DoD
Department of Defense = US-amerikanisches Verteidigungsministerium. Für die nationale Verteidigung verantwortliche Regierungsstelle, die häufig die Grundlagen bei der Entwicklung von Kommunikationsprotokollen geschaffen hat.

DoD Intelligence Information System Network Security for Information Exchange
Siehe *DNSIX*.

Domain (Domäne)
1. Im Internet ein Anteil des Namenhierarchiebaums, der sich basierend auf der Organisationsart oder der Geografie auf allgemeine Gruppierungen von Netzwerken bezieht.

2. In der SNA ein SSCP sowie die davon kontrollierten Ressourcen.

3. Unter IS-IS eine logische Reihe von Netzwerken.

Domain
Von Apollo Computer (gehört heute zu Hewlett Packard) für den Einsatz mit ihren Entwicklungsworkstations entwickeltes Netzwerksystem.

Domain Name System
Siehe *DNS*.

Domain Specific Part
Siehe *DSP*.

Dot Address (Punkt-Adresse)
Bezieht sich auf die allgemeine Notation für eine IP-Adresse in der Form <*n.n.n.n*>, wobei jede Zahl *n* als Dezimalzahl für ein Byte der 4 Byte großen IP-Adresse steht. Auch als *Dotted Notation (Punkt-Notation)* bezeichnet.

Dotted Notation (Punkt-Notation)
Siehe *Dot Address (Punkt-Adresse)*.

Downlink Station (Bodenstation)
Siehe *Ground Station*.

Downstream Physical Unit
Siehe *DSPU*.

DQDB
Distributed Queue Dual Bus. Ein für den Einsatz in MANs entworfenes, im IEEE-802.6-Standard spezifiziertes Kommunikationsprotokoll der Datensicherungsschicht. DQDB, mit dem sich mehrere Systeme mittels zweier unidirektionaler logischer Busse verbinden lassen, ist ein offener Standard, der aus Gründen der Kompatibilität zu den Betreiberstandards für die Übertragung entworfen wurde und an den aufkommenden Standards für BISDN ausgerichtet ist. SIP (SMDS Interface Protocol) basiert auf dem DQDB. Siehe auch *MAN*.

DRAM
Dynamic Random-Access Memory. RAM, das Informationen in Kondensatoren speichert, die regelmäßig aufgefrischt werden müssen. Es kann zu Verzögerungen kommen, weil der Prozessor nicht auf DRAMs zugreifen kann, während deren Inhalt aufgefrischt wird. Allerdings sind DRAMs unkomplizierter und verfügen über größere Kapazitäten als SRAMs. Siehe auch *SRAM*.

DRDA
Distributed Relational Database Architecture. Proprietäre Architektur von IBM.

Drop and Insert
Punkt in einem Multipoint-Kanal, an dem die Verbindung zu einem Netzwerk Gerät hergestellt wird.

Drop Cable
Im Allgemeinen ein Kabel, das ein Netzwerk-Gerät (beispielsweise einen Computer) mit einem physikalischen Medium verbindet. Eine Art AUI. Siehe auch *AUI*.

Drop
Eine Stelle in einem Mehrpunkt-Kanal, an dem eine Verbindung zu einem Netzwerk-Gerät vorhanden ist.

DRP
Siehe *DRP* in »Cisco Systems Begriffe und Akronyme«.

DS-0
Digital Signal Level 0. Für das Übertragen digitaler Signale auf einem einzigen Kanal mit 64 Kbit/s auf einem T1-Gerät verwendete Framing-Spezifikation. Vergleiche mit *DS-1* und *DS-3*.

DS-1 Domestic Trunk Interface
Siehe *DS-1/DTI*.

DS-1/DTI
DS-1 Domestic Trunk Interface. Für DS-1-Anwendungen eingesetzte Schnittstellenschaltung mit 24 Anschlussstellen.

DS-1
Digital Signal Level 1. Für das Übertragen digitaler Signale mit 1544 Mbit/s auf einem T1-Gerät (in den USA) oder mit 2018 Mbit/s auf einem E1-Gerät (in Europa) verwendete Framing-Spezifikation. Vergleiche mit *DS-0* und *DS-3*.

DS-3
Digital Signal Level 3. Für das Übertragen digitaler Signale mit 44736 Mbit/s auf einem T3-Gerät verwendete Framing-Spezifikation. Vergleiche mit *DS-0* und *DS-3*. Siehe auch *E3* und *T3*.

DSA
Directory System Agent. Software, die X.500 Directory Dienste für einen Teil der Directory Informations-Datenbank anbietet. Allgemein ist jeder DSA für die Directory-Informationen einer einzelnen Organisation oder einer Einheit davon zuständig.

DSAP
Destination Service Access Point. Der SAP des im Paketfeld für das Ziel bezeichnete Netzknoten. Vergleiche mit *SSAP*. Siehe auch *SAP (Service Access Point)*.

DSL
Digital Subscriber Line. Technik für öffentliche Netze, die hohe Bandbreiten über konventionelle Kupferleitungen über begrenzte Entfernungen transportiert. Es gibt vier DSL-Arten: ADSL, HDSL, SDSL und VDSL. Alle laufen über Modem-Paare, mit einem Modem beim Teilnehmer und einem Modem bei der Vermittlungsstelle. Da die meisten DSL-Techniken nicht die gesamte Bandbreite des Kabels nutzen, bleibt Platz für Sprachkanäle. Siehe auch *ADSL, HDSL, SDSL* und *VDSL*.

DSP
Domain Specific Part. Der Teil einer CLNS-Adresse, der eine Area-ID, eine Stations-ID sowie ein Selektor-Byte enthält.

DSPU-Konzentration
Siehe *DSPU* und *PU*.

DSPU
Downstream Physical Unit. In der SNA eine PU, die sich stromabwärts vom Host befindet.

DSR
Data Set Ready = Betriebsbereitschaft. Eine EIA/TIA-232-Schnittstellenschaltung, die aktiviert wird, sobald ein DCE-Gerät angestellt und einsatzbereit ist.

DSU

Data Service Unit. Ein bei der digitalen Übertragung eingesetztes Gerät, das die physikalische Schnittstelle einer Datenendeinrichtung an ein Übertragungsgerät wie beispielsweise T1 oder E1 anpasst. Die DSU ist weiterhin für Funktionen wie das Signaltiming zuständig. Häufig im Zusammenhang mit CSU als *CSU/DSU* genannt. Siehe auch *CSU*.

DSX-1

Kreuzverbindungspunkt für DS-1-Signale.

DTE (DEE)

Data Terminal Equipment = Datenendeinrichtung. Ein Gerät am anwenderseitigen Ende einer Netzwerkschnittstelle, die als Quelle, Ziel oder beides für Daten dient. Datenendeinrichtungen werden über ein DCE-Gerät (z.B. ein Modem) mit einem Datennetz verbunden und setzen typischerweise vom DCE-Gerät erzeugte Taktsignale ein. Zu den Datenendgeräten gehören Geräte wie beispielsweise Computer, Protokollübersetzer und Multiplexer. Vergleiche mit *DCE*.

DTL

Designated Transit List. Liste von Knoten und optionalen Link IDs, die spezifisch für einen Pfad über eine einzelne PNNI Peer Gruppe ist.

DTMF

Dual Tone Multifrequency. Die Verwendung zweier gleichzeitig erzeugter hörbarer Töne zum Wählen (wie beim Tonwahlverfahren).

DTR

Data Terminal Ready. Eine EIA/TIA-232-Leitung, die aktiviert wird, um ein DCE-Gerät wissen zu lassen, wenn eine Datenendeinrichtung bereit ist, Daten zu senden und zu empfangen.

DUA

Directory User Agent. Software, die auf den X.500 Directory-Dienst auf Veranlassung des Users zugreift. Der Directory-User kann eine Person oder ein anderes Software-Element sein.

DUAL

Diffusing Update Algorithm. Ein unter Enhanced IGRP eingesetzter Konvergenz-Algorithmus, der durch ständige Routenberechnung in jedem Moment für einen schleifenfreien Betrieb sorgt. Ermöglicht die gleichzeitige Synchronisation von an einer Topologieänderung beteiligten Routern, ohne die von der Änderung nicht betroffenen Router zu berücksichtigen. Siehe auch *Enhanced IGRP*.

Dual Attachment Station

Siehe *DAS*.

Dual Counter-Rotating Rings

Eine Netzwerktopologie, bei der zwei Signalwege mit entgegengesetzten Richtungen in einem von Token durchlaufenen Netzwerk vorhanden sind. FDDI und CDDI basieren auf diesem Konzept.

Dual Homing

Eine Netzwerktopologie, bei der ein Gerät mittels zweier unabhängiger Zugangspunkte an das Netzwerk angeschlossen ist. Ein Zugangspunkt stellt die primäre Verbindung dar und bei den weiteren handelt es sich um einsatzbereite Verbindungspunkte, die bei Ausfall der primären Verbindung aktiviert werden.

Dual IS-IS

Siehe *Integrated IS-IS.*

Dual Tone Multifrequency

Siehe *DTMF.*

Dual-Attached Concentrator

Siehe *DAC.*

Dual-Homed Station

Gerät, das an mehrere FDDI-Ringe angeschlossen ist, um Redundanz zu schaffen.

DVMRP

Distance Vector Multicast Routing Protocol. Ein Gateway-Protokoll für den Internetzwerkbetrieb, der großteils auf RIP basiert und ein typisches Dense-Mode IP-Multicast-Verfahren implementiert. DVMRP verwendet das IGMP für den Austausch von Routing-Datagrammen mit seinen Nachbarn. Siehe auch *IGMP.*

DVVI

Data, Voice, Video Integration.

DXI

Data Exchange Interface. Eine in der RFC 1483 beschriebene Spezifikation des ATM-Forums, die definiert, wie ein Netzwerkgerät wie z.B. eine Bridge, ein Router oder ein Hub in einem ATM-Netzwerk effektiv als FEP dienen kann, indem es über eine Schnittstelle mit einer speziellen DSU verfügt, welche die Aufteilung und das Wiederzusammensetzen von Paketen durchführt.

Dynamic Adaptive Routing

Automatische Umleitung von Traffic aufgrund aktueller Netzwerk-Bedingungen, ohne Berücksichtigung von vordefinierten Informationen für die Routing-Entscheidung.

Dynamic Buffer Management

Frame Relay und ATM-Dienst-Module werden mit großen Puffern und dem patentierten Dynamic Buffer-Managementschema für die Zuordnung und Skalierung von Traffic, der an Knoten hingeht oder sie verlässt, auf einer per VC-Basis versehen. Der WAN-Switch weist dynamisch Puffer an VCs auf Basis von Traffic-Menge und Service-Absprachen zu.

Dynamic IISP

Dynamic Interim Interswitch Signaling Protocol. Grundlegendes Anruf-Routing Protokoll, das ATM-Verbindungen bei Link-Fehlern automatisch umleitet. Dynamic IISP ist eine Zwischenlösung, bis PNNI Phase 1 fertig ist. Gegensatz zu IISP.

Dynamic Random-Access Memory

Siehe *DRAM.*

dynamische Adressauflösung
Der Einsatz eines Protokolls zur Adressauflösung, um Adressinformationen nach Bedarf zu ermitteln und zu speichern.

dynamische Konfiguration
Siehe *Discovery-Modus*.

dynamisches Routing
Ein sich automatisch an Änderungen der Netzwerktopologie oder des Verkehrs anpassendes Routing. Auch als *adaptives Routing* bezeichnet.

E

E&M

recEive and transMit. Baum Anordnung, typischerweise bei Zwei-Wege-Switch-zu-Switch- oder Switch-zu-Netzwerk-Verbindungen. Ciscos analoge E&M-Schnittstelle ist ein RJ-48-Stecker, der Verbindungen zu PBX-Baumverbindungen erlaubt. E&M ist auch für E1- und T1-Digital-Schnittstellen erhältlich.

E.164

Eine ITU-T-Empfehlung für die internationale Rufnummernvergabe im Fernmeldewesen, insbesondere für ISDN, BISDN und SMDS. Eine Weiterentwicklung der üblichen Telefonnummern.

E1

Ein vorwiegend in Europa eingesetztes weiträumiges digitales Übertragungsverfahren, das Daten mit einer Rate von 2048 Mbit/s überträgt. E1-Leitungen können von öffentlichen Betreibern für den Privatgebrauch angemietet werden. Vergleiche mit *T1*. Siehe auch *DS-1*.

E2A

Protokoll für OAM&P-Funktionen zwischen einem Netzwerk-Element und einem Betriebsunterstützungssystem. Siehe auch *OAM&P*.

E3

Ein vorwiegend in Europa eingesetztes weiträumiges digitales Übertragungsverfahren, das Daten mit einer Rate von 34,368 Mbit/s überträgt. E3-Leitungen können von öffentlichen Betreibern für den Privatgebrauch angemietet werden. Vergleiche mit *T3*. Siehe auch *DS-3*.

Early Packet Discard

Siehe *EPD*.

Early Token Release

Eine in Token-Ring-Netzwerken eingesetzte Technik, die es einer Station ermöglicht, direkt nach einer Übertragung ein neues Token auf den Ring zu bringen, anstatt auf den ersten zurückgelieferten Frame zu warten. Diese Eigenschaft kann die Gesamtbandbreite auf dem Ring erhöhen. Siehe auch *Token-Ring*.

EARN

European Academic Research Network. Ein europäisches Netzwerk, das Universitäten und Forschungsinstitute miteinander verbindet. Das EARN schloss sich mit der RARE zur TERENA zusammen. Siehe auch *RARE* und *TERENA*.

EBCDIC

Extended Binary Coded Decimal Interchange Code. Bezeichnung für jeden beliebigen der von IBM entwickelten kodierten Zeichensätze, die sich aus mit 8 Bit kodierten Zeichen zusammensetzen. Diese Zeichenkodierung wird von älteren IBM-Systemen und Telex-Maschinen verwendet. Vergleiche mit *ASCII*.

EBONE
European Backbone. Paneuropäischer Netzwerk-Backbone-Dienst.

EC
European Community.

Echo Channel
Siehe *E-Kanal*.

Echoplex
Ein Modus, in dem Tastaturzeichen auf einem Terminalbildschirm widergespiegelt werden, wenn ein vom anderen Leitungsende zurückgeliefertes Signal anzeigt, dass die Zeichen korrekt empfangen wurden,

ECMA
European Computer Manufacturers Association. Ein Gruppe europäischer Computerhersteller, die wesentlichen Anteil an der OSI-Standardisierung haben.

Edge Device
1. Physikalisches Gerät, das Pakete zwischen traditionellen Interfaces (wie Ethernet und Token-Ring) und ATM-Interfaces auf Basis von Data Link und Network Layer-Informationen weiterleitet. Ein Edge Device ist nicht am Betrieb von Network Layer-Protokollen beteiligt, erhält aber Weiterleitungsbeschreibungen über das Route Distribution Protocol.

2. Beliebiges Gerät, das kein ATM Switch ist, aber mit einem ATM-Switch verbunden ist.

EDI
Electronic Data Interchange = elektronischer Datenaustausch. Die elektronische Mitteilung von Betriebsdaten, wie beispielsweise Bestellungen und Rechnungen an andere Körperschaften.

EDIFACT
Electronic Data Interchange for Administration, Commerce and Transport. Ein von den Vereinten Nationen als EDI-Standard für die Industrie vorgesehener Datenaustauschstandard.

EECM
End-to-End Call Manager.

EEPROM
Electrically Erasable Programmable Read-Only Memory. Ein EPROM, das durch das Anlegen von elektrischen Signalen an bestimmte Pins gelöscht werden kann. Siehe auch *EPROM*.

EFCI
Explicit Forward Congestion Indication. Einer der Stau-Feedback-Modi bei ATM, ermöglicht durch ABR-Dienste. Ein Netzwerk-Element, bei dem ein Stauzustand droht oder bereits eingetreten ist, kann EFCI setzen. Das Ziel-End-System kann ein Protokoll implementieren, das automatisch die Zell-Rate aufgrund des EFCI-Wertes verringert. Siehe auch *ABR*.

EFF

Electronic Frontier Foundation. Stiftung, die sich mit den sozialen und rechtlichen Aspekten der zunehmenden Durchdringung der Gesellschaft mit Computern und den sich daraus ergebenden Kommunikationswegen befasst.

EGP

Exterior Gateway Protocol. Ein Internet-Protokoll für den Austausch von Routing-Informationen zwischen autonomen Systemen. In der RFC 904 dokumentiert. Nicht zu verwechseln mit dem allgemeinen Begriff *Exterior Gateway Protocol.* Bei EGP handelt es sich um ein veraltetes Protokoll, das vom BGP ersetzt wurde. Siehe auch *BGP.*

EIA

Electronic Industries Association. Eine Standards für elektrische Übertragungen spezifizierende Gruppe. Die EIA und die TIA haben zahlreiche bekannte Kommunikationsstandards entwickelt, wie beispielsweise EIA/TIA-232 und EIA/TIA-449. Siehe auch *TIA.*

EIA/TIA-232

Ein von der EIA und TIA entworfener allgemeiner Schnittstellenstandard für die physikalische Schicht, die ungleichmäßige Leitungen mit Signalgeschwindigkeiten von bis zu 64 Kbit/s unterstützt. Sie ähnelt stark der V.24-Spezifikation. Früher unter der Bezeichnung *RS-232* bekannt.

EIA/TIA-449

Eine von der EIA und TIA entwickelte verbreitete Schnittstelle der physikalischen Schicht. Im Wesentlichen eine schnellere (bis zu 2 Mbit/s) Version der EIA/TIA-232, die für größere Kabellängen geeignet ist. Früher als *RS-449* bezeichnet. Siehe auch *EIA-530.*

EIA/TIA-586

Ein Standard, der die Eigenschaften und Anwendungen der verschiedenen Klassen von UTP-Kabeln beschreibt. Siehe auch *Kategorie-1-Kabel*, *Kategorie-2-Kabel*, *Kategorie-3-Kabel*, *Kategorie-4-Kabel*, *Kategorie-5-Kabel* und *UTP.*

EIA-530

Bezieht sich auf zwei elektrische Implementierungen der EIA/TIA-449: RS-422 (für die ausgeglichene Übertragung) und RS-423 (für die ungleichmäßige Übertragung). Siehe auch *RS-422*, *RS-423* und *EIA/TIA-449.*

EIGRP

Siehe *Enhanced IGRP.*

EIP

Siehe *EIP* in »Cisco Systems Begriffe und Akronyme«.

EIRP

Effective Isotropic Radiated Power. Maß für die Leistung einer Antenne in gegebener Richtung relativ zur Leistung einer theoretischen (isotropen) Antenne in Watt oder dBW. EIRP ist die Summe aus der an die Antenne geschickten Leistung plus die Antennenverstärkung.

EISA

Extended Industry-Standard Architecture. In PCs, PC-basierten Servern und einigen UNIX-Workstations und -Servern verwendete Schnittstelle mit einem 32-Bit-Bus. Siehe auch *ISA.*

E-Kanal

Echo-Kanal. Ein 64-Kbit/s-ISDN-Steuerkanal. Der E-Kanal wurde 1984 in der ISDN-Spezifikation der ITU-T definiert, in der Spezifikation von 1988 aber wieder fallengelassen. Vergleiche mit *B-Kanal*, *D-Kanal*, und *H-Kanal.*

ELAN

Emulated LAN. Ein ATM-Netzwerk, in dem ein Ethernet- oder Token-Ring-LAN mittels eines Client-Server-Modells emuliert wird. ELANs setzen sich aus einem LEC, einem LES, einem Bus sowie einem LECS zusammen. In einem einzigen ATM-Netzwerk können mehrere ELANs gleichzeitig existieren. ELANs werden von der LANE-Spezifikation definiert. Siehe auch *BUS*, *LANE*, *LEC*, *LECS* und *LES.*

ELAP

EtherTalk Link Access Protocol. Link-Zugangs-Protokoll in EtherTalk-Netzwerken. ELAP ist oberhalb des normalen Ethernet Data Link Layer angesiedelt.

Electrically Erasable Programmable Read-Only Memory

Siehe *EEPROM.*

Electromagnetic Interference

Siehe EMI.

Electromagnetic Pulse

Siehe EMP.

Electromagnetic Spectrum

Voller Bereich von elektromagnetischen (genauso wie magnetischen) Frequenzen, von denen ein Teil in kommerziellen RF-Systemen verwendet wird. Kommerzielle RF-Systeme werden normalerweise in die Bereiche MF, HF, VHF, SHF und EHF eingeteilt. Militärische Systeme benutzen typischerweise Frequenzen außerhalb dieser Bereiche.

Electronic Data Interchange (elektronischer Datenaustausch)

Siehe *EDI.*

Electronic Data Interchange for Administration, Commerce, and Transport

Siehe *EDIFACT.*

Electronic Frontier Foundation

Siehe *EFF.*

Electronic Industries Association

Siehe *EIA.*

Electronic Mail

Siehe *E-Mail.*

Electronic Messaging Association

Siehe *EMA.*

Electrostatic Discharge

Siehe *ESD.*

elektromagnetische Interferenz

Siehe *EMI.*

elektromagnetischer Impuls

Siehe *EMP.*

ELMI

Enhanced Local Management Interface.

E-Mail

Electronic Mail = elektronische Post. Weit verbreitete Netzwerkanwendung, bei der Nachrichten zwischen Endbenutzern auf elektronischem Weg über verschiedene Netzwerke und Protokolle übermittelt werden.

EMA

1. Enterprise Management Architecture. Netzwerkmanagement-Architektur der Digital Equipment Corporation, die auf dem OSI-Modell für das Netzwerkmanagement basiert.

2. Electronic Messaging Association. Forum, das sich der Standardisierungsarbeit für elektronische Nachrichtensysteme wie z. B. E-Mail oder Voice-Mail (elektronische Sprachnachrichten) verschrieben hat.

EMI

Elektromagnetische Interferenz. Interferenz elektromagnetischer Strahlung, die die Datenintegrität vermindern und die Fehlerrate auf Übertragungskanälen erhöhen kann.

EMIF

ESCON Multiple Image Facility. E/A-Software-Funktion eines Mainframe, die das Verteilen eines ESCON-Kanals auf mehrere logische Partitionen auf dem gleichen Mainfraime ermöglicht. Siehe auch *ESCON.*

EMP

Electromagnetic Pulse = elektromagnetischer Impuls. Unerwünschte elektromagnetische Impulse können nicht abgeschirmte elektronische Geräte zerstören. Siehe auch *Tempest.*

Emulationsmodus

Funktion eines NCP (Network Control Program), das die Aktivitäten einer Übermittlungs-Kontrolleinheit simulieren kann.

emuliertes LAN

Siehe *ELAN.*

EN (Endknoten)

End Node. APPN-Endsystem, in welchem PU 2.1 implementiert ist. Es bietet Endbenutzerdienste und unterstützt Arbeitssitzungen zwischen lokalen und entfernten Kontrollpunkten. Endknoten bieten keine Routingfunktionalität und können benachbarten Netzknoten nicht mit APPN-Diensten antworten. Vergleiche mit *NN.* Siehe auch *CP.*

Encapsulation (Kapselung)

Der Einschluss von Daten in einen speziellen Protokoll-Header. Z. B. werden Ethernet-Daten in einem speziellen Ethernet-Header verpackt, bevor diese im Netzwerk übermittelt werden. Siehe auch *Tunneling (Tunneln).*

Encapsulation Bridging (kapselndes Bridging)
Überträgt Ethernet-Frames mittels verschiedener Medien wie beispielsweise serielle oder FDDI-Verbindungen von einem Router zu einem anderen. Im Gegensatz zu *Translational Bridging (übersetzendes Bridging)*.

Encoder
Gerät, das Informationen in das benötigte Datenübertragungsformat umwandelt.

Encryption (Verschlüsselung)
Eine auf einem speziellen Algorithmus basierende Anwendung, mit der Daten verschlüsselt werden, sodass nichtautorisierte Personen diese nicht entschlüsseln können. Siehe auch *Decryption (Entschlüsselung)*.

End Node (Endknoten)
Siehe *EN*.

End of Transmission (Ende der Übertragung)
Siehe *EOT*.

End Point (Endpunkt)
Gerät, an welchem eine virtuelle Leitung oder ein virtueller Pfad beginnt bzw. endet.

End System-to-Intermediate System (Endsystem-zu-Zwischensystem)
Siehe *ES-IS*.

Endsystem
Siehe *ES*.

Energy Sciences Network
Siehe *ESnet*.

Enhanced IGRP
Enhanced Interior Gateway Routing Protocol. Erweiterte, von Cisco entwickelte Version von IGRP. Unterstützt besonders gute Konvergenzmöglichkeiten. Dieses effektive Routingprotokoll kombiniert die Vorteile von Link-State-Protokollen und Distance-Vector-Protokollen. Vergleiche mit *IGRP*. Siehe auch *IGP*, *OSPF* und *RIP*.

Enhanced Interior Gateway Routing Protocol
Siehe *Enhanced IGRP*.

Enterprise Management Architecture
Siehe *EMA*.

Enterprise Network
Großes, verteiltes Netzwerk, das die wichtigsten Punkte eines Unternehmens oder einer Organisation verbindet. Unterscheidet sich vom WAN dadurch, dass es privat ist und auch privat verwaltet wird.

Enterprise System Connection Channel
Siehe *ESCON-Kanal*.

Enterprise System Connection
Siehe *ESCON*.

Enterprise-Netzwerke (Unternehmensnetzwerke)

Große und mehrere Netzwerke, die die wichtigsten Punkte und Standorte in einem Konzern oder einer anderen Organisation verbindet.

Entity

Im Allgemeinen ein individuelles, bedienbares Netzwerkgerät. Manchmal auch als *Alias* bezeichnet.

Entity Identifier

Eindeutige Adresse eines NVE-Socket bei einem Knoten in einem AppleTalk-Netzwerk. Das spezifische Format eines Entity Identifiers ist netzwerkabhängig. Siehe auch *NVE.*

Entity Name

Name, den ein NVE sich selbst zuweisen kann. Obwohl nicht alle NVEs Namen haben, können sie mehrere Namen (oder Aliases) besitzen. Ein Entity-Name besteht aus drei Strings: Objekt, Entity Typ und Zone.

Beispiel: Bldg 2 LaserJet 5:LaserWriter@Bldg 2 Zone. Siehe auch *NVE.*

Entity Type

Teil eines Entity-Namens, der die Entitiy-Klasse beschreibt. Beispiel: LaserWriter oder AFP-Server. Siehe auch *Entity Name.*

EOM

End of Message. Zeigt die letzte ATM-Zelle an, die noch Daten eines Paketes transportiert, das segmentiert wurde.

EOT

End of Transmission = Ende der Übertragung. Im Allgemeinen ein Zeichen, welches das Ende einer logischen Gruppe von Zeichen oder Bits kennzeichnet.

EPD

Early Packet Discard. Mechanismus, der von manchen ATM-Switches benutzt wird, um einen kompletten AAL5-Frame zu verwerfen, wenn Horizont-Bedingungen wie bevorstehende Stauungen überschritten werden. EPF verhindert Stauungen, die sonst die Fähigkeit des Switches, privilegierten Traffic zu transportieren, einschränken könnten. Vergleiche *TPD.*

EPROM

Erasable Programmable Read-Only Memory. Nichtflüchtige Speicherchips, die nach der Herstellung programmiert werden und gegebenenfalls mit geeigneten Mitteln gelöscht und neu programmiert werden können. Vergleiche mit *EEPROM* und *PROM.*

Equalization (Entzerrung/Abgleich)

Eine zum Kompensieren von Verzerrungen in Kommunikationskanälen eingesetzte Technik.

ER

Explicit Rate. Eine RM-Zelle bei ATM, die ACR für Übertragungen auf einen bestimmten Wert begrenzt. Üblicherweise setzt die Quelle anfangs die ER auf eine angefragte Rate, wie PCR. Später kann jedes Netzwerk-Element im Pfad ER auf den Wert verringern, den es noch unterstützen kann. Siehe auch *ACOM, PCR* und *RLM.*

Erasable Programmable Read-Only Memory Siehe *EPROM*.

Error Control (Fehlerkontrolle)

Eine bei der Datenübertragung zum Entdecken und Korrigieren von Fehlern eingesetzte Technik.

Error-Correcting Code (fehlerkorrigierender Code)

Programmcode, der über eine ausreichende Intelligenz verfügt und genügend Signalisierungsinformationen einbezieht, um viele Fehler beim Empfänger entdecken und korrigieren zu können.

Error-Detecting Code (fehlerentdeckender Code)

Programmcode, der Übertragungsfehler empfangener Daten durch eine auf der Übereinstimmung der Daten mit geeigneten Strukturvorlagen basierenden Analyse entdecken kann.

ESCON Multiple Image Facility

Siehe *EMIF*.

ESCON

Enterprise System Connection. Eine ein Paar von Lichtwellenleitern spezifizierende IBM-Kanalarchitektur mit entweder LEDs oder Lasern als Überträgern von Daten mit einer Signalrate von 200 Mbit/s.

ESCON-Kanal

Ein IBM-Kanal für die Anbindung von Mainframes an Peripherie, wie beispielsweise Speicherhardware, Backup-Einheiten und Netzwerkschnittstellen. Dieser Kanal setzt auf der Glasfasertechnik auf. Der ESCON-Kanal ersetzt den Bus-and-Tag-Kanal. Vergleiche mit *Parallelkanal*. Siehe auch *Bus-and-Tag-Kanal*.

ESD

Electrostatic Discharge = elektrostatische Entladung. Eine Entladung von gespeicherter statischer Elektrizität, die elektronische Geräte beschädigen und elektrische Leitungen beeinträchtigen und dadurch zu vollständigen oder zeitweiligen Ausfällen führen kann.

ESF

Extended Superframe Format. In T2-Leitungen eingesetzte Framing-Art, die sich aus 24 Frames mit jeweils 192 Bit zusammensetzt, wobei das 193. Bit das Timing sowie andere Funktionen übernimmt. ESF ist eine erweiterte Version von SF. Siehe auch *SF*.

ESI

End System Identifier. Unterscheidet mehrere Knoten auf derselben Ebene, wenn die Peer Gruppe der niedrigeren Ebene aufgeteilt wurde (normalerweise eine IEEE 802 Adresse).

ES-IS

End System-to-Intermediate System = Endsystem-zu-Zwischensystem. Ein OSI-Protokoll, das festlegt, wie Endsysteme (Hosts) sich bei Zwischensystemen (Routern) bekannt machen. Siehe auch *IS-IS*.

ESMTP

Extended Simple Mail Transfer Protocol. Erweiterte Version des Simple Mail Transfer Protocol (SMTP) mit zusätzlichen Funktionen wie Benachrichtigung bei Zustellung und Sitzungs-Zustellung. ESMTP ist in RFC 1869 beschrieben.

ESnet

Energy Sciences Network. Vom US-amerikanischen Energieministerium Department of Energy Office of Energy Research (DoE/OER) verwaltetes und finanziertes Datennetz. Es verbindet das DoE mit Institutionen und Einrichtungen aus Forschung und Bildung.

ESP

Extended Services Processor.

ES

1. Endsystem. Im Allgemeinen ein Endbenutzergerät in einem Netzwerk.
2. Endsystem. In einem OSI-Netzwerk ein nicht routender Host oder Knoten.

ESS

Electronic Switching System. AT&T-Begriff für einen elektronischen CO-Switch.

Ethernet

Von Xerox Corp. erfundene und von Xerox, Intel und Digital Equipment Corp. gemeinsam entwickelte Spezifikation für Basisband-LANs. Ethernet-Netzwerke setzen das CSMA/CD-Verfahren ein und funktionieren mit einer Vielzahl von Kabeltypen mit 10 Mbit/s. Ethernet ähnelt den IEEE-802.3-Standards. Siehe auch *10Base2*, *10Base5*, *10BaseF*, *10BaseT*, *10Broad36* und *IEEE 802.3*.

EtherChannel

Entwickelt von Cisco. Logische Zusammenfassung von mehreren Ethernet-Schnittstellen zu einem Routing oder Bridgin-Endpunkt mit höherer Bandbreite.

Ethernet Interface Processor

Siehe *EIP* in »Cisco Systems Begriffe und Akronyme«.

Ethernet Meltdown

Ereignis, das zur vollständigen oder beinahen Sättigung in einem Ethernet führt. Entsteht normalerweise durch illegale oder falsch geroutete Pakete und dauert meist nur kurz.

EtherTalk Link Access Protocol

Siehe *ELAP*.

EtherTalk

Auf Ethernet laufende AppleTalk-Protokolle.

ETSI

European Telecommunication Standards Institute. Von den europäischen Post- und Telefongesellschaften und der Europäischen Union gegründete Institution, um Vorschläge für europäische Telekommunikationsnormen zu erarbeiten.

EUnet

Europäisches Internet. Ein kommerzieller europäischer Internet-Provider. Das EUnet wurde entworfen, um den europäischen Markt mit E-Mail, News-Systemen und anderen Internet-Diensten zu versorgen.

European Academic Research Network

Siehe *EARN*.

European Computer Manufacturers Association
Siehe *ECMA*.

European Internet
Siehe *EUnet*.

European Telecommunication Standards Institute
Siehe *ETSI*.

Event (Ereignis)
Eine Netzwerknachricht, die Unregelmäßigkeiten beim Betrieb von physikalischen Elementen eines Netzwerks anzeigt oder eine Reaktion auf das Auftreten einer wichtigen Handlung (typischerweise das Vollenden einer Informationsanfrage). Siehe auch *Alarm* und *Trap*.

EWOS
European Workshop for Open Systems. OSI Workshop für Europa.

Excess Burst
Siehe *Be*.

Excess Rate (Überschussrate)
Für eine gegebene Verbindung der bei einer zugesicherten Rate überschüssige Verkehr. Die Überschussrate entspricht der Maximalrate abzüglich der zugesicherten Rate. Überschüssiger Verkehr wird nur dann zugestellt, wenn Netzwerk-Ressourcen verfügbar sind und wenn er beim Auftreten von Engpässen übergangen werden kann. Vergleiche mit *Insured Rate (zugesicherte Rate)* und *Maximum Rate (Maximalrate)*.

Exchange Identification
Siehe *XID*.

EXEC
Der interaktive Befehlsprozessor der Cisco IOS-Software.

Expansion (Entpacken)
Der Vorgang, bei dem eine komprimierte Datenmenge einen Algorithmus durchläuft, der die Daten in ihren ursprünglichen Umfang zurückversetzt. Vergleiche mit *Companding* und *Compression (Komprimierung)*.

Expedited Delivery (Eilzustellung)
Eine von einer bestimmten Protokollschicht gesetzte Option, um anderen Protokollschichten (bzw. derselben Protokollschicht in einem anderen Netzwerkgerät) mitzuteilen, dass bestimmte Daten schneller behandelt werden sollen.

Explicit Forward Congestion Indication
Siehe EFCI.

Explicit Rate
Siehe ER.

explizite Route
In der SNA eine Route von einer Quell-Subarea zu einer Ziel-Subarea, wie sie in einer Auflistung der diese beiden miteinander verbindenden Subarea-Knoten und Übertragungsgruppen angegeben ist.

Explorer-Frame
Ein Frame, der von einem Netzwerkgerät in einer SRB-Umgebung verschickt wird, um die optimale Route zu einem anderen Netzwerkgerät zu ermitteln.

Explorer-Paket
Ein von einer Endstation generiertes Paket, das einen Weg durch ein SRB-Netzwerk zu finden versucht. Stellt eine Hop-für-Hop-Beschreibung eines Pfads zusammen, indem es von jeder durchlaufenen Bridge markiert (aktualisiert) wird, wobei es eine vollständige Karte der Topologie erstellt. Siehe auch *All-Routes-Explorer-Paket*, *Local-Explorer-Paket* und *Spanning-Explorer-Paket.*

Extended Binary Coded Decimal Interchange Code
Siehe *EBCDIC.*

Extended Industry-Standard Architecture
Siehe *EISA.*

Extended Superframe Format
Siehe *ESF.*

Exterior Gateway Protocol
Siehe *EGP.*

Exterior Router
Ein an einen AURP-Tunnel angeschlossener Router, der für die Kapselung und Entkapselung von AppleTalk-Paketen in einem fremden Protokoll-Header (beispielsweise IP) zuständig ist. Siehe auch *AURP* und *AURP-Tunnel.*

EXZ
Excessive Zeros.

F

Failure Domain

Der Bereich eines Token-Rings, in dem es zu einem Ausfall gekommen ist und der durch die in einem Beacon enthaltenen Informationen definiert wird. Sobald eine Station ein schwerwiegendes Problem im Netzwerk entdeckt (beispielsweise einen Kabelbruch), verschickt sie einen Beacon-Frame, der die den Ausfall mitteilende Station, ihren NAUN und alles andere umfasst, was sich zwischen diesen befindet. Das Beaconing wiederum löst einen Autorekonfiguration genannten Vorgang aus. Siehe auch *Autorekonfiguration*, *Beacon* und *NAUN*.

Fallback

Mechanismus, der bei ATM eingesetzt wird, wenn strenge Pfadwahl nicht zu einem annehmbaren Pfad führt. Der Fallback-Mechanismus versucht mittels minimaler Attribute einen annehmbaren Pfad zu finden.

Fan-Out Unit (auffächernde Einheit)

Ein Gerät, das mittels einer einzigen Netzwerkanbindung mehreren Geräten in einem Netzwerk die Kommunikation ermöglicht.

Fantail

Panel von I/O-Anschlüssen in einem Rack; bietet einfachen Zugang zu den Datenverbindungen eines Netzwerkes.

FAQ

Frequently Asked Questions. Taucht meist in Form einer Readme-Datei in diversen Internet-Foren auf. Von neuen Usern wird erwartet, dass sie die FAQ lesen, bevor sich an Newsgroups, Bulletin Boards, etc. teilnehmen.

FARNET

Federation of American Research NETworks.

Fast Ethernet

Steht für jede der 100-Mbit/s-Ethernet-Spezifikationen. Fast Ethernet sorgt bei Beibehaltung der Eigenschaften wie dem Frame-Format, MAC-Mechanismus und der MTU für eine Geschwindigkeitssteigerung vom Zehnfachen der 10BaseT-Ethernet-Spezifikation. Diese Ähnlichkeiten erlauben den Einsatz vorhandener 10BaseT-Anwendungen und Hilfsprogramme zur Netzwerkverwaltung in Fast-Ethernet-Netzwerken. Fast Ethernet basiert auf einer Erweiterung der IEEE-802.3-Spezifikation. Vergleiche mit *Ethernet*. Siehe auch *100BaseFX*, *100BaseT*, *100BaseT4*, *100BaseTX*, *100BaseX* und *IEEE 802.3*.

Fast Ethernet Interface Processor

Siehe *FSIP* in »Cisco Systems Begriffe und Akronyme«.

Fast Sequenced Transport

Siehe *FST*.

Fast Serial Interface Processor

Siehe *FSIP* in »Cisco Systems Begriffe und Akronyme«.

Fast Switching

Ein Cisco-Merkmal, bei dem ein Routen-Cache für die Beschleunigung des Paketaustauschs über einen Router eingesetzt wird. Gegensatz zu *Slow Switching*.

Fault Management (Fehlermanagement)

Eine von fünf Kategorien für die Netzwerk-Verwaltung, die von der ISO für das Management von OSI-Netzwerken definiert wurde. Das Fehlermanagement versucht sicherzustellen, dass Ausfälle entdeckt und kontrolliert werden. Siehe auch *Accounting-Management*, *Konfigurationsmanagement*, *Fault-Management*, *Performance-Management* und *Security-Management*.

FCC

Federal Communications Commission. Eine US-amerikanische Regierungsagentur, die elektronische und elektromagnetische Standards überwacht, lizenziert und kontrolliert.

FCFS

First Come, First Served.

FCS

Frame Check Sequence. Bezieht sich auf die zusätzlich zu einem Frame hinzugefügten Zeichen zur Fehlerkontrolle. Wird von HDLC, Frame-Relay und anderen Protokollen der Datensicherungsschicht eingesetzt.

FDDI

Fiber Distributed Data Interface. Ein in der ANSI X3T9.5 definierter LAN-Standard, der ein 100-Mbit/s-Token-Passing-Netzwerk spezifiziert, in dem Glasfaserkabel mit einer Übertragungsentfernung von bis zu 2 km eingesetzt werden. FDDI setzt auf eine doppelte Ring-Architektur, um für Redundanz zu sorgen. Vergleiche mit *CDDI* und *FDDI II*.

FDDI II

Ein das FDDI erweiternder ANSI-Standard. FDDI II bietet isochrone Übertragung für verbindungslose Datenleitungen und verbindungsbezogene Sprach- und Videoleitungen. Vergleiche mit *FDDI*.

FDDI Interface Processor

Siehe *FIP* in »Cisco Systems Begriffe und Akronyme«.

FDDITalk

Apple Computers Data Link-Produkt, das es ermöglicht, ein AppleTalk-Netzwerk über FDDI aufzubauen.

FDL

Facility Data Link. Ein 4-Kbit/s-Kanal aus dem Extended SuperFrame (ESF) T1 Framing-Format. FDL läuft außerhalb der Nutzerdaten-Kapazität und ermöglicht es Service-Providern, Fehlerstatistiken an Endgeräten aus der Ferne zu überprüfen.

FDM

Frequency-Division Multiplexing. Eine Technik, mittels der Informationen aus mehreren Kanälen in Abhängigkeit von der Häufigkeit Bandbreite auf einer einzigen Leitung belegen können. Vergleiche mit *ATDM*, *statistisches Multiplexing* und *TDM*.

FE

Fast Ethernet.

FECN

Forward Explicit Congestion Notification. Ein in einem Frame-Relay-Netzwerk gesetztes Bit, das die Frame empfangende Datenendeinrichtungen darüber informiert, dass es auf dem Weg von der Quelle zum Ziel zu Stauungen gekommen ist. Datenendeinrichtungen, die Frames mit einem gesetzten FECN-Bit empfangen, können einfordern, dass übergeordnete Protokolle die entsprechende Datenflusskontrolle übernehmen. Vergleiche mit *BECN*.

Federal Communications Commission

Siehe *FCC*.

Federal Networking Council

Siehe *FNC*.

FEIP

Siehe *FEIP* in »Cisco Systems Begriffe und Akronyme«.

FEP

Front-End-Prozessor. Ein Gerät oder eine Platine, die für die Schnittstellenfähigkeit eines Netzwerkgeräts sorgt. In der SNA typischerweise ein Gerät vom Typ IBM 3745.

FGD

Feature Group-D.

Fiber Distributed Data Interface

Siehe *FDDI*.

Fiber-Optic Cable (Glasfaserkabel)

Physikalisches Medium, das dazu in der Lage ist, modulierte Lichtübertragungen weiterzuleiten. Im Vergleich mit anderen Übertragungsmedien sind Glasfaserkabel zwar teurer, aber nicht anfällig für elektromagnetische Interferenz und zudem zu höheren Datenraten fähig. Manchmal auch als *Optical Fiber (Lichtwellenleiter)* bezeichnet.

Fiber-Optic Interrepeater Link

Siehe *FOIRL*.

FID0

Format Indicator 0. Eines von mehreren Formaten, die ein Übertragungsheader in der SNA verwenden kann. Ein FID0-Übertragungsheader wird für die Kommunikation zwischen einem SNA-Knoten und einem Nicht-SNA-Knoten eingesetzt. Siehe auch *TH (Übertragungsheader)*.

FID1

Format Indicator 1. Eines von mehreren Formaten, die ein Übertragungsheader in der SNA verwenden kann. Ein FID1-Übertragungsheader kapselt Nachrichten zwischen zwei Subarea-Knoten, die keine virtuellen und expliziten Routen unterstützen. Siehe auch *TH (Übertragungsheader).*

FID2

Format Indicator 2. Eines von mehreren Formaten, die ein Übertragungsheader in der SNA verwenden kann. Ein FID2-Übertragungsheader wird für die Übertragung von Nachrichten zwischen einem Subarea-Knoten und einer PU 2 eingesetzt, wobei lokale Adressen verwendet werden. Siehe auch *TH (Übertragungsheader).*

FID3

Format Indicator 3. Eines von mehreren Formaten, die ein Übertragungsheader in der SNA verwenden kann. Ein FID3-Übertragungsheader wird für die Übertragung von Nachrichten zwischen einem Subarea-Knoten und einer PU 1 eingesetzt, wobei lokale Adressen verwendet werden. Siehe auch *TH (Übertragungsheader).*

FID4

Format Indicator 4. Eines von mehreren Formaten, die ein Übertragungsheader in der SNA verwenden kann. Ein FID4-Übertragungsheader kapselt Nachrichten zwischen zwei Subarea-Knoten, die virtuelle und explizite Routen unterstützen können. Siehe auch *TH (Übertragungsheader).*

Field Replaceable Unit

Hardware-Komponente, die vor Ort entfernt und ersetzt werden kann. Typische Field Replaceable Units sind Karten, Netzgeräte und Gehäusekomponenten.

File Transfer (Dateiübertragung)

Eine weit verbreitete Netzwerkanwendung, die es gestattet, Dateien von einem Netzwerkgerät zu einem anderen zu bewegen.

File Transfer Protocol

Siehe *FTP.*

File Transfer, Access and Management

Siehe *FTAM.*

Filtern/Filter

Im Allgemeinen ein Vorgang oder ein Gerät, der bzw. das den Netzwerkverkehr nach bestimmten Eigenschaften wie beispielsweise der Quell- oder Zieladresse oder dem Protokoll durchsiebt und aufgrund der eingeführten Kriterien festlegt, ob dieser Verkehr weitergeleitet oder weggelassen wird.

Finger

Software-Tool, mit dem sich feststellen lässt, ob eine bestimmte Person ein Account auf einem Rechner hat. Finger-Requests werden häufig nicht zugelassen.

FIP

Siehe *FIP* in »Cisco Systems Begriffe und Akronyme«.

Firewall

Ein Router oder Zugangsserver (bzw. mehrere Router oder Zugangsserver), der als Puffer zwischen beliebigen verbundenen öffentlichen Netzwerken und einem privaten Netzwerk dient. Ein Firewall-Router verwendet Zugangslisten und andere Methoden, um die Sicherheit des privaten Netzes sicherzustellen.

Firmware

Software-Instruktionen, die permanent oder semipermanent in ROM gespeichert sind.

FIX

Federal Internet Exchange. Verbindungspunkt zwischen dem nordamerikanischen Regierungsnetz und dem Internet. Die FIXs sind nach ihrer geografischen Lage benannt, etwa FIX West oder FIX Ost. Siehe *CIX, GIX* und *MAE.*

Flapping (Flattern)

Ein Routingproblem, bei dem eine bekannt gemachte Route zwischen zwei Knoten aufgrund eines Netzwerkproblems, das zeitweilige Schnittstellenausfälle verursacht, zwischen zwei Pfaden hin und her wechselt (flattert).

Flash Memory

Eine von Intel entwickelte und an andere Chiphersteller lizenzierte Technologie. Bei Flash Memory handelt es sich um nichtflüchtigen Speicher, der elektrisch gelöscht und neu programmiert werden kann. Er ermöglicht das Speichern, Booten und bei Bedarf das Neuschreiben von Software-Abbildungen.

Flash Update

Ein als Reaktion auf eine Änderung in der Netzwerktopologie asynchron verschicktes Routing-Update. Vergleiche mit *Routing-Update.*

Flat Address

Adressierungsschema, das keine logischen Hierarchien für die Bestimmung des Ortes verwendet. MAC-Adressen etwa sind »flat« (flach), weshalb Bridging Ports das Netzwerk mit Paketen fluten müssen, um das Paket auch an die richtige Stelle zu bringen. Vergleich *Hierarchical Addressing.*

F-Link

Voll verbundener SS7-Link. Ein SS7-Signalisierungs-Link, der direkt mit einem Traffic-Link verbunden ist.

Flooding (Verbreitung)

Eine von Switches und Bridges eingesetzte Technik zum Weiterleiten von Verkehr, wobei der an einer Schnittstelle empfangene Verkehr über alle anderen Schnittstellen des Geräts verschickt wird, an denen die Informationen nicht ursprünglich empfangen wurden.

Flow (Fluss)

Ein Strom von Daten, der sich zwischen zwei Endpunkten über ein Netzwerk (z.B. von einer LAN-Station zu einer anderen) bewegt. Mehrere Flüsse können auf einer einzigen Leitung übertragen werden.

Flow Control (Datenflusskontrolle)

Eine Technik, die dafür sorgt, dass eine übertragende Entität wie beispielsweise ein Modem eine empfangende Entität nicht mit Daten überflutet. Wenn der Zwischenspeicher des Empfängers voll ist, wird eine Nachricht an den Sender geschickt, damit er die Übertragung aufhält, bis die Daten im Zwischenspeicher verarbeitet worden sind. In IBM-Netzwerken wird diese Technik als *Pacing* bezeichnet.

Flowspec
Traffic-Parameter eines Stromes von IP-Paketen zwischen zwei Anwendungen in IPv6. Siehe auch *IPv6*.

FLT
Full Line Terminal. Multiplexer, der ein SONET-Span abschließt. Siehe auch *SONET*.

FM
Frequenzmodulation. Eine Modulationstechnik, bei der Signale mit unterschiedlichen Frequenzen für unterschiedliche Datenwerte stehen. Vergleiche mit *AM* und *PAM*. Siehe auch *Modulation*.

FNC
Federal Networking Council. Eine Gruppe, die für die Einschätzung und Koordination von Netzwerkzweckmäßigkeit und -bedarf bei US-amerikanischen Bundesbehörden zuständig ist.

FOIRL
Fiber-Optic Interrepeater Link. Eine auf der IEEE-802.3-Spezifikation für Lichtwellenleiter basierende Signalisierungsmethode. FOIRL ist ein Vorläufer der als Ersatz entworfenen 10BaseFL-Spezifikation. Siehe auch *10BaseFL*.

Footprint
Geografischer Bereich, in dem eine Entität die Lizenz zum Broadcast ihrer Signale besitzt.

Format Indicator 0
Siehe *FID0*.

Format Indicator 1
Siehe *FID1*.

Format Indicator 2
Siehe *FID2*.

Format Indicator 3
Siehe *FID3*.

Format Indicator 4
Siehe *FID4*.

Forward Channel (weiterleitender Kanal)
Ein Kommunikationspfad, der Informationen vom Initiator des Anrufs zur angerufenen Stelle weiterträgt.

Forward Delay Interval
Der Zeitraum, den eine Schnittstelle damit zubringt, auf Informationen über Topologieänderungen zu achten, nachdem diese Schnittstelle für das Überbrücken aktiviert wurde und bevor tatsächlich mit dem Weiterleiten begonnen wird.

Forward Explicit Congestion Notification
Siehe *FECN*.

Forwarding (Weiterleiten)

Der Vorgang des Sendens eines Frames durch ein Internetzwerkgerät zu seinem eigentlichem Ziel.

FOTS

Fiber Optics Transmission Systems. Proprietäre Ausstattung für Glasfaser-Übertragungen.

Fourier-Transformation

Eine zum Auswerten der Bedeutung unterschiedlicher Frequenzen in einem kontinuierlichen Muster eingesetzte Technik.

FQDN

Fully Qualified Domain Name. FQDN ist der volle Name eines Systems, nicht nur der Host-Name. Beispiel: aldebaran ist ein Host-Name und aldebaran.interop.com ist der FQDN.

Fractional T1

Siehe *channelized T1 (kanalisiertes T1)*.

FRAD

Frame Relay Access Device. Ein beliebiges Netzwerkgerät, das für eine Verbindung zwischen einem LAN und einem Frame-Relay-WAN sorgt.

Fragment

Teil eines größeren Pakets, das in kleinere Einheiten aufgeteilt wurde.

Fragmentierung

Vorgang des Aufteilens eines Pakets in kleinere Einheiten beim Übertragen über ein Netzwerkmedium, das keine Pakete mit der ursprünglichen Größe unterstützen kann. Siehe auch *Reassembly (Zusammensetzen)*.

Frame

Eine logische Gruppierung von Informationen, die als eine Einheit der Datensicherungsschicht über ein Übertragungsmedium geschickt wird. Bezieht sich häufig auf die zur Synchronisation und Fehlerkontrolle eingesetzten Header und Trailer, welche die in der Einheit enthaltenen Nutzdaten umgeben. In den unterschiedlichen Schichten des OSI-Referenzmodells und in verschiedenen Technologien werden auch die Begriffe *Datagramm*, *Nachricht*, *Paket* und *Segment* für die Bezeichnung logischer Informationsgruppierungen verwendet.

Frame Check Sequence

Siehe *FCS*.

Frame Relay

Ein als Industriestandard geltendes geschaltetes Protokoll der Datensicherungsschicht, das mehrere virtuelle Leitungen behandelt, wobei zwischen den verbundenen Geräten auf die HDLC-Kapselung zurückgegriffen wird. Frame-Relay ist effizienter als X.25, das Protokoll, für das Frame-Relay im Allgemeinen als Ersatz in Erwägung gezogen wird. Siehe auch *X.25*.

Frame Relay Access Device

Siehe *FRAD*.

Frame Relay Access Support
Siehe *FRAS* in »Cisco Systems Begriffe und Akronyme«.

Frame Relay Bridging
In der RFC 1490 beschriebene Überbrückungstechnik, die zwar denselben Spanning-Tree-Algorithmus und andere Überbrückungsfunktionen einsetzt, aber für die Übertragung über Frame-Relay-Netzwerke das Kapseln von Paketen gestattet.

Frame Switch
Siehe *LAN Switch*.

FRAS
Siehe *FRAS* in »Cisco Systems Begriffe und Akronyme«.

FRASM
Frame Relay Access Service Module.

Free-Trade Zone (Freihandelszone)
Ein Teil eines AppleTalk-Internetzwerks, auf das von zwei anderen Teilen des Internetzwerks zugegriffen werden kann, die aber selber nicht direkt aufeinander zugreifen können.

Frequency Reuse
Fundamentales Konzept für kommerzielle drahtlose Systeme, das die Aufteilung eines RF Ausbreitungsgebiets (Zelle) in Segmente beinhaltet; Cisco teilt eine Zelle in drei gleiche Segment auf. Die Segment der Zelle benutzen Frequenzen, die weit genug von den Frequenzen der benachbarten Sektoren entfernt sind, um Interferenzen zu vermeiden.

Frequency Reuse in mobilen zellularen Systemen bedeutet, dass jede Zelle eine Frequenz benutzt, die weit genug von den Frequenzen der benachbarten Zellen entfernt sind, so dass keine Interferenzen entstehen. Die selbe Frequenz wird erst wieder mindestens mit zwei Zellen Abstand verwendet. Dieses Verfahren ermöglicht es den Anbietern mobiler Dienste, wesentlich mehr Kunden mit einer Lizenz bedienen zu können.

Frequency-Division Multiplexing
Siehe *FDM*.

Frequenzmodulation
Siehe *FM*.

Frequenz
Die üblicherweise in Hertz angegebene Anzahl von Zyklen eines alternierenden Stromsignals pro Einheitszeit.

FRF
Frame Relay Forum. Ein Zusammenschluss mehrerer Firmen für die Implementierung von Frame Relay entsprechend nationaler und internationaler Standards.

Siehe *www.frforum.com*.

FRF.11 Annex C
Siehe *FRF.12*

FRF.11

Voice over Frame Relay Implementierung des FRF (v1.0 März 1997). Diese Spezifikation definiert Multiplex Daten, Sprache, Fax, DTMF Digit-Relay und CAS/Robbed-Bit Signalisierungs-Frame Formate; nicht enthalten sind Call Setup, Routing oder Administrationsmöglichkeiten. Siehe www.frforum.com.

FRF.12

Die FRF.12 Implementierung (auch als FRF.11 Annex C bezeichnet) wurde entwickelt, um große Datenframes zu fragmentieren und im Interleave mit Echt-Zeit Traffic zu verschicken. Somit können Echt-Zeit Traffic und normaler Daten Traffic gemeinsam über langsamere Links übertragen werden, ohne dass große Verzögerungen auftreten.

Siehe *www.frforum.com.*

FRF11-Trunk

Permanente Punkt zu Punkt Sprach Verbindung entsprechend der FRF.11 Spezifikation.

FRMR

Frame REJECT.

Front-End

Ein Knoten oder Software-Programm, das Dienste eines Back-End anfordert. Siehe auch *Back-End*, *Client* und *Server.*

Front-End Prozessor

Siehe *FEP.*

FRTS

Frame Relay Traffic Shaping. Bietet eine Möglichkeit für Raten Erzwingung auf VC Basis, dynamische Traffic Drosselung per VC und erweitere Queuing Unterstützung per VC.

FSIP

Siehe *FSIP* in »Cisco Systems Begriffe und Akronyme«.

FST

Fast Sequenced Transport. Ein verbindungsloses, aufeinanderfolgendes Transportprotokoll, das an der Spitze des IP-Protokolls läuft. SRB-Verkehr wird in IP-Datagrammen gekapselt und über eine FST-Verbindung zwischen zwei Netzwerkgeräten (z.B. Router) übergeben. FST beschleunigt die Zustellung, verringert den Overhead und verbessert die Antwortzeiten von SRB-Verkehr.

FTAM

File Transfer, Access and Management. Ein für den Dateiaustausch und die Dateiverwaltung zwischen verschiedenen Rechnerarten im Netzwerk entwickeltes OSI-Protokoll der Anwendungsschicht.

FTP

File Transfer Protocol. Ein für die Übertragung von Dateien zwischen Netzknoten eingesetztes Anwendungsprotokoll aus der TCP/IP-Protokollsammlung. FTP ist in der RFC 959 definiert.

Full Mesh (vollständiges Netzgewebe)

Dieser Begriff bezeichnet ein Netzwerk, in dem die Geräte in einer Netzgewebe-Topologie angeordnet sind, wobei jeder Netzknoten entweder über eine physikalische oder eine virtuelle Leitung mit allen anderen Netzknoten verbunden ist. Ein vollständiges Netzgewebe sorgt für sehr große Redundanz, der Einsatz ist aber aufgrund der hohen Implementierungskosten üblicherweise auf Netzwerk-Backbones beschränkt. Siehe auch *Mesh* und *Partial Mesh*.

Fully Qualified Domain Name

Siehe *FQDN*.

Fuzzball

Das Computersystem LSI-11 von Digital Equipment Corp., auf dem IP-Gateway-Software läuft. Das NSFnet setzte diese Systeme als Backbone für den Paketaustausch ein.

FXO

Foreign Exchange Office. Ein FXO-Interface wird mit dem PSTN CO verbunden und bietet normale Telefondienste. Ciscos FXO Interface ist ein RJ-11-Stecker, der es erlaubt, analoge Verbindungen an das PSTN CO oder ein Stations-Interface an einem PBX zu leiten.

FXS

Foreign Exchange Station. Ein FXS Interface verbindet direkt zu einem normalen Telefon und unterstützt Klingel, Spannung und Wählton. Ciscos FXS Interface ist ein RJ-11-Stecker, der Verbindungen zu Telefondienstgeräten und PBXs ermöglicht.

G

G.703/G.704

Elektrische und mechanische ITU-T-Spezifikation für die Verbindung von Geräten der Telefongesellschaft und DTEs mittels BNC-Steckern bei E1-Datenraten.

G.703/G.704

Elektrische und mechanische Spezifikationen der ITU-T für Verbindungen zwischen Endgeräten von Telefongesellschaften und Datenendgeräten, die BNC-Stecker verwenden und mit E1-Datenraten betrieben werden.

G.711

Beschreibt eine 64-Kbit/s-PCM-Sprachkodierungstechnik. Bei G.711 hat die kodierte Sprache breits das richtige Format für die digitale Sprachübertragung im PSTN oder über PBXs. Teil der G-Serie der ITU-T-Standards.

G.723.1

Beschreibt eine Kompressionstechnik, mit der Sprach- oder Audio-Signale für sehr niedrige Bitraten komprimiert werden können; Teil der H.324-Standardfamilie. Dieser Codec arbeitet mit zwei Bitraten: 5,3 und 6,3 Kbit/s. Die höhere Bitrate basiert auf ML-MLQ-Technik und bietet eine höhere Sprachqualität. Die niedrigere Bitrate basiert auf CELP und bietet Systemplanern zusätzliche Flexibilität. Teil der G-Serie der ITU-T-Standards.

G.726

Beschreibt ADPCM-Kodierung mit 40, 32, 24 und 16 Kbit/s. ADPCM-kodierte Sprache kann zwischen Packer Voice, PSTN und PBX-Netzwerken ausgetauscht werden, wenn das PBX-Netzwerk ADPCM unterstützt. Teil der G-Serie der ITU-T-Standards.

G.728

Beschreibt eine 16 Kbit/s Variante der CELP Sprachkompression mit geringer Verzögerung. CELP kodierte Sprache muss in ein öffentliches Telefonformat übersetzt werden, um über das PSTN laufen zu können. Teil der G Serie der ITU-T Standards.

G.729

Beschreibt die CELP-Kompression, bei der Sprache in 8-Kbit/s-Strömen kodiert wird. Es gibt zwei Variationen dieses Standards (G.729 und G.729 Annex A), die sich vor allem durch die Komplexität der Berechnungen unterscheiden; beide bieten eine mit 32 Kbit/s ADPCM vergleichbare Sprachqualität. Teil der G-Serie des ITU-T-Standards.

G.804

Ein Framing-Standard der ITU-T, der die Abbildung von ATM-Zellen auf das physikalische Medium definiert.

Gain
Verhältnis von Ausgangsamplitude zu Eingangsamplitude eines Signals. Dieses Verhältnis wird typischerweise in dB angegeben. Je höher die Verstärkung (Gain), desto besser empfängt oder sendet die Antenne, aber desto mehr Rauschen ist enthalten.

Gatekeeper
1. Komponente eines H.323-Konferenzsystems, das Anruf-Adressauflösung, Zugangskontrolle und Subnet-Bandbreiten-Management ermöglicht.

2. Telekommunikation: H.323-Einheit im LAN, die Adressauflösung und Zugangskontrolle zum LAN für H.323-Terminals und Gateways bietet. Der Gatekeeper kann den H.323-Terminals und Gateways auch andere Dienste anbieten, etwa Bandbreiten-Management oder Auffinden von Gateways. Ein Gatekeeper verwaltet eine Liste von Geräten im Multimedia-Netzwerk. Die Geräte registrieren sich beim Start bei dem Gatekeeper und erfragen die Berechtigung für einen Anruf vom Gatekeeper.

Gateway
In der IP-Gemeinschaft ein alter Begriff für routende Hardware. Heute wird der Begriff *Router* für die Bezeichnung von Knoten verwendet, die diese Aufgabe übernehmen, und *Gateway* bezieht sich auf eine Hardware für spezielle Aufgaben, die für eine Informationsumwandlung auf der Anwendungsschicht von einer Protokollsammlung zu einer anderen sorgt. Vergleiche mit *Router*.

Gateway Discovery Protocol
Siehe *GDP*.

Gateway Host
In der SNA ein Host-Knoten, der einen Gateway-SSCP beinhaltet.

Gateway NCP
Ein NCP, das zwei oder mehr SNA-Netzwerke verbindet und eine Adressübersetzung durchführt, um Sitzungsverkehr über die Netzwerke hinweg zu ermöglichen.

Gateway-to-Gateway Protocol
Siehe *GGP*.

Gb (Gbit)
Gigabit.

GB
Gigabyte.

GBps (GB/s)
Gigabytes per Second = Gigabytes pro Sekunde.

Gbps (Gbit/s)
Gigabits per Second = Gigabits pro Sekunde.

GCAC
Generic Connection Admission Control. Ein PNNI-Algorithmus in ATM, ausgelegt für CBR- und VBR-Verbindungen. Ein beliebiger Knoten kann GCAC benutzen, um das erwartete GCAC-Verhalten eines anderen Knotens zu berechnen, wenn die zugewiesene Link-Metrik und der QoS eines Verbindungsaufbaus-Requests bekannt sind. Siehe auch *CAC*.

GCRA
Generic Cell Rate Algorithm. Ein Algorithmus in ATM, der Konformität mit den Traffic-Abmachungen einer Verbindung definiert. Jede eintreffende Zelle wird durch GCRA daraufhin untersucht, ob sie mit den Traffic-Abmachungen übereinstimmt.

GDP
Gateway Discovery Protocol. Ein Cisco-Protokoll, das es Hosts ermöglicht, sowohl das Auftauchen neuer Router als auch das Abschalten eines Routers dynamisch festzustellen. Basiert auf dem UDP. Siehe auch *UDP*.

Generic Connection Admission Control
Siehe *GCAC*.

Generic Routing Encapsulation
Siehe *GRE*.

Get Nearest Server
Siehe *GNS*.

GGP
Gateway-to-Gateway Protocol. Ein MILNET-Protokoll, das spezifiziert, wie Core-Router (Gateways) Informationen zur Erreichbarkeit und zum Routing austauschen sollen. GGP verwendet einen verteilten Shortest-Path-Algorithmus.

GHz
Gigahertz.

Gigabits pro Sekunde
Abgekürzt: *Gbit/s*.

Gigabit
Abgekürzt: *Gb* oder *Gbit*.

Gigabytes pro Sekunde
Abgekürzt: *GB/s*.

Gigabyte
Abgekürzt: *GB*.

Gigahertz
Abgekürzt: *GHz*.

GIX
Global Internet eXchange. Allgemeiner Routing-Austauschpunkt, der es ermöglicht, Netzwerk-Paare auf Basis abgestimmter Routing-Policies zu implementieren. GIX ist dafür gedacht, maximale Verbindungsmöglichkeiten für das Internet von Netzwerken aus aller Welt zu schaffen. Siehe *CIX*, *FIX* und *MAE*.

Gleaning
Vorgang, durch den ein Router automatisch AARP-Tabelleneinträge aus eingehenden Paketen erhält. Gleaning beschleunigt den Aufbau der AARP-Tabelle. Siehe auch *AARP*.

GNS
Get Nearest Server. Ein von einem Client in einem IPX-Netzwerk verschicktes Request-Paket, um den nächstgelegenen aktiven Server eines bestimmten Typs herauszufinden. Ein IPX-Netzwerk-Client setzt einen GNS-Request ab, um entweder eine direkte Antwort von einem angeschlossenen Server oder eine Antwort von einem Router zu erbitten, der ihm mitteilt, wo der Dienst im Internetzwerk ausfindig gemacht werden kann. GNS ist ein Bestandteil des IPX SAP. Siehe auch *IPX* und *SAP (2)*.

Gopher
Verteiltes Dokumenten-Zustellungssystem. Internet-Gopher ermöglicht es neuen Usern, auf verschiedenste Arten von Informationen auf verschiedenen Hosts ohne Brüche zuzugreifen.

GOSIP
Government OSI Profile. Beschaffungsspezifikation der US-amerikanischen Regierung für OSI-Protokolle. Mit GOSIP hat die Regierung verfügt, dass alle Bundesbehörden auf OSI setzen und OSI-basierte Systeme implementieren, sobald diese auf dem Markt erhältlich sind.

G

Government OSI Profile
Siehe *GOSIP*.

Grade of Service (Dienstgüte)
Ein Maß für die Qualität eines Telefondienstes, das auf der Wahrscheinlichkeit basiert, mit der ein Anruf zu den Stoßzeiten auf das Besetztzeichen stößt.

Graphical User Interface (grafische Benutzerschnittstelle)
Siehe *GUI*.

GRE
Generic Routing Encapsulation. Ein von Cisco entwickeltes Tunneling-Protokoll, das eine Vielzahl von Protokollpakettypen in IP-Tunneln kapseln kann, wobei an entfernten Punkten über ein IP-Internetzwerk eine virtuelle Punkt-zu-Punkt-Verbindung zu Cisco-Routern erstellt wird. Durch die Anbindung von Multiprotokoll-Subnetzen an eine Backbone-Umgebung mit einem einzigen Protokoll ermöglicht das IP-Tunneling mittels GRE eine Netzwerkausbreitung über eine mit einem einzigen Protokoll betriebene Backbone-Umgebung.

Ground Station (Bodenstation)
Eine Ansammlung von Kommunikationseinrichtungen für den Signalempfang von (und üblicherweise auch die Signalübertragung an) Satelliten.

Group 3
Standard der ITU-T für Fax-Geräte. Ein Group-3-Fax ist ein digitales Gerät mit einem 14400-Baud-Modem. Gruppe-3-Faxe verwenden normale Telefonleitungen für die Übertragung.

Group Delay
Siehe *Distortion Delay*.

Gruppenadresse
Siehe *Multicast-Adresse*.

GSM
Global System for Mobile Communication.

GSS
Generic Service State.

Guard Band
Ein nicht verwendetes Frequenzband zwischen zwei Kommunikationskanälen, das zum Vermeiden von gegenseitigen Störungen für die Trennung der Kanäle sorgt.

GUI
Graphical User Interface = grafische Benutzerschnittstelle. Eine Benutzeroberfläche, die sowohl bildhafte als auch Textdarstellungen für die Ein- und Ausgaben von Anwendungen sowie die hierarchische oder sonstige Datenstruktur verwendet, in der die Informationen gespeichert sind. Typisch sind solche Konventionen wie Schaltflächen, Icons und Fenster, und viele Handlungen werden mittels eines Zeigegeräts (wie z. B. einer Maus) durchgeführt. Bekannte Beispiele für Plattformen, die eine GUI einsetzen, sind der Apple Macintosh und Microsoft Windows.

H

H.225.0
ITU-Standard, der Aufbau und Paketisierung von H.225.0-Sitzungen regelt. H.225.0 beschreibt diverse Protokolle: RAS, Verwendung von Q.931 und Verwendung von RTP.

H.245
ITU-Standard, der sich mit der Steuerung von H.245-Endpunkten befasst.

H.320
Sammlung von ITU-T-Standards für Videokonferenzen über leitungsvermittelte Medien wie ISDN, fractional T 1 und geswitchte 56 Leitungen.

H.323 RAS
Registration, Admission und Status. Das RAS-Signalisierungsprotokoll führt Registrierung, Zugang, Bandbreiten-Veränderungen, Status und Freigabeprozeduren zwischen VoIP-Gateway und Gatekeeper aus.

H.323
Erweiterung des ITU-T-Standards H.320, der Videokonferenzen über LANs und andere paketvermittelte Netzwerke sowie Video über das Internet zum Inhalt hat.

Hairpin
Begriff der Telefonie, der das Zurückschicken eines Anrufes in die Richtung, aus der er kam, beschreibt. Kann ein Anruf etwa nicht über IP zu einem Gateway geroutet werden, das nahe zum Zieltelefon ist, wird der Anruf üblicherweise zurück aus der lokalen Zone, über den Weg, den er gekommen ist, geschickt.

halbduplex
Die Fähigkeit zur Datenübertragung zwischen einer Sendestation und einer Empfangsstation in nur eine Richtung zurzeit. Vergleiche mit *vollduplex* und *simplex*.

Handshake
Eine Abfolge von zwischen zwei oder mehr Netzwerkgeräten ausgetauschten Nachrichten, um eine synchronisierte Übertragung sicherzustellen.

Hardware-Adresse
Siehe *MAC-Adresse*.

HBD3
Bei E1-Leitungen verwendete Leitungscodeart.

HDLC
High-Level Data Link Control. Ein von der ISO entwickeltes bit-orientiertes synchrones Protokoll der Datensicherungsschicht. Von SDLC abgeleitet spezifiziert HDLC eine Methode zur Datenkapselung auf synchronen seriellen Leitungen mittels Frame-Zeichen und Prüfsummen. Siehe auch *SDLC*.

HDSL

High-Data-Rate Digital Subscriber Line. Eine von vier DSL-Techniken. HDSL transportiert in jede Richtung 1,544 Mbit/s über zwei kupferne Twisted-Pair-Kabel. Da HDSL T1 Geschwindigkeit liefert, wird es von Telefongesellschaften wann immer möglich zum Anbieten von T1-Diensten verwendet. Die Entfernung ist mit HDSL auf 3658,5 Meter begrenzt; Signal-Repeater werden verwendet, um den Umkreis zu vergrößern. HDSL benötigt zwei Draht-Paare, weshalb es vor allem für PBX-Netzwerk-Verbindungen, digitale Loop Carrier-Systeme, Austausch zwischen POPs, Internet-Server und private Datennetzwerke verwendet wird. Vergleiche *ADSL, SDSL* und *VDSL.*

Headend (Kopfstelle)

Der Endpunkt eines Breitband-Netzwerks. Alle Stationen übertragen in Richtung des Kopfendes; das Kopfende überträgt anschließend zu den Zielstationen.

Header (Kopfdaten)

Beim Kapseln von Daten für die Netzwerkübertragung vor den Daten platzierte Steuerinformationen. Vergleiche mit *Trailer.* Siehe auch *PCI.*

Heartbeat

Siehe *SQE.*

HELLO

Ein hauptsächlich von NSFnet-Knoten verwendetes internes Routingprotokoll. HELLO ermöglicht es bestimmten Paket-Switches, Routen mit einer minimalen Verzögerung ausfindig zu machen. Nicht zu verwechseln mit dem *Hello-Protocol.*

Hello-Paket

Ein Multicast-Paket, das von Routern verwendet wird, um Nachbarn zu entdecken und wiederzufinden. Hello-Pakete zeigen weiterhin an, dass ein Client immer noch in Betrieb ist und für das Netzwerk bereitsteht.

Hello-Protocol

Ein von OSPF-Systemen eingesetztes Protokoll zum Einrichten und Pflegen von Nachbarschaftsverhältnissen. Nicht zu verwechseln mit *HELLO.*

HEPnet

High-Energy Physics Network. Ein aus den USA stammendes Forschungsnetzwerk, das sich auf die meisten Orte ausgebreitet hat, an denen man sich mit Hochenergiephysik beschäftigt. Zu den bekannteren Standorten gehören das Argonne National Laboratory, das Brookhaven National Laboratory, das Lawrence Berkeley Laboratory und das Stanford Linear Accelerator Center (SLAC).

Hertz

Eine mit *Hz* abgekürzte Maßeinheit für die Frequenz. Synonym zu *Zyklen pro Sekunde.*

heterogenes Netzwerk

Ein Netzwerk, das sich aus unterschiedlicher Hardware zusammensetzt, auf der unterschiedliche Protokolle laufen und die häufig auch unterschiedliche Funktionen oder Anwendungen unterstützt.

HFC
Hybrid Fiber-Coaxial. Von der Kabel-TV-Industrie entwickelte Technik für schnelle Zwei-Wege-Datenübertragungen zum Wohnort des Teilnehmers über eine Kombination von Glasfaser- und traditionellen Koaxialkabeln.

HFE
Hardware Forwarding Engine.

Hierarchical Addressing
Adressierungsschema, das logische Hierarchien für die Bestimmung des Zielortes verwendet. IP-Adressen bestehen etwa aus Netzwerknummer, Subnetnummer und Hostnummer; IP-Routing-Algorithmen benutzen dies für die Wahl des Pfades zum entsprechenden Ziel. Vergleiche *Flat Addressing*.

hierarchisches Routing
Eine Art des Routens, die auf einem hierarchischen Adressierungssystem beruht. Beispielsweise verwenden IP-Routing-Algorithmen IP-Adressen, die aus Netzwerknummern, Subnetznummern und Hostnummern bestehen.

High Performance Computing Systems
Siehe *HPCS*.

High Performance Computing and Communications
Siehe *HPCC*.

High Performance Routing
Siehe *HPR*.

High-Energy Physics Network
Siehe *HEPnet*.

High-Level Data Link Control
Siehe *HDLC*.

High-Performance Computing System
Siehe *HPCS*.

High-Performance Parallel Interface
Siehe *HIPPI*.

High-Speed Serial Interface
Siehe *HSSI*.

Highway
Siehe *Bus*.

Hilfsadresse
Eine an einer Schnittstelle konfigurierte Adresse, an die Broadcasts gesendet werden, die an dieser Schnittstelle empfangen wurden.

HIP
Siehe *HIP* in »Cisco Systems Begriffe und Akronyme«.

HIPPI

High-Performance Parallel Interface. Ein von der ANSI definierter leistungsfähiger Schnittstellenstandard. Ein HIPPI wird typischerweise eingesetzt, um Supercomputer mit Peripheriegeräten und anderen Geräten zu verbinden.

H-Kanal

Hochgeschwindigkeitskanal. Der in Vollduplex mit 384 Kbit/s betriebene ISDN-Kanal. Vergleiche mit *B-Kanal*, *D-Kanal* und *E-Kanal*.

Hold-Down

Ein Zustand, in den eine Route versetzt wird, damit Router für einen bestimmten Zeitraum (die Hold-Down-Periode) sie weder bekannt machen noch Bekanntmachungen zu ihr annehmen. Der Hold-Down-Zustand wird verwendet, um Fehlinformationen über eine Route auf allen Routern im Netzwerk zu beseitigen. Eine Route wird typischerweise dann in den Hold-Down-Zustand versetzt, wenn eine Verbindung in dieser Route ausfällt.

Homologation

(dt. Genehmigung, Beglaubigung). Die Übereinstimmung eines Produkts oder einer Spezifikation mit internationalen Standards wie beispielsweise ITU-T, CSA, TÜV, UL oder VCCI. Sorgt für eine Übertragbarkeit über Unternehmens- und Ländergrenzen hinweg.

Hookflash

Kurze Periode mit Signal »Hörer aufgelegt«, womit ein telefonähnliches Gerät während eines Gesprächs anzeigt, dass das Telefon einen erneuten Wählton vom PBX anfordert. Hookflash wird häufig zur Anrufweiterleitung eingesetzt.

Hop

Dieser Begriff beschreibt die Weitergabe eines Pakets zwischen zwei Netzknoten (beispielsweise zwischen zwei Routern). Siehe auch *Hop-Count*.

Hop Off

Punkt, an dem ein Anruf von H.323 auf nicht H.323 übergeht; typischerweise ein Gateway.

Hop-Count

Eine zum Messen der Entfernung zwischen Quelle und Ziel verwendete Routing-Metrik, bei der jeder auf einer Route liegende weiterleitende Sprung (Hop) gezählt wird. Das RIP setzt den Hop-Count als einzige Metrik ein. Siehe auch *Hop* und *RIP*.

Host

Ein Computersystem in einem Netzwerk. Ähnlich dem Begriff *Knoten*, außer dass *Host* üblicherweise ein Computersystem impliziert, während Knoten sich im Allgemeinen auf ein beliebiges im Netzwerk befindliches System, einschließlich Zugangsserver und Router, bezieht. Siehe auch *Node (Knoten)*.

Host-Adresse

Siehe *Host-Nummer*.

Host-Knoten

Ein SNA-Subarea-Knoten, der ein SSCP beinhaltet.

Host-Name

Name einer Maschine. Siehe *FQDN*.

Host-Node
SNA-Unterbereichsknoten, der ein SSCP enthält. Siehe auch *SSCP*.

Host-Nummer
Ein Bestandteil einer IP-Adresse, der angibt, welcher Knoten im Subnetz angesprochen ist. Auch als *Host-Adresse* bezeichnet.

Hot Standby Router Protocol
Siehe *HSRP*.

Hot Swapping
Siehe *OIR* und *Power-On Servicing*.

HPCC
High Performance Computing and Communications. Ein von der US-Regierung finanziertes Programm zur Förderung von Fortschritten in der Computer- und Kommunikationstechnik und verwandten Bereichen. Das HPCC-Programm soll den Führungsanspruch der USA auf diesen Gebieten durch Bildung, Forschung und Entwicklung, Zusammenarbeit der Industrie sowie die Realisierung von Projekten mit Hochleistungstechnologie sichern. Die fünf Komponenten des HPCC-Programms sind *ASTA*, *BRHR*, *HPCS*, *IITA* und *NREN*.

HPCS
High Performance Computing Systems. Eine Komponente des HPCC-Programms, die den technologischen Führungsanspruch der USA auf dem Gebiet der Hochleistungscomputer durch Forschung und Entwicklung von Computersystemen und der zugehörigen Software sichern soll. Siehe auch *HPCC*.

HPR
High Performance Routing. Ein Routing-Algorithmus der zweiten Generation für APPN. HPR stellt eine verbindungslose Schicht mit unterbrechungsfreiem Routing von Sitzungen um Leitungsausfälle herum sowie eine verbindungsbezogene Schicht mit Datenflusskontrolle, Fehlerkontrolle und Sequencing bereit. Vergleiche mit *ISR*. Siehe auch *APPN*.

HSCI
Siehe *HSCI* in »Cisco Systems Begriffe und Akronyme«.

HSRP
Hot Standby Router Protocol. Das HSRP sorgt für eine hohe Netzwerkverfügbarkeit und transparente Änderungen der Netzwerktopologie. Es erzeugt eine Hot-Standby-Routergruppe mit einem Führungsrouter, der alle an die Hot-Standby-Adresse geschickten Pakete bedient. Der Führungsrouter wird von anderen Routern der Gruppe überwacht, und bei Ausfall übernimmt einer dieser betriebsbereiten Router die Führungsposition sowie die Hot-Standby-Gruppenadresse.

HSSI Interface Processor
Siehe *HIP* in »Cisco Systems Begriffe und Akronyme«.

HSSI
High-Speed Serial Interface. Ein Netzwerkstandard für serielle Hochgeschwindigkeitsverbindungen (bis zu 52 Mbit/s) über WAN-Verbindungen.

HTML

Hypertext Markup Language. Eine einfache Sprache zum Formatieren von Hypertext-Dokumenten, die mittels Schlüsselwörter (Tags) angibt, wie ein bestimmter Teil eines Dokuments von einer Anwendung wie beispielsweise einem WWW-Browser dargestellt werden soll. Siehe auch *Hypertext* und *WWW-Browser.*

HTTP

Hypertext Transfer Protocol. Wird von Webbrowsern und Servern für die Übertragung von Dateien wie Text und Grafik verwendet.

Hub

1. Im Allgemeinen bezeichnet dieser Begriff ein Gerät, das als Zentrum eines Netzwerks mit Stern-Topologie dient.

2. Eine Hardware oder Software, die mehrere unabhängige, aber verbundene Module für Netzwerk- und Internetzwerkeinrichtungen beinhaltet. Hubs können aktiv (wobei sie durch sie geleitete Signale wiederholen) oder passiv sein (wobei sie durch sie geleitete Signale nicht wiederholen, sondern nur aufteilen).

3. In Ethernet und IEEE 802.3 bezeichnet dieser Begriff einen Ethernet-Multiport-Repeater, der manchmal auch als *Concentrator* bezeichnet wird.

Hybrid-Netzwerk

Ein Internetzwerk, das sich aus mehr als nur einer Art von Netzwerktechnologie wie beispielsweise LAN und WAN zusammensetzt.

Hyperlink

Zeiger in einem Hypertext-Dokument, der auf ein anderes Dokument zeigt.

Hypertext Markup Language

Siehe *HTML.*

Hypertext Transfer Protocol

Siehe *HTTP.*

Hypertext

Elektronisch gespeicherter Text, der über Links den Zugriff auf andere Texte ermöglicht. Hypertext-Dokumente können mittels HTML erstellt werden und enthalten häufig Bilder, Klänge und andere Medien, die üblicherweise mittels eines WWW-Browsers betrachtet werden. Siehe auch *HTML* und *WWW-Browser.*

Hz

Siehe *Hertz.*

I/O
Input/Output.

I/O (E/A)
Input/Output = Ein-/Ausgabe.

IAB
Internet Architecture Board. Ein Forscherrat für Internetzwerke, in dem über die Internet-Architektur betreffende Themen diskutiert wird. Er ist für die Ernennung mehrerer internetbezogener Gruppen wie beispielsweise die IANA, IESG und IRSG zuständig. Das IAB wird von den Treuhändern des ISOC ernannt. Siehe auch *IANA*, *IESG*, *IRSG* und *ISOC*.

IAHC

Internet International Ad Hoc Committee. Koalition aus Mitgliedern der Internet Community, die an nötigen Erweiterungen des globalen Internet-DNS arbeiten. Zu den Organisationen, die Mitglieder für das Komitee benennen, gehören: Internet Society (ISOC), Internet Assigned Numbers Authority (IANA), Internet Architecture Board (IAB), Federal Networking Council (FNC), International Telecommunication Union (ITU), International Trademark Assiciation (INTA) und World Intellectual Property Organzation (WIPO).

IANA
Internet Assigned Numbers Authority. Eine unter der Schirmherrschaft des ISOC als Teil der IAB betriebene Einrichtung. Die IANA delegiert die Zuständigkeit für die Zuordnung von IP-Adressräumen und die Vergabe von Domainnamen an das NIC und andere Organisationen. Die IANA unterhält weiterhin eine Datenbank mit den in der TCP/IP-Sammlung zugewiesenen Protokoll-IDs einschließlich der Nummern der autonomen Systeme. Siehe auch *IAB*, *ISOC* und *NIC*.

ICD
International Code Designator. Eins von zwei vom ATM-Forum für den Einsatz in privaten Netzwerken entwickelten ATM-Adressformaten. In dem vom Adressierungsmodell für Subnetze übernommenen Modell ist die ATM-Schicht für die Abbildung von Adressen der Netzwerkschicht auf ATM-Adressen zuständig. Siehe auch *DCC*.

ICMP Router Discovery Protocol
Siehe *IRDP*.

ICMP
Internet Control Message Protocol. Ein in der RFC 792 dokumentiertes Internet-Protokoll der Netzwerkschicht, das Fehler mitteilt und andere für die Verarbeitung von IP-Paketen relevante Informationen bereitstellt.

ICP Cell
IMA-Kontrollprotokollzelle für die Ausrichtung der Zellen bei mehreren Links.

ICR

Initial Cell Rate.

I-D

Internet-Draft. Arbeitspapiere der von den Gebieten und Arbeitsgruppen der IETF. Sind für maximal sechs Monate gültig und können zu jeder Zeit upgedatet, ersetzt oder durch andere Dokumente überflüssig gemacht werden. Sehr häufig gehen I-Ds RFCs voraus.

IDB

Interface Description Block. Ein IDB-Unterblock ist ein Speicherbereich, der exklusiv einer Anwendung gehört. Dieser Bereich wird für die Speicherung von privaten Informationen und Zustandsvariablen genutzt, die die Anwendung mit einem IDB oder einer Schnittstelle in Verbindung bringt. Die Anwendung benutzt IDB, um einen Zeiger auf ihren Unterblock abzulegen, nicht etwa für die Inhalte selbst.

IDI

Initial Domain Identifier. Unter OSI der Anteil des NSAP, der die Domain angibt.

IDN

International Data Number. Siehe *X.121*.

IDP

Initial Domain Part. Der Teil einer CLNS-Adresse, der eine Authority- und Format-ID sowie eine Domain-ID enthält.

IDPR

Interdomain Policy Routing. Ein Routingprotokoll zwischen Domains, das dynamisch die Berechtigungen zwischen autonomen Systemen austauscht. Beim IDPR wird der Verkehr zwischen autonomen Systemen gekapselt und entsprechend den Berechtigungen jedes autonomen Systems über den Pfad geroutet. Beim IDPR handelt es sich gegenwärtig um einen IETF-Vorschlag. Siehe auch *Policy-Routing*.

IDRP

IS-IS Interdomain Routing Protocol. Ein OSI-Protokoll, das beschreibt, wie Router mit Routern in unterschiedlichen Domains kommunizieren.

IE

Information Element.

IEC

International Electrotechnical Commission. Industrielle Gruppierung, die Standards für elektrische Produkte und Komponenten verfasst und verbreitet.

IEEE

Institute of Electrical und Electronics Engineers. Eine professionelle Organisation, zu deren Aktivitäten die Entwicklung von Kommunikations- und Netzwerkstandards gehört. Die LAN-Standards der IEEE stellen heute die vorherrschenden LAN-Standards dar.

IEEE 802.12

Ein LAN-Standard der IEEE, der die physikalische Bitübertragungsschicht und die MAC-Unterschicht der Datensicherungsschicht beschreibt. IEEE 802.12 verwendet das Verfahren für einen Medienzugriff gemäß der Forderungspriorität mit 100 Mbit/s über eine Vielzahl physikalischer Medien. Siehe auch *100VG-AnyLAN*.

IEEE 802.1

Eine IEEE-Spezifikation, die einen Algorithmus beschreibt, der Bridging-Schleifen vermeidet, indem ein umfassender Baum erzeugt wird. Der Algorithmus wurde von Digital Equipment Corp. eingeführt. Der Algorithmus von Digital und der IEEE-802.1-Algorithmus stimmen weder genau überein, noch sind sie kompatibel zueinander. Siehe auch *Spanning Tree (umfassender Baum)*, *Spanning-Tree-Algorithmus* und *Spanning-Tree Protocol*.

IEEE 802.2

Ein LAN-Protokoll der IEEE, das eine Implementierung der LLC-Unterschicht der Datensicherungsschicht beschreibt. IEEE 808.2 behandelt Fehler, das Framing, die Datenflusskontrolle sowie die Diensteschnittstelle der Netzwerkschicht (Layer 3). Wird in IEEE-802.3- und IEEE- 802.5-LANs eingesetzt. Siehe auch *IEEE 802.3* und *IEEE 802.5*.

IEEE 802.3

Ein LAN-Protokoll der IEEE, das eine Implementierung der physikalischen Bitübertragungsschicht und der MAC-Unterschicht der Datensicherungsschicht beschreibt. IEEE 802.4 verwendet einen CSMA/CD-Zugriff mit mehreren Geschwindigkeiten über eine Vielzahl physikalischer Medien. Erweiterungen des IEEE-802.3-Standards beschreiben Implementierungen für Fast Ethernet. Zu den physikalischen Varianten der ursprünglichen IEEE-802.3-Spezifikation gehören *10Base2*, *10Base5*, *10BaseF*, *10BaseT* und *10Broad36*. Zu den physikalischen Varianten von *Fast Ethernet* zählen *100BaseT*, *100BaseT4* und *100BaseX*.

IEEE 802.4

Ein LAN-Protokoll der IEEE, das eine Implementierung der physikalischen Bitübertragungsschicht und der MAC-Unterschicht der Datensicherungsschicht beschreibt. IEEE 802.4 verwendet einen Token weiterleitenden Zugriff über eine Bus-Topologie und basiert auf der Token-Bus-LAN-Architektur. Siehe auch *Token-Bus*.

IEEE 802.5

Ein LAN-Protokoll der IEEE, das eine Implementierung der physikalischen Bitübertragungsschicht und der MAC-Unterschicht der Datensicherungsschicht beschreibt. IEEE 802.5 verwendet einen Token weiterleitenden Zugriff mit 4 oder 16 Mbit/s über ein STP-Kabel und ähnelt dem IBM Token-Ring. Siehe auch *Token-Ring*.

IEEE 802.6

Eine auf der DQDB-Technologie basierende MAN-Spezifikation der IEEE. IEEE 802.6 unterstützt Datenraten von 1,5 bis 155 Mbit/s. Siehe auch *DQDB*.

IEPG

Internet Engineering Planning Group. Gruppe, die primär aus Internet-Service-Betreibern besteht, deren Ziel eine global koordinierte Internet-Umgebung ist. Jeder kann Mitglied werden.

IESG

Internet Engineering Steering Group. Eine von der IAB ernannte Einrichtung, die den Betrieb der IETF organisiert. Siehe auch *IAB* und *IETF*.

IETF

Internet Engineering Task Force. Eine aus über 80 Arbeitsgruppen bestehende Sondereinheit, die für die Entwicklung von Internet-Standards zuständig ist. Die IETF arbeitet unter der Schirmherrschaft der ISOC. Siehe auch *ISOC*.

IFIP

International Federation for Information Processing. Eine Forschungseinrichtung, die vorbereitende Arbeiten für OSI-Standards erledigt. Unter anderem brachte die IFIP das ursprüngliche MHS-Modell in seine Form. Siehe auch *MHS*.

I-Frame

Information Frame. Eines von drei SDLC Frame-Formaten. Siehe auch *S-Frame* und *U-Frame*.

IGMP

Internet Group Management Protocol. Von IP-Hosts eingesetztes Protokoll, um einem angrenzenden Multicast-Router ihre Mitgliedschaften in Multicast-Gruppen mitzuteilen.

Siehe auch *Multicast-Router*.

IGP

Interior Gateway Protocol. Ein Internet-Protokoll, das innerhalb eines autonomen Systems für den Austausch von Routing-Informationen eingesetzt wird. Beispiele für übliche Internet-IGPs sind das IGRP, OSPF und RIP. Siehe auch *IGRP*, *OSPF* und *RIP*.

IGRP

Interior Gateway Routing Protocol. Ein von Cisco entwickeltes IGP für den Umgang mit den beim Routen in großen heterogenen Netzwerken auftretenden Problemen. Vergleiche mit *Enhanced IGRP*. Siehe auch *IGP*, *OSPF* und *RIP*.

IIH

IS-IS Hello. Eine von allen IS-IS-Systemen zur Aufrechterhaltung direkter Nachbarschaften verschickte Nachricht. Siehe auch *IS-IS*.

IINREN

Interagency Interim National Research and Education Network. In der Entwicklung befindliches Netzwerk-System. Forschungs- und Entwicklungsaktivitäten werden für die Weiterentwicklung dieses Systems für künftige Gigabit-NREN sorgen.

IIOP

Internet Inter-ORB Protocol. Protokoll, das in CORBA-Frameworks für den Zugriff auf Objekte über das Internet verwendet wird. Siehe auch *CORBA*.

IITA

Information Infrastructure Technology and Applications. Eine Komponente des HPCC-Programms, die den technologischen Führungsanspruch der USA bei der Entwicklung moderner Informationstechnologie sichern soll. Siehe auch *HPCC*.

IKE

Internet Key Exchange.

ILMI
Interim Local Management Interface. Eine vom ATM-Forum entwickelte Spezifikation für die Aufnahme von Fähigkeiten zum Netzwerkmanagement in das ATM-UNI.

IMA
Inverse Multiplexing over ATM. Standard Protokoll, dass vom ATM-Forum 1997 definiert wurde.

IMA Group
Gruppierung physikalischer Links für die Schaffung einer höheren Bandbreite, die sich annähernd aus der Summe der beteiligten Einzel-Bandbreiten ergibt.

IMAP
Internet Message Access Protocol. Methode für den Zugriff auf E-Mail- oder Bulletin-Board-Nachrichten auf einem Mail-Server, die geteilt werden können. IMAP ermöglicht es Clients, auf entfernte Nachrichten ohne Herunterladen zuzugreifen, als wären sie lokal.

IMHO
»In My Humble Oppinion«. Eine von vielen Kurzphrasen, die sich in E-Mails, Chats oder Newsgroups finden.

IMP
Interface Message Processor. Eine alte Bezeichnung für Paket-Switches des ARPANET. Ein IMP wird heute als paketaustauschender Knoten (PSN) bezeichnet. Siehe auch *PSN (2)*.

IMT
Inter-Machine Trunk.

IN/AIN
Intelligent Network/Advanced Intelligent Network.

INA
Information Networking Architecture. Objektorientierte Bellcore-Architektur für die Verwaltung von ATM und SONET-Ausrüstung und Diensten in einer produktiven Betriebsumgebung.

INB
Install Busy. Entity wurde gerade erzeugt und noch nicht in »in Betrieb«- oder »außer Betrieb«-Zustand versetzt.

In-Band-Signalisierung
Die Übertragung innerhalb eines normalerweise für die Übertragung von Informationen verwendeten Frequenzbereichs. Vergleiche mit *Out-of-Band-Signalisierung*.

Industry-Standard Architecture
Siehe *ISA*.

INE
Intelligent Network Element. Netzwerk-Element, das von einem entfernten OSS versorgt werden kann.

Information Element

Der Teil eines Signalisierungspaketes von ATM, der Informationen wie die Adresse trägt; wird in der UNI-Spezifikation verwendet. Siehe auch *UNI*.

Information Infrastructure Technology und Applications

Siehe *IITA*.

Infrarot

Elektromagnetische Wellen, deren Frequenzbereich oberhalb der Mikrowellen und unterhalb des sichtbaren Spektrums liegt. Auf dieser Technologie basierende LAN-Systeme treten verstärkt in den Vordergrund.

Initial Domain Identifier

Siehe *IDI*.

Initial Domain Part

Siehe *IDP*.

INOC

Internet Network Operations Center. Eine BBN-Gruppe, die in den frühen Tagen des Internets die Internet-Core-Gateways (Router) überwacht und gesteuert hat. Das INOC existiert in dieser Form nicht mehr.

Input/Output (Ein-/Ausgabe)

Siehe I/O *(E/A)*.

Institute of Electrical and Electronics Engineers

Siehe *IEEE*.

Insured Burst

Der größtmögliche Burst von Daten oberhalb der zugesicherten Rate, der zeitweilig in einer dauerhaften virtuellen Verbindung zugelassen ist und nicht von der Verkehrsüberwachungsfunktion verfolgt wird, um im Falle von Netzwerkstauungen eingestellt zu werden. Der zugesicherte Burst wird in Bytes oder Zellen angegeben. Vergleiche mit *Maximum Burst*. Siehe auch *Insured Rate (zugesicherte Rate)*.

Insured Rate (zugesicherte Rate)

Der langfristige Datendurchsatz in Bits oder Zellen pro Sekunde, dessen Unterstützung ein ATM-Netzwerk unter normalen Netzwerkbedingungen zulässt. Die zugesicherte Rate wird zu 100 Prozent belegt; die Gesamtmenge wird von der Gesamtbandbreite des Trunks entlang des Leitungswegs abgezogen. Vergleiche mit *Excess Rate (Überschussrate)* und *Maximum Rate (Maximalrate)*. Siehe auch *Insured Burst*.

Insured Traffic (zugesicherter Verkehr)

Verkehr mit der für die dauerhafte virtuelle Verbindung spezifizierten zugesicherten Rate. Dieser Verkehr sollte unter normalen Umständen nicht vom Netzwerk eingestellt werden. Siehe auch *CLP* und *Insured Rate (zugesicherte Rate)*.

INTAP

Interoperability Technology Association for Information Processing. Technische Organisation, die den offiziellen Auftrag hat, japanische OSI-Profile und Konformitätstests durchzuführen.

Integrated IS-IS
Ein auf dem OSI-Routingprotokoll IS-IS basierendes Routing-Protokoll, das IP und andere Protokolle unterstützt. Implementierungen von Integrated IS-IS verschicken nur einen Satz von Routing-Updates, wodurch es effektiver ist als zwei getrennte Implementierungen. Früher als *Dual IS-IS* bezeichnet. Vergleiche mit *IS-IS*.

Integrated Services Digital Network (ISDN) User Part
Anwendung oberer Schichten für Verbindungsauf- und -abbau. Von SS7 unterstützt.

Integrated Services Digital Network
Siehe *ISDN*.

Integrated Services Internet
IETF-Vorschlag für die Erweiterung von IP zur Unterstützung von integrierten oder Multimedia-Diensten, darunter Traffic-Management-Mechanismen, die denen von ATM nahe kommen. Ein Beispiel ist RSVP.

Intelligent QoS Management Suite
Besteht aus automatischem Routen-Management, erweitertem QoS-Management, optimiertem Bandbreiten-Management und dynamischem Puffer-Management. Früher Advanced Networking Features genannt.

Interarea-Routing
Dieser Begriff bezeichnet das Routing zwischen zwei oder mehr logischen Areas. Vergleiche mit *Intra-Area Routing*.

Interdomain Policy Routing
Siehe *IDPR*.

Interface (Schnittstelle)
1. Eine Verbindung zwischen zwei Systemen oder Geräten.

2. In der Routingterminologie eine Netzwerkverbindung.

3. In der Telefonie eine gemeinsame Grenze, die durch physikalische Verbindungseigenschaften, Signaleigenschaften und die Bedeutung von ausgetauschten Signalen definiert ist.

4. Die Grenze zwischen angrenzenden Schichten des OSI-Modells.

Interface Message Prozessor
Siehe *IMP*.

Interface Processor
Siehe *Interface Processor* in »Cisco Systems Begriffe und Akronyme«.

Interferenz
Unbeabsichtigtes Rauschen im Kommunikationskanal.

Interim Local Management Interface
Siehe *ILMI*.

Interior Gateway Protocol
Siehe *IGP*.

Interior Gateway Routing Protocol
Siehe *IGRP.*

Intermediate Routing Node (zwischengeschalteter Routingknoten)
Siehe *IRN.*

Intermediate Session Routing
Siehe *ISR.*

Intermediate System (Zwischensystem)
Siehe *IS.*

Intermediate System-to-Intermediate System (Zwischensystem-zu-Zwischensystem)
Siehe *IS-IS.*

International Code Designator
Siehe *ICD.*

International Data Number
Siehe *X.121.*

International Electrotechnical Commission
Siehe *IEC.*

International Federation for Information Processing
Siehe *IFIP.*

International Organization for Standardization
Siehe *ISO.*

International Standards Organization
Falsche Ausschreibung für das Akronym ISO. Siehe *ISO.*

International Telecommunication Union Telecommunication Standardization Sector
Siehe *ITU-T.*

Internet Architecture Board
Siehe *IAB.*

Internet Assigned Numbers Authority
Siehe *IANA.*

Internet Control Message Protocol
Siehe *ICMP.*

Internet Draft
Siehe *I-D.*

Internet Engineering Planning Group
Siehe *IEPG.*

Internet Engineering Steering Group
Siehe *IESG.*

Internet Engineering Task Force
Siehe *IETF.*

Internet Group Management Protocol
Siehe *IGMP.*

Internet Message Access Protocol
Siehe *IMAP.*

Internet Network Operations Center
Siehe *INOC.*

Internet Protocol
Siehe *IP.*

Internet Registry
Siehe *IR.*

Internet Relay Char
Siehe *IRC.*

Internet Research Steering Group
Siehe *IRSG.*

Internet Research Task Force
Siehe *IRTF.*

Internet Service Provider
Siehe *ISP.*

Internet Society
Siehe *ISOC.*

Internet Telephony
Allgemeine Bezeichnung für verschiedene Ansätze zur Sprachübertragung per IP.

Internet-Adresse
Siehe *IP-Adresse.*

Internet-Protokoll
Jedes Protokoll der TCP/IP-Protokollsammlung. Siehe *TCP/IP.*

Internet
Dieser Begriff bezeichnet das größte globale Internetzwerk, das weltweit Zehntausende von Netzwerken miteinander verbindet und über eine »Kultur« verfügt, die sich auf die am Alltagseinsatz ausgerichtete Forschung und Standardisierung konzentriert. Viele federführende Netzwerktechnologien stammen von der Internet-Gemeinschaft. Das Internet entwickelte sich zum Teil aus dem ARPANET. Es wurde früher als *DARPA Internet* bezeichnet. Nicht zu verwechseln mit dem allgemeinen Begriff Internet für Internetzwerk. Siehe auch *ARPANET.*

Internetwork
Reihe von miteinander durch Router und andere Geräte verbundenen Netzwerken, die generell wie ein einziges Netzwerk arbeiten. Manchmal Internet genannt, was nicht mit *dem* Internet verwechselt werden darf.

Internetwork Packet Exchange
Siehe *IPX*.

Internetworking
Dieser allgemeine Begriff bezieht sich auf sämtliche Bestrebungen, die rund um das Verbinden von Netzwerken aufgekommen sind. Dieser Begriff kann sich auf Produkte, Vorgänge und Technologien beziehen.

Internetzwerk
Eine durch Router und andere Geräte miteinander verbundene Sammlung von Netzwerken, die (allgemein) als ein einzelnes Netzwerk arbeitet. Manchmal auch kurz als *Internet* bezeichnet, was nicht mit dem *Internet* zu verwechseln ist.

InterNIC
Organisation, die die Internet Community mit Dokumentationen, Training, Registrierung von Domain-Namen und anderen Leistungen unterstützt. Früher NIC genannt.

Interoperabilität
Die Fähigkeit von Computereinrichtungen unterschiedlicher Hersteller zur erfolgreichen Kommunikation über ein Netzwerk.

Inter-Switching System Interface
Siehe *ISSI*.

Intra-Area Routing
Dieser Begriff bezeichnet das Routing innerhalb einer logischen Area.

Inverse Address Resolution Protocol
Siehe *Inverse ARP*.

Inverse ARP
Inverse Address Resolution Protocol. Eine Methode für das Bilden dynamischer Routen in einem Netzwerk. Ermöglicht es einem Zugangsserver, die Netzwerkadresse eines mit einer virtuellen Leitung angebundenen Geräts herauszufinden.

Inverse Multiplexing
Prozess, bei dem mehrere physikalische Links zu einem logischen Link höherer Bandbreite kombiniert werden; die gesamte Rate ist annähernd gleich der Summe der Einzelraten.

IOC
Independent Operating Company. Unabhängige Firma, die lokal Telefondienste für Privatpersonen und Firmen in Gebieten ohne RBOC anbietet.

IOCC
I/O Channel Controller.

IONL

Internal Organization of the Network Layer. OSI-Standard für die detaillierte Architektur des Network Layer. Im Prinzip werden dabei die Netzwerk-Schicht in Unterschichten aufgeteilt, die von Konvergenz-Protokollen verbunden werden (äquivalent zu den Internet-Arbeitsprotokollen); dies ergibt das, was die Internet Community Catenet oder Internet nennt.

IOS

Siehe *Cisco IOS* in »Cisco Systems Begriffe und Akronyme«.

IP

Internet Protocol. Ein Protokoll aus der TCP/IP-Protokollsammlung für die Netzwerkschicht, das einen verbindungslosen Internetzwerkdienst bietet. Das in der RFC 791 dokumentierte IP stellt Fähigkeiten hinsichtlich Adressierung, TOS-Spezifikation, Fragmentierung und Zusammensetzen sowie Sicherheit bereit.

IP-Adresse

Eine an TCP/IP einsetzende Hosts zugewiesene 32 Bit große Adresse. Eine IP-Adresse gehört einer von fünf Klassen (A, B, C, D oder E) an und wird mit vier durch Punkte voneinander getrennten Oktetten beschrieben. Jede Adresse setzt sich aus einer Netzwerknummer, einer optionalen Subnetznummer und einer Hostnummer zusammen. Die Netzwerk- und Subnetznummern werden zusammen für das Routing verwendet, während die Host-Nummer verwendet wird, um einen einzelnen Host innerhalb des Netzwerks oder Subnetzes anzusprechen. Um die Netzwerk- und Subnetz-Informationen aus der IP-Adresse zu gewinnen, wird eine Subnetz-Maske eingesetzt. Auch als *Internet-Adresse* bezeichnet. Siehe auch *IP* und *Subnetz-Maske.*

IP Datagram

Grundlegende, über das Internet weitergegebene Informationseinheit. Enthält Quell- und Zieladresse neben Daten und einer Reihe von Feldern, die Dinge wie Länge, Header-Prüfsumme und Flags darstellen.

IP Security Option

Siehe *IPSO.*

IPC

Interprocess Communication.

IPCP

IP Control Protocol. Protokoll, das IP über PPP aufbaut und konfiguriert. Siehe auch *IP* und *PPP.*

IP-Multicast

Eine Routing-Technik, die es IP-Verkehr ermöglicht, sich von einer Quelle oder von mehreren Quellen aus zu mehreren Zielen zu verbreiten. Statt ein Paket an alle Ziele zu schicken, wird ein Paket an eine Multicast-Gruppe geschickt, die durch eine einzige IP-Zielgruppenadresse ausgewiesen ist.

IPng

Siehe *IPv6.*

IPSO

IP Security Option. Eine Spezifikation der US-Regierung, die ein optionales Feld im IP-Paket-Header angibt, das hierarchische Sicherheitsstufen für Pakete in Bezug auf Schnittstellen definiert.

IPv6

IP Version 6. Ersatz für die aktuelle IP Version 4. IPv6 unterstützt eine Flow-ID im Paket-Header, die für die Identifizierung von Flüssen verwendet werden kann. Früher IPng (next Generation) genannt.

IPX

Internetwork Packet Exchange. Ein NetWare-Protokoll der Netzwerkschicht (Layer 3), das für die Datenübertragung von Servern zu Workstations verwendet wird. IPX ähnelt IP und XNS.

IPXCP

IPC Control Protocol. Protokoll, das IPX über PPP aufbaut und konfiguriert. Siehe auch *IPX* und *PPP*.

IPXWAN

Ein in der RFC 1362 definiertes Protokoll, das Optionen zwischen den Enden für neue Verbindungen aushandelt. Wenn eine Verbindung zustande kommt, handelt es sich bei den ersten übermittelten IPX-Paketen um IPXWAN-Pakete, die die Optionen für die Verbindung aushandeln. Sobald die IPXWAN-Optionen erfolgreich festgelegt worden sind, beginnt die normale IPX-Übertragung.

IR

Internet Registry. IR ist für Netzwerk-Adressen und autonome Systemidentifizierungen zuständig. Diese Aufgabe wurde von der IANA übertragen, die die Befugnis besitzt, Teile ihres Verantwortungsbereichs abzugeben.

IRB

Integrated Routing and Bridging.

IRC

Internet Relay Chat. Protokoll, das die Konversation zwischen verschiedenen Personen in Echtzeit ermöglicht. IRC ist als Netzwerk von Servern strukturiert, von denen jeder Verbindungen von Client-Programmen annimmt.

IRDP

ICMP Router Discovery Protocol. Ermöglicht es einem Host, die Adresse eines Routers zu bestimmen, den er als standardmäßiges Gateway nutzen kann. Ähnlich zu ES-IS wird es aber mit IP eingesetzt. Siehe auch *ES-IS*.

IRN

Intermediate Routing Node. In der SNA ein Subarea-Knoten mit der Fähigkeit zum vermittelnden Routing.

IRSG

Internet Research Steering Group. Eine Gruppe, die Teil des IAB ist und die Aktivitäten der IRTF überwacht. Siehe auch *IAB* und *IRTF*.

IRTF

Internet Research Task Force. Eine Gemeinschaft von Netzwerkexperten, die über internetbezogene Forschungsthemen nachdenkt. Die IRTF wird von der IRSG geleitet und als Tochtergesellschaft des IAB betrachtet. Siehe auch *IAB* und *IRSG*.

IS

1. Intermediate System. Routing-Knoten in einem OSI-Netzwerk.

2. Telekommunikation: In-Service. Einheit ist voll betriebsbereit und bietet Dienste für andere Einheiten an.

Isarithmic Flow Control (isarithmetische Datenflusskontrolle)

Eine Technik für die Datenflusskontrolle, bei der Genehmigungen durch das Netzwerk reisen. Der Besitz dieser Genehmigungen berechtigt zur Übertragung. Die isarithmetische Datenflusskontrolle ist üblicherweise nicht implementiert.

ISA

Industry-Standard Architecture. Ein 16-Bit-Bus für auf Intel-Prozessoren basierende PCs. Siehe auch *EISA*.

ISDN

Integrated Services Digital Network. Ein von Telefongesellschaften angebotenes Kommunikationsprotokoll, das die Übertragung von Daten, Sprache und anderem Verkehr in Telefonnetzen ermöglicht. Siehe auch *BISDN*, *BRI*, *N-ISDN* und *PRI*.

IS-IS

Intermediate System-to-Intermediate System = Zwischensystem-zu-Zwischensystem. Ein auf dem DECnet Phase V Routing basierendes hierarchisches Link-State-Routingprotokoll von OSI, bei dem Zwischensysteme (Router) zum Ermitteln der Netzwerktopologie Routing-Informationen austauschen, die auf einer einzigen Metrik basieren. Vergleiche mit *Integrated IS-IS*. Siehe auch *ES-IS* und *OSPF*.

IS-IS Hello

Siehe *IIH*.

IS-IS Interdomain Routing Protocol

Siehe *IDRP*.

ISL

Siehe *ISL* in »Cisco Systems Begriffe und Akronyme«.

ISM

Internetwork Status Monitor.

ISO

International Organization for Standardization. Eine internationale Organisation, die für eine Vielzahl von Standards zuständig ist, einschließlich der für Netzwerke relevanten. Die ISO entwickelte das OSI-Referenzmodell, ein beliebtes Referenzmodell für Netzwerke.

ISO 3309

Von der ISO entwickelte HDLC-Verfahren. Die ISO 3309:1979 spezifiziert die HDLC-Framestruktur für den Einsatz in synchronen Umgebungen. Die ISO 3309:1984 spezifiziert

Änderungsvorschläge, die den Einsatz von HDLC auch in asynchronen Umgebungen ermöglicht.

ISO 9000

Eine von der ISO definierte Sammlung von internationalen Standards für das Qualitätsmanagement. Die Standards, die sich nicht auf ausgewählte Länder, Industrien oder Produkte beschränken, ermöglichen es Firmen, zu beweisen, dass sie über bestimmte Verfahren für eine wirksame Qualitätssicherung verfügen.

ISO Development Environment (ISO-Entwicklungsumgebung)

Siehe *ISODE*.

ISOC

Internet Society. Eine 1992 gegründete internationale nicht gewinnorientierte Organisation, die die Entwicklung und den Einsatz des Internet koordiniert. Weiterhin delegiert die ISOC Zuständigkeiten an andere mit dem Internet verbundene Gruppen, wie beispielsweise das IAB. Die ISOC hat ihren Sitz in Reston, Virginia, USA. Siehe auch *IAB*.

Isochronous Transmission (isochrone Übertragung)

Die asynchrone Übertragung über eine synchrone Datenverbindung. Isochrone Signale erfordern für einen zuverlässigen Transport eine konstante Bitrate. Vergleiche mit *Asynchronous Transmission (asynchrone Übertragung)*, *Plesiochronous Transmission (plesiochrone Übertragung)* und *Synchronous Transmission (synchrone Übertragung)*.

ISODE

ISO Development Environment. Eine große Sammlung von Bibliotheken und Hilfsprogrammen für die Entwicklung von OSI-Protokollen und OSI-Anwendungen der höheren Schichten.

ISP

Internet Service Provider. Firma, die Zugang zum Internet verkauft.

ISR

Intermediate Session Routing. Der erste beim APPN eingesetzte Routing-Algorithmus. ISR sorgt für ein verbindungsbezogenes Routing von Knoten zu Knoten. Netzwerkausfälle lassen Sitzungen fehlschlagen, da ISR nicht für eine unterbrechungsfreie Umleitung um einen Ausfall herum sorgen kann. ISR wurde durch HPR ersetzt. Vergleiche mit *HPR*. Siehe auch *APPN*.

ISSI

Inter-Switching System Interface. Standardschnittstelle zwischen SMDS-Switches.

ISUP

ISDN User Part.

ITU-T

International Telecommunication Union Telecommunication Standardization Sector. Eine internationale Körperschaft, die weltweite Standards für Telekommunikationstechniken entwickelt. Die ITU-T führt die Aufgaben der früheren CCITT weiter. Siehe auch *CCITT*.

IVR

Interactive Voice Response. System, das Informationen in Form von aufgezeichneten Nachrichten per Telefonleitung als Antwort auf User-Eingaben in Form von Sprache oder DTMF-Signalen bietet. Ein Beispiel ist etwa Telefon-Banking, das einem die Abfrage des Kontostandes ermöglicht.

IXC

Inter-Exchange Carrier. Träger, der Verbindungen über große Entfernungen zwischen LATAs leistet. Die drei wichtigsten IXCs in den USA sind AT&T, MCI und Sprint.

J

Jabber

1. Eine Fehlerbedingung, bei der ein Netzwerkgerät ständig zufällige sinnlose Daten in das Netzwerk überträgt.

2. Unter IEEE 802.3 ein Datenpaket, dessen Länge den im Standard vorgeschriebenen Umfang übersteigt.

JANET

Joint Academic Network. Ein X.25-WAN, das Universitäts- und Forschungseinrichtungen in Großbritannien miteinander verbindet.

Japan UNIX Network

Siehe *JUNET.*

Java

Objektorientierte Programmiersprache, die von Sun Microsystems entwickelt wurde, um eine Reihe von Problemen in der modernen Programmierpraxis zu lösen. Java wird massiv im WWW verwendet, vor allem für Applets.

JDBC

Java Database Connectivity. Java-API, die es Java-Programmen ermöglicht, SQL-Befehle auszuführen. Da praktisch alle relationalen Datenbank-Management-Systeme (DMBS) SQL unterstützen und da Java auf praktisch allen Plattformen läuft, erlaubt es JDBC, einzelne Datenbank-Anwendungen zu schreiben, die auf verschiedenen Plattformen mit verschiedenen DBMSs laufen. JDBC ist ähnlich wie ODBC, allerdings speziell auf Java ausgelegt, während ODBC sprach-unabhängig ist. JDBC wurde von JavaSoft entwickelt, einer Tochter von Sun Microsystems. Siehe *ODBC.*

Jitter

Durch die Abweichung eines Signals von seinen Timing-Referenzpositionen verursachte Verzerrungen auf einer analogen Kommunikationsleitung. Jitter können insbesondere bei hohen Geschwindigkeiten zu Datenverlusten führen.

John von Neumann Computer Network

Siehe *JvNCnet.*

Joint Academic Network

Siehe *JANET.*

JPEG

Joint Photographics Expert Group. Grafik-File-Format, das als Standard von ITU-T und ISO übernommen wurde. JPEG wird meistens verwendet, um Einzelbilder mittels DCT-Analyse zu komprimieren.

Jumper

Ein elektrischer Schalter, der aus einer Anzahl von Pins sowie einem Stecker besteht, der auf unterschiedliche Weise mit den Pins verbunden werden kann. Es werden unterschiedliche Leitungen aufgebaut, indem der Stecker mit unterschiedlichen Pins verbunden wird.

JUNET

Japan UNIX Network. Ein nationales, nichtkommerzielles Netzwerk in Japan zur Kommunikationsförderung zwischen japanischen und anderen Forschern.

JvNCnet

John von Neumann Computer Network. Ein im Besitz der Global Enterprise Services, Inc. befindliches und von ihr betriebenes regionales Netzwerk, das sich aus T!- und langsameren seriellen Leitungen zusammensetzt und mittlere Netzwerkdienste für Standorte im Nordosten der USA bereitstellt.

K

KA9Q

Populäre Implementierung von TCP/IP und verwandten Protokollen für Amateurfunksysteme.

Kabel

Übertragungsmedium aus Kupferkabel oder Lichtwellenleiter mit einer schützenden Ummantelung.

Karn-Algorithmus

Ein Algorithmus, der die Zeiteinschätzungen für »Rundreisen« verbessert, indem er den Protokollen der Transportschicht dabei behilflich ist, zwischen guten und schlechten Zeitproben für Rundreisen zu unterscheiden.

Kategorie-1-Kabel

Einer von fünf im EIA/TIA-586-Standard beschriebenen Graden für UTP-Kabel. Kategorie-1-Kabel werden für die Telefonkommunikation eingesetzt und sind nicht für die Datenübertragung geeignet. Vergleiche mit *Kategorie-2-Kabel*, *Kategorie-3-Kabel*, *Kategorie-4-Kabel* und *Kategorie-5-Kabel*. Siehe auch *EIA/TIA-586* und *UTP*.

Kategorie-2-Kabel

Einer von fünf im EIA/TIA-586-Standard beschriebenen Graden für UTP-Kabel. Kategorie-2-Kabel sind dazu in der Lage, Daten mit bis zu 4 Mbit/s zu übertragen. Vergleiche mit *Kategorie-1-Kabel*, *Kategorie-3-Kabel*, *Kategorie-4-Kabel* und *Kategorie-5-Kabel*. Siehe auch *EIA/TIA-586* und *UTP*.

Kategorie-3-Kabel

Einer von fünf im EIA/TIA-586-Standard beschriebenen Graden für UTP-Kabel. Kategorie-3-Kabel werden in 10BaseT-Netzwerken eingesetzt und können Daten mit bis zu 10 Mbit/s übertragen. Vergleiche mit *Kategorie-1-Kabel*, *Kategorie-2-Kabel*, *Kategorie-4-Kabel* und *Kategorie-5-Kabel*. Siehe auch *EIA/TIA-586* und *UTP*.

Kategorie-4-Kabel

Einer von fünf im EIA/TIA-586-Standard beschriebenen Graden für UTP-Kabel. Kategorie-4-Kabel werden in Token-Ring-Netzwerken eingesetzt und können Daten mit bis zu 16 Mbit/s übertragen. Vergleiche mit *Kategorie-1-Kabel*, *Kategorie-2-Kabel*, *Kategorie-3-Kabel* und *Kategorie-5-Kabel*. Siehe auch *EIA/TIA-586* und *UTP*.

Kategorie-5-Kabel

Einer von fünf im EIA/TIA-586-Standard beschriebenen Graden für UTP-Kabel. Kategorie-5-Kabel werden für den Betrieb von CDDI eingesetzt und können Daten mit bis zu 100 Mbit/s übertragen. Vergleiche mit *Kategorie-1-Kabel*, *Kategorie-2-Kabel*, *Kategorie-3-Kabel* und *Kategorie-4-Kabel*. Siehe auch *EIA/TIA-586* und *UTP*.

kB

Kilobyte.

kb (Kbit)
Kilobit.

kBps (kB/s)
Kilobytes per Second = Kilobytes pro Sekunde.

kbps (Kbit/s)
Kilobits per Second = Kilobits pro Sekunde.

Keepalive-Intervall
Zeitabschnitt zwischen den von einem Netzwerkgerät verschickten Keepalive-Nachrichten.

Keepalive-Nachricht
Von einem Netzwerkgerät verschickte Nachricht, um ein anderes Netzwerkgerät darüber zu informieren, dass die virtuelle Leitung zwischen den beiden noch immer aktiviert ist.

Kerberos
Sich entwickelnder Standard für die Authentifizierung von Netzwerk-Usern. Kerberos hat vor allem zwei Vorteile: es läuft auch in Netzwerken mit Geräten verschiedener Hersteller und überträgt keine Passwörter über das Netzwerk.

Kermit
Beliebtes Programm zur Dateiübertragung und Terminalemulation.

Kilobits pro Sekunde
Abgekürzt: *Kbit/s*.

Kilobit
Abgekürzt: *kb*.

Kilobytes pro Sekunde
Abgekürzt: *kB/s*.

Kilobyte
Abgekürzt: *kB*.

Koaxialkabel
Ein Kabel, das aus einer hohlen, äußeren zylindrischen Leitung besteht, die eine einzelne innere Leitung umgibt. In LANs kommen derzeit zwei Arten von Koaxialkabeln zum Einsatz: 50-Ohm-Kabel für die digitale Signalübertragung und 75-Ohm-Kabel für analoge Signalübertragung und digitale Hochgeschwindigkeitssignalübertragung.

Konfigurationsmanagement
Eine von fünf Kategorien für die Netzwerkverwaltung, die von der ISO für das Management von OSI-Netzwerken definiert wurde. Konfigurationsmanagement-Subsysteme sind verantwortlich für das Erkennen und Festlegen des Status eines Netzwerks. Siehe auch *Accounting-Management*, *Fault-Management*, *Performance-Management* und *Security-Management*.

Konsole
Datenendeinrichtung, über die Befehle in einen Host eingegeben werden.

L

L2F Protocol
Layer-2 Forwarding Protocol. Protokoll, das virtuelle private Dial-Up-Netzwerke über das Internet unterstützt.

Label Swapping
Ein beim APPN verwendeter Routing-Algorithmus, bei dem jeder von einer Nachricht auf dem Weg zu ihrem Ziel durchlaufene Router unabhängig den besten Pfad zum nächsten Router bestimmt.

LAN
Local Area Network. Ein Hochgeschwindigkeitsnetzwerk mit niedriger Fehlerrate, das einen verhältnismäßig kleinen geografischen Bereich abdeckt (bis zu einigen tausend Metern). LANs verbinden Workstations, Peripheriegeräte, Terminals und andere Hardware in einem einzigen Gebäude oder einem anderen räumlich eingegrenzten Bereich miteinander. LAN-Standards spezifizieren die Kabel und die Signalisierung auf der physikalischen Bitübertragungsschicht und der Datensicherungsschicht des OSI-Modells. Zu den weit verbreiteten LAN-Technologien zählen u.a. Ethernet, FDDI und Token-Ring. Vergleiche mit *MAN* und *WAN*.

LAN Emulation Client
Siehe *LEC*.

LAN Emulation Configuration Server
Siehe *LECS*.

LAN Emulation Server
Siehe *LES*.

LAN Emulation
Siehe *LANE*.

LAN Manager for UNIX
Siehe *LM/X*.

LAN Manager
Ein von Microsoft entwickeltes verteiltes Netzwerkbetriebssystem, das eine Vielzahl von Protokollen und Plattformen unterstützt.

LAN Network Manager
Siehe *LNM*.

LANE UNI
LANE User-Network Interface.

LANE

LAN Emulation. Eine Technologie, die es einem ATM-Netzwerk ermöglicht, als ein LAN-Backbone zu operieren. Das ATM-Netzwerk muss dazu Multicast und Broadcast unterstützen und die Adressabbildung (MAC auf ATM), das SVC-Management sowie ein brauchbares Paketformat bereitstellen. LANE definiert auch ELANs für Ethernet und Token-Ring. Siehe auch *ELAN*.

LAN Server

Ein von IBM entwickeltes, vom LNM abgeleitetes serverorientiertes Netzwerkbetriebssystem. Siehe auch *LNM*.

LAN-Switch

Ein Hochgeschwindigkeits-Switch, der Daten zwischen Segmenten einer Datenverbindung weiterleitet. Die meisten LAN-Switches leiten Verkehr auf der Basis von MAC-Adressen weiter. Diese Sorte LAN-Switch wird manchmal auch als *Frame-Switch* bezeichnet. LAN-Switches werden häufig gemäß der von ihnen eingesetzten Methode zum Weiterleiten des Verkehrs kategorisiert: Cut-Through Packet-Switching oder Store-and-Forward Packet-Switching. Multilayer-Switches stellen eine intelligente Teilmenge der LAN-Switches dar. Vergleiche mit *Multilayer-Switch*. Siehe auch *Cut-Through Packet-Switching* und *Store-and-Forward Packet-Switching*.

LAPB

Link Access Procedure, Balanced. Ein Protokoll der X.25-Protokollsammlung für die Datensicherungsschicht. Bei LAPB handelt es sich um ein vom HDLC abgeleitetes bit-orientiertes Protokoll. Siehe auch *HDLC* und *X.25*.

LAPD

Link Access Procedure auf dem D-Kanal. Ein Protokoll für den D-Kanal der ISDN-Datensicherungsschicht. LAPD wurde vom LAPB-Protokoll abgeleitet und soll in erster Linie den Signalisierungsanforderungen beim ISDN-Basiszugang genügen. In den ITU-T-Empfehlungen Q.920 und Q.921 definiert.

LAPM

Link Access Procedure for Modems. Ein ARQ, das von Modems verwendet wird, die das Protokoll V.42 zur Fehlerkorrektur implementieren. Siehe auch *ARQ* und *V.42*.

Laser

Light Amplification by Stimulated Emission of Radiation. Ein analoges Übertragungsgerät, bei dem ein geeignetes aktives Material von einem externen Stimulus angeregt wird, um einen dünnen Strahl mit kohärentem Licht zu erzeugen, der für die Übertragung von Daten zu Impulsen moduliert werden kann. Auf der Lasertechnologie basierende Netzwerke werden manchmal als SONET betrieben.

LATA

Local Access and Transport Area. Ein geografisches Telefoneinwahlgebiet, das von einer einzigen lokalen Telefongesellschaft bedient wird. Anrufe innerhalb von LATAs werden als »Ortsgespräche« bezeichnet. In den USA gibt es weit über 100 LATAs.

Latency (Latenz/Wartezeit)

1. Verzögerung zwischen dem Zeitpunkt, zu dem ein Gerät den Zugang zu einem Netzwerk anfordert, und dem Zeitpunkt, zu dem ihm die Genehmigung zum Übertragen erteilt wird.

2. Die Verzögerung zwischen dem Zeitpunkt, zu dem ein Gerät einen Frame empfängt, und dem Zeitpunkt, zu dem der Frame an den Zielanschluss weitergeleitet wird.

LAT

Local Area Transport. Ein von Digital Equipment Corp. entwickeltes Netzwerkprotokoll für virtuelle Terminals.

Lax

Bei über TCP/IP laufenden Online-Spielen häufig vorkommendes User-Merkmal. Immer in Zusammenhang mit SC.

LCI

Logical Channel Identifier = logische Kanal-ID. Siehe *VCN*.

LCN

Logical Channel Number = logische Kanalnummer. Siehe *VCN*.

LCP

Link Control Protocol. Protokoll, das Daten-Link-Verbindungen für PPP aufbaut, konfiguriert und testet. Siehe auch *PPP*.

LCV

Line Code Violation. Auftreten eines BPV- oder EXZ-Fehlerereignisses.

LDAP

Lightweight Directory Access Protocol. Protokoll, das den Zugang für Management und Browser Anwendungen herstellt, die lesenden/schreibenden interaktiven Zugriff auf ein X.500 Directory brauchen.

LDCELP

Low-Delay CELP. CELP-Sprachkompressions-Algorithmus, der 16-Kbit/s- oder 4:1-Kompression ermöglicht. Von der ITU-T in G.728 standardisiert.

LE_ARP

LAN Emulation Address Resolution Protocol. Protokoll, das die ATM-Adresse liefert, die mit einer bestimmten MAC-Adresse in Verbindung steht.

Leaf Internetwork (Blatt-Internetzwerk)

In einer Stern-Topologie ein Internetzwerk, dessen einziger Zugang zu anderen Internetzwerken des Sterns über einen Core-Router besteht.

Learning Bridge

Eine Bridge, die MAC-Adressen lernt, um den Netzwerkverkehr zu reduzieren. Lernende Bridges verwalten eine Datenbank mit MAC-Adressen und den mit jeder Adresse verbundenen Schnittstellen. Siehe auch *MAC Address Learning*.

Leased Line (Mietleitung)

Eine von einem Kommunikationsbetreiber für den privaten Gebrauch eines Kunden reservierte Übertragungsleitung. Bei einer Mietleitung handelt es sich um eine dedizierte Leitungsart. Siehe auch *dedizierte Leitung*.

LEC

1. LAN Emulation Client. Eine Entität in einem Endsystem, die das Weiterleiten von Daten, die Adressauflösung und andere Steuerungsfunktionen für ein einzelnes Endsystem innerhalb eines einzigen ELAN übernimmt. Ein LEC stellt außerdem eine standardmäßige LAN-Diensteschnittstelle für beliebige Entitäten höherer Schichten bereit, die an den LEC angrenzen. Jeder LEC wird durch eine eindeutige ATM-Adresse ausgewiesen und ist mit einer oder mehreren MAC-Adressen verbunden, die über diese ATM-Adresse erreichbar sind. Siehe auch *ELAN* und *LES*.

2. Local Exchange Carrier. Eine örtliche oder regionale Telefongesellschaft, die ein Telefonnetz und die mit ihm verbundenen Kundenendleitungen besitzt und betreibt.

LECS

LAN Emulation Configuration Server. Eine Entität, die einzelne LANE-Clients bestimmten ELANs zuordnet, indem sie an den entsprechenden LES weitergeleitet werden. Logisch gibt es einen LECS pro Verwaltungsdomain, der alle ELANs in dieser Domain bedient. Siehe auch *ELAN*.

LED

Licht emittierende Diode. Ein Halbleiter, der durch die Umwandlung elektrischer Energie produziertes Licht emittiert. Bei den Zustandsanzeigen von Hardware-Geräten handelt es sich üblicherweise um LEDs.

LEN-Knoten

Low-Entry Networking-Knoten. In der SNA eine PU 2.1, die LU-Protokolle unterstützt, deren Kontrollpunkt (CP) aber nicht mit anderen Knoten kommunizieren kann. Da es zwischen einem LEN-Knoten und seinem Netzknoten keine CP-zu-CP-Sitzung gibt, muss der LEN-Knoten über eine statisch definierte Abbildung des APPN-Netzwerks verfügen.

LES

LAN Emulation Server. Eine Entität, die die Steuerungsfunktionen für ein bestimmtes ELAN implementiert. Es gibt nur einen logischen LES pro ELAN und der ist durch eine eindeutige ATM-Adresse ausgewiesen. Siehe auch *ELAN*.

Level-1-Router

Ein Gerät, das Datenverkehr innerhalb einer einzigen DECnet- oder OSI-Area routet.

Level-2-Router

Ein Gerät, das Datenverkehr zwischen DECnet- oder OSI-Areas routet. Alle Level-2-Router müssen ein aufeinander folgendes Netzwerk bilden.

LFI

Low-Speed Link Features.

LGN

Logical Group Node. Knoten, der seine Peer-Gruppe in der Parent-Peer-Gruppe repräsentiert. Siehe auch *Parent Peer Group* und *Peer Group*.

License

Erkauftes Recht, RF-Wellen über ein gegebenes BTA für typischerweise zehn Jahre zu übertragen. Die Lizenz schreibt die Design-Parameter eines RF-Systems so wie seine Nutzung recht eng vor. RF-Lizenzen werden meist von der FCC im Rahmen einer Auktion gekauft.

Die FCC stellt Lizenzen zur Verfügung, um bestmöglichen Wettbewerb in einem freien Markt zu ermöglichen und eine effektive Ausnutzung des Spektrums zu garantieren.

Light Amplification by Stimulated Emission of Radiation
Siehe *Laser.*

Light Emitting Diode (Licht emittierende Diode)
Siehe *LED.*

Limited Resource Link (eingeschränkte Ressourcenverbindung)
Eine Ressource, die von einem Gerätebetreiber so definiert wurde, dass sie nur dann aktiviert bleibt, wenn sie gebraucht wird.

Limited-Route Explorer-Paket
Siehe *Spanning Explorer-Paket.*

Line (Leitung/Verbindung)
1. In der SNA eine Anbindung an das Netzwerk.
2. Siehe *Link (Verbindung).*

Line Card
Beliebige I/O-Karte, die in ein modulares Gehäuse eingebaut werden kann.

Line Code Type (Leitungscodeart)
Eines von mehreren Kodierungsverfahren, das bei seriellen Verbindungen verwendet wird, um für Datenintegrität und Erreichbarkeit zu sorgen. Die verwendete Leitungscodeart wird vom betreibenden Service-Provider festgelegt. Siehe auch *AMI* und *HBD3.*

Line Code Violation
Siehe *LCV.*

Line Conditioning (Leitungsverbesserung)
Der Einsatz von Einrichtungen auf angemieteten Sprachkanälen zur Verbesserung der analogen Eigenschaften, wodurch höhere Übertragungsraten ermöglicht werden.

Line Driver (Leitungstreiber)
Ein billiger Verstärker und Signalkonverter, der digitale Signale für eine garantierte zuverlässige Übertragung über große Entfernungen herrichtet.

Line of Sight (Sichtverbindung)
Eine Eigenschaft bestimmter Übertragungssysteme, wie beispielsweise Laser-, Mikrowellen- und Infrarot-Systeme, bei denen sich keine Hindernisse auf dem direkten Weg zwischen Sender und Empfänger befinden dürfen.

Line Printer Daemon
Siehe *LPD.*

Line Turnaround
Die Zeit, die benötigt wird, um die Richtung einer Datenübertragung über eine Telefonleitung zu ändern.

Link (Verbindung)
Ein Kommunikationskanal in Netzwerken, der sich aus einer Leitung oder einem Übertragungsweg und allen zugehörigen Einrichtungen zwischen einem Sender und einem Empfänger zusammensetzt. Am häufigsten in Bezug auf eine WAN-Anbindung verwendet. Manchmal auch als *Line (Leitung)* oder *Transmission Link (Übertragungsleitung)* bezeichnet.

Link Access Procedure for Modems
Siehe *LAPM.*

Link Access Procedure on the D channel
Siehe *LAPD.*

Link Access Procedure, Balanced
Siehe *LAPB.*

Link Control Protocol
Siehe *LCP.*

Link Layer (Verbindungsschicht)
Siehe *Data Link Layer (Datensicherungsschicht).*

Link-Layer Address
Siehe *MAC-Adresse.*

Link-State Advertisement
Siehe *LSA.*

Link-State-Paket
Siehe *LSA.*

L

Link-State-Routing-Algorithmus
Ein Routing-Algorithmus, bei dem jeder Router Informationen bezüglich des Aufwands zum Erreichen aller seiner Nachbarn per Broadcast oder Multicast an alle Knoten im Internetzwerk verbreitet. Sich auf den Verbindungszustand stützende Algorithmen erzeugen eine konsistente Abbildung des Netzwerks und sind daher nicht für Routing-Schleifen anfällig; allerdings erreichen sie dies nur auf Kosten größerer Schwierigkeiten bei der Berechnung und einem weiter verbreiteten Verkehr (im Vergleich zu Distance-Vector-Routing-Algorithmen). Vergleiche mit *Distance-Vector-Routing-Algorithmus.* Siehe auch *Dijkstra-Algorithmus.*

LIS
Logical IP Subnet. Eine Gruppe von IP-Knoten (wie Host und Router), die sich mit einem einzelnen ATM-Netzwerk verbinden und zum selben IP-Subnetz gehören.

Listserv
Automatisches Mailing-List-Verteilungssystem, das ursprünglich für das Bitnet/EARN Netzwerk entwickelt wurde. Ermöglicht es Usern, sich selbst ohne weiteres menschliches Eingreifen auf Mailing-Listen einzutragen oder zu löschen.

Little-Endian
Eine Methode zum Speichern oder Übertragen von Daten, bei der das unwichtigste Bit oder Byte zuerst dargestellt wird. Vergleiche mit *Big-Endian.*

LLAP

LocalTalk Line Access Protocol. Link-Ebenen-Protokoll, das die Zustellung von Daten in einem LocalTalk-Netzwerk von Knoten zu Knoten verwaltet. LLAP verwaltet Buszugang, bietet einen Knoten-Adressierungsmechanismus und kontrolliert Datenübertragung und -empfang, wobei Paketlänge und Integrität sichergestellt werden. Siehe auch LocalTalk.

LLC

Logical Link Control. Die höhere der beiden von der IEEE definierten Unterschichten der Datensicherungsschicht. Die LLC-Unterschicht sorgt für die Fehlerkontrolle, die Datenflusskontrolle, das Framing sowie die Adressierung durch die MAC-Unterschicht. IEEE 808.2 ist das gängigste LLC-Protokoll und umfasst sowohl die verbindungslose als auch die verbindungsbezogene Variante. Siehe auch *Data Link Layer (Datensicherungsschicht)* und *MAC*.

LLC2

Logical Link Control, Typ 2. Ein verbindungsbezogenes Protokoll der OSI-LLC-Unterschicht. Siehe auch *LLC*.

LM/X

LAN Manager for UNIX. Überwacht LAN-Geräte in UNIX-Umgebungen.

LMDS

Local Multipoint Distribution Service. Eine Lizenz mit relativ geringer Leistung für Sprach-, Video- und Daten-Broadcasts. Es werden üblicherweise zwei Lizenzen mit je drei Frequenzen vergeben, um die Einheiten in einem BTA zu trennen. Die Lizenzen werden als Block-A- und Block-B-Lizenz bezeichnet; Block A geht von 27,5 bis 28,35 GHz, 29,10 bis 29,25 GHz und 31,075 bis 31,225 GHz bei einer gesamten Bandbreite von 1,159 MHz; Block B geht von 31,00 bis 31,075 GHz und 31,225 bis 31,300 GHz mit einer gesamten Bandbreite von 150 MHz. LMDS-Systeme besitzen typischerweise eine maximale Reichweite von etwa 5 km; ein MMDS-System dagegen schafft etwa 40 km. Der Unterschied kommt vor allem durch die Physik und die von der FCC zugeordnete Ausgangsleistung zustande.

LMI

Local Management Interface. Eine Reihe von Ergänzungen zur grundlegenden Frame-Relay-Spezifikation. Das LMI umfasst Folgendes: die Unterstützung für einen Keepalive-Mechanismus, der überprüft, ob Daten fließen; einen Multicast-Mechanismus, der den Netzwerkserver mit seiner lokalen DLCI und der Multicast-DLCI versorgt; globale Adressierung, die den DLCIs in Frame-Relay-Netzwerken eine globale anstelle der lokalen Bedeutung verleiht; sowie einen Zustandsmechanismus, der einen fortlaufenden Zustandsbericht über die dem Switch bekannten DLCIs bereitstellt. In der ANSI-Terminologie unter dem Begriff *LMT* geläufig.

LMT

Siehe *LMI* sowie *LMT* in »Cisco Systems Begriffe und Akronyme«.

LNM

LAN Network Manager. Ein von IBM bereitgestelltes Paket für das SRB- und Token-Ring-Management. Läuft typischerweise auf einem PC, überwacht SRB- und Token-Ring-Hardware und kann Alerts an NetView übergeben.

LNNI
LAN Emulation Network-to-Network Interface. Unterstützt die Kommunikation zwischen den Serverkomponenten eines einzelnen ELAN. Phase 1 LANE-Protokolle erlauben standardmäßig die Unterstützung von mehreren LESs oder BUSs in einem ELAN nicht. Phase 2 hebt diese Einschränkungen auf.

Load Balancing (Lastenausgleich)
Beim Routing die Fähigkeit eines Routers, Verkehr über alle seine Netzwerkanschlüsse zu verteilen, die sich in der gleichen Entfernung zur Zieladresse befinden. Gute Lastenausgleichsalgorithmen berücksichtigen sowohl Informationen zur Leitungsgeschwindigkeit als auch zur Erreichbarkeit. Der Lastenausgleich verbessert die Ausnutzung von Netzwerksegmenten, wodurch die effektive Netzwerkbandbreite erhöht wird.

Local Access and Transport Area
Siehe *LATA*.

Local Acknowledgement
Methode, bei der ein dazwischen liegender Netzwerk-Knoten, etwa ein Router, auf die Acknowledgements für den entfernten End-Host antwortet. Die Verwendung lokaler Acknowledgements reduziert Netzwerk-Overhead und somit das Risiko von Timeouts. Auch als Local Termination bezeichnet.

Local Adjacency
Siehe *Local Adjacency* in »Cisco Systems Begriffe und Akronyme«.

Local Area Network
Siehe *LAN*.

L

Local Area Transport
Siehe *LAT*.

Local Bridge
Eine Bridge, die Netzwerke im selben geografischen Bereich miteinander verbindet.

Local Exchange Carrier
Siehe *LEC*.

Local Explorer Packet
Von einem Endsystem in einem SRB-Netzwerk erzeugtes Paket, um einen mit dem lokalen Ring verbundenen Host zu finden. Findet das lokale Explorer-Paket keinen lokalen Host, so erzeugt das Endsystem ein Spanning Explorer-Paket oder ein All-Routes Explorer-Paket. Siehe auch *All-Routes Explorer Packet*, *Explorer Packet* und *Spanning Explorer Packet*.

Local Loop
Eine Leitung vom örtlichen Telefonanbieter zur Zentrale der Telefongesellschaft.

Local Management Interface
Siehe *LMI*.

Local Termination
Siehe *Local Acknowlegment*.

Local Traffic Filtering

Ein im IEEE-802.1-Standard definierter Vorgang, bei dem eine Bridge Frames ausfiltert (fallen lässt), deren Quell- und Ziel-MAC-Adressen derselben Schnittstelle der Bridge zugeordnet sind. Dadurch wird unnötiger Verkehr vom Weiterleiten durch die Brücke abgehalten. Siehe auch *IEEE 802.1*.

Local-Explorer-Paket

Ein von einem Endsystem in einem SRB-Netzwerk generiertes Paket zum Ausfindigmachen eines an den lokalen Ring angeschlossenen Hosts. Wenn das Local-Explorer-Paket einen lokalen Host nicht finden kann, erzeugt das Endsystem entweder ein Spanning-Explorer-Paket oder ein All-Routes-Explorer-Paket. Siehe auch *All-Routes-Explorer-Paket*, *Explorer-Paket* und *Spanning-Explorer-Paket*.

LocalTalk Link Access Protocol

Siehe *LLAP*.

LocalTalk

Ein proprietäres Protokoll von Apple für die Datensicherungsschicht und die physikalische Bitübertragungsschicht des OSI-Referenzmodells. LocalTalk greift auf CSMA/CD-Schemen für den Medienzugriff zurück und unterstützt Übertragungen mit einer Geschwindigkeit von 230 Kbit/s.

Logical Address

Siehe *Network Address*.

Logical Channel Identifier (logische Kanal-ID)

Siehe *LCI*.

Logical Channel Number (logische Kanalnummer)

Siehe *LCN*.

Logical Group Node

Siehe *LGN*.

Logical Link Control, Typ 2

Siehe *LLC2*.

Logical Link Control

Siehe *LLC*.

Logical Unit (logische Einheit)

Siehe *LU*.

Logical Unit 6.2

Siehe *LU 6.2*.

logische Adresse

Siehe *Netzwerkadresse*.

logischer Kanal

Ein nicht dedizierter paketaustauschender Kommunikationspfad zwischen zwei oder mehr Netzwerkknoten. Das Packet-Switching ermöglicht das gleichzeitige Vorhandensein mehrerer logischer Kanäle auf einem einzigen physikalischen Kanal.

lokale Terminierung

Siehe *lokales Acknowledgement.*

lokales Acknowledgement

Eine Methode, bei der ein zwischengeschalteter Netzknoten wie beispielsweise ein Router für einen entfernten End-Host auf Acknowledgements antwortet. Der Einsatz von lokalen Acknowledgements reduziert den Overhead im Netzwerk und damit das Risiko von Timeouts. Auch als *lokale Terminierung* bezeichnet.

Loop (Schleife)

Eine Route, auf der Pakete ihr Ziel nie erreichen, sondern wiederholt eine konstante Reihe von Netzknoten durchlaufen.

Loopback-Test

Ein Test, bei dem Signale gesendet werden, die dann an irgendeiner Stelle entlang des Kommunikationspfads an ihre Quelle zurückgeleitet werden. Loopback-Tests werden häufig eingesetzt, um die Brauchbarkeit von Netzwerkschnittstellen zu überprüfen.

LOS

Line of Sight (Sichtlinie). Bezieht sich auf die Tatsache, dass zwischen Sender und Empfänger ein freier Pfad sein muss. Dies ist essentiell für Cisco LMDS-Produkte und verbessert ganz allgemein die Leistung von allen RF-Anlagen. Das Gegenteil von LOS ist NLOS.

lossy (verlustfreudig)

Die Eigenschaft eines Netzwerks, das bei hoher Belastung dazu neigt, Pakete zu verlieren.

Low-Entry Networking Node

Siehe *LEN-Knoten.*

LPD

Line Printer Daemon. Ein Protokoll für den Versand von Druckaufträgen zwischen UNIX-Systemen.

LSA

Link-State Advertisement. Ein von Link-State-Protokollen verwendetes Broadcast-Paket, das Informationen über Nachbarn und Pfadkosten enthält. LSAs werden vom empfangenden Router zur Wartung ihrer Routingtabellen verwendet. Manchmal auch als *Link-State-Paket (LSP)* bezeichnet.

LSP

Link-State-Paket. Siehe *LSA.*

LU 6.2

Logical Unit 6.2. In der SNA eine LU, die in einer verteilten Umgebung für eine Peer-to-Peer-Kommunikation zwischen Programmen sorgt. APPC läuft auf LU-6.2-Geräten. Siehe auch *APPC.*

LUNI

LAN Emulation User-to-Network Interface. Der Standard des ATM-Forums für LAN-Emulation in ATM-Netzwerken. Definiert die Schnittstelle zwischen LEC- und LAN-Emulation Server-Komponenten. Siehe auch *BUS, LES* und *LECS*.

LU

Logical Unit. Als wesentliche Komponente der SNA handelt es sich bei der logischen Einheit um eine NAU, die es Endanwendern ermöglicht, miteinander zu kommunizieren und einen Zugang zu den Ressourcen des SNA-Netzwerks zu erhalten.

M

MAC

Media Access Control. Die untergeordnete der beiden von der IEEE definierten Unterschichten der Datensicherungsschicht. Die MAC-Unterschicht bestimmt den Zugriff auf gemeinsame Medien, beispielsweise ob das Token-Passing- oder Contention-Verfahren eingesetzt wird. Siehe auch *Data Link Layer (Datensicherungsschicht)* und *LLC.*

MAC Address Learning

Ein Dienst, der eine lernende Bridge charakterisiert, in der die Quell-MAC-Adresse jedes empfangenen Pakets gespeichert wird, sodass zukünftige für diese Adresse bestimmte Pakete nur an diejenige Bridge-Schnittstelle weitergeleitet zu werden brauchen, an der sich die Adresse befindet. Für unbekannte Adressen bestimmte Pakete werden über jede Bridge-Schnittstelle weitergeleitet. Dieses Vorgehen hilft bei der Minimierung des Verkehrs auf den angebundenen LANs. Das MAC Address Learning ist im IEEE 802.1-Standard definiert. Siehe auch *Learning Bridge* und *MAC-Adresse.*

MAC-Adresse

Eine standardisierte Adresse für die Datensicherungsschicht, die für jeden Anschluss und jedes Gerät notwendig ist, der bzw. das an ein LAN angeschlossen ist. Andere Geräte im Netzwerk verwenden diese Adresse, um bestimmte Anschlüsse im Netzwerk ausfindig zu machen und um Routingtabellen und Datenstrukturen zu erstellen und zu aktualisieren. MAC-Adressen sind 6 Byte lang und werden von der IEEE kontrolliert. Auch als *Hardware-Adresse*, *MAC-Schichtadresse* oder *physikalische Adresse* bezeichnet. Vergleiche mit *Netzwerkadresse.*

MacIP

Ein Protokoll der Netzwerkschicht, das IP-Pakete in DDP oder Übertragungen über AppleTalk kapselt. MacIP stellt weiterhin Proxy-ARP-Dienste bereit.

MAC-Layer Address

Siehe *MAC-Adresse.*

MAE

Einer von einer Reihe von Internet-Austauschpunkten. Siehe auch *CIX, FIX* und *GIX.*

Mail Bridge

Mail-Gateway, das E-Mails zwischen zwei oder mehreren Netzwerken weiterleitet, wobei sichergestellt wird, dass die Nachricht bestimmte administrative Kriterien erfüllt.

Mail Exchange Record

Siehe *MX Record.*

Mail Exploder

Teil eines E-Mail-Zustellungssystems, das es erlaubt, eine Mail an eine Liste von Empfängern zu schicken. Mail Exploder werden zur Implementierung von Mailing-Listen verwendet. User senden dabei eine E-Mail an eine einzelne Adresse und der Mail Exploder sorgt dafür, dass jeder, der auf der Liste steht, die Nachricht erhält.

Mail Gateway

Maschine, die zwei oder mehr E-Mail-Systeme (vor allem unterschiedliche Systeme oder Systeme in verschiedenen Netzwerken) miteinander verbindet und Nachrichten zwischen diesen Systemen austauscht. Abbildung und Übersetzung können manchmal sehr komplex werden, außerdem ist ein Store and Forward-Schema nötig, wobei die Nachricht von einem System vollständig empfangen wird, bevor sie zum nächsten System nach den nötigen Anpassungen weiter geleitet wird.

Maintenance Operation Protocol

Siehe *MOP*.

MAN

Metropolitan-Area Network. Ein Netzwerk, das den Bereich einer Metropole abdeckt. Im Allgemeinen erstreckt sich ein MAN über ein geografisches Gebiet, das größer ist als das eines LAN und kleiner ist als das eines WAN. Vergleiche mit *LAN* und *WAN*.

Managed Objekt (verwaltetes Objekt)

Beim Netzwerkmanagement ein Netzwerkgerät, das durch ein Netzwerkmanagement-Protokoll verwaltet werden kann.

Management Information Base

Siehe *MIB*.

Management Services (Verwaltungsdienste)

Über Netzwerkkomponenten verteilte SNA-Funktionen zum Verwalten und Steuern eines SNA-Netzwerks.

Manchester Enkoding

Im IEEE 802.3 und Ethernet eingesetztes digitales Kodierungsverfahren, bei dem eine gemittelte Bit-Übergangszeit zur Taktung eingesetzt wird und eine Eins durch einen Highlevel für die erste Hälfte der Bit-Zeit gekennzeichnet ist.

Manufacturing Automation Protocol

Siehe *MAP*.

MAP

Manufacturing Automation Protocol. Eine von General Motors erzeugte Netzwerkarchitektur für die besonderen Bedürfnisse in der Fabrikhalle. MAP spezifiziert ein Token übergebendes LAN ähnlich dem IEEE 802.4 (s.a. *IEEE 802.4*).

MARS

Multicast Address Resolution Server. Mechanismus für IP-Multicast. Ein MARS bedient eine Gruppe von Knoten (als Cluster bezeichnet); jeder Knoten im Cluster ist auf die ATM-Adresse des MARS konfiguriert. Der MARS unterstützt Multicast mittels Multicast-Nachrichten aus überlagerten Point-to-Multipoint-Verbindungen oder über Multicast-Server.

Martian
Ironische Bezeichnung für Pakete, die wegen falscher Routing-Einträge unerwarteter Weise im falschen Netzwerk auftauchen. Auch für Pakete verwendet, die eine ungültige Internet-Adresse aufweisen.

Maske
Siehe *Adressmaske* und *Subnetz-Maske*.

MAU
Media Attachment Unit. Ein in Ethernet- und IEEE-802.3-Netzwerken eingesetztes Gerät, das die Schnittstelle zwischen dem AUI-Anschluss einer Station und dem gemeinsamen Medium des Ethernet bereitstellt. Die MAU, die in einer Station eingebaut sein kann oder bei der es sich um ein gesondertes Gerät handeln kann, führt Funktionen der physikalischen Bitübertragungsschicht durch, zu denen die Umwandlung von digitalen Daten von der Ethernet-Schnittstelle, die Kollisionserkennung und die »Einspritzung« von Bits in das Netzwerk gehören. In einem Token-Ring wird die MAU als *Multistation Access Unit* bezeichnet und üblicherweise mit *MSAU* abgekürzt, um Verwechslungen zu vermeiden. Siehe auch *AUI* und *MSAU*.

Maximum Burst
Spezifiziert den größten Burst von Daten oberhalb der zugesicherten Rate, der zeitweilig in einer dauerhaften virtuellen ATM-Verbindung zugelassen ist und nicht von der Verkehrsüberwachungsfunktion verfolgt wird, selbst wenn er die Maximalrate überschreitet. Diese Verkehrsmenge wird nur zeitweilig zugelassen; im Durchschnitt muss sich die Verkehrsquelle innerhalb der Maximalrate bewegen. Der Burst wird in Bytes oder Zellen angegeben. Vergleiche mit *Insured Burst*. Siehe auch *Maximum Rate (Maximalrate)*.

Maximum Rate (Maximalrate)
Der maximale auf einer gegebenen virtuellen Leitung zugelassene Gesamtdatendurchsatz, der der Summe von zugesichertem und nicht zugesichertem Verkehr von der Quelle des Verkehrs entspricht. Die nicht zugesicherten Daten können ausfallen, wenn es zu Stauungen im Netzwerk kommt. Die Maximalrate, die die Medienrate nicht übersteigen kann, stellt den in Bits bzw. Zellen pro Sekunde gemessenen höchsten Datendurchsatz dar, den die virtuelle Leitung zustellen kann. Vergleiche mit *Excess Rate (Überschussrate)* und *Insured Rate (zugesicherte Rate)*. Siehe auch *Maximum Burst*.

Maximum Transmission Unit
Siehe *MTU*.

Mb
Megabit.

MB
Megabyte.

MBONE
Multicast Backbone. Der Multicast-Backbone des Internet. Beim MBONE handelt es sich um ein aus Multicast-LANs und den diese miteinander verbindenden Punkt-zu-Punkt-Tunneln zusammengesetztes virtuelles Multicast-Netzwerk.

Mbps (Mbit/s)

Megabits per Second = Megabits pro Sekunde.

MCA

Micro Channel Architecture. Eine im Allgemeinen in PCs und einigen UNIX-Workstations und Servern eingesetzte Bus-Schnittstelle.

MCI

Multiport Communications Interface. Eine Karte auf dem AGS+, die zwei Ethernet-Schnittstellen und bis zu zwei synchrone serielle Schnittstellen aufweist. Das MCI verarbeitet Pakete schnell, ohne die für Ethernet-Schnittstellen typischen Verzögerungen zwischen Frames.

MCLR

Maximum Cell Loss Ratio. Das Verhältnis in einem ATM-Netzwerk zwischen den Zellen, die einen Link oder Knoten nicht erfolgreich passieren und den Zellen, die am Link oder Knoten ankommen. Eine von vier Link-Metriken, die über PTSP ausgetauscht werden, um die verfügbaren Ressourcen in einem ATM-Netzwerk zu bestimmen. MCLR bezieht sich auf Zellen der CBR- und VBR-Traffic-Klassen, deren CLP-Bit auf Null gesetzt ist. Siehe auch *CBR*, *CLP*, *PTSP* und *VBR*.

MCNS

Multimedia Cable Network System Partners Ltd. Konsortium der Kabelfirmen, die in den USA und Kanada die meisten Haushalte versorgen. Dieses Konsortium ist für einen Standard zuständig, der die Interoperabilität von Kabelmodems zum Ziel hat.

MCR

Minimum Cell Rate. Ein vom ATM-Forum für das ATM-Verkehrsmanagement definierter Parameter. Die MCR ist nur für ABR-Übertragungen definiert und gibt den Mindestwert für die ACR an. Siehe auch *ABR (1)*, *ACR* und *PCR*.

MCTD

Maximum Cell Transfer Delay. Die Summe aus MCDV und der festen Verzögerungskomponente über einen Link oder Knoten. Eine von vier Link-Metriken, die mit PTSPs ausgetauscht wird, um die in einem ATM-Netzwerk verfügbaren Ressourcen zu bestimmen. Es gibt einen MCTD-Wert für jede Traffic-Klasse. Siehe auch *MCDV* und *PTSP*.

MD

Mediation Device. Gerät, das Protokollübersetzungen und die Sammlung von Telemetrie-Informationen von mehreren Netzwerk-Elementen vornimmt, sowie den Transport zu einem OSS. Siehe auch *OSS*.

MD5

Message Digest 5. Ein unter SNMP v.2 für die Nachrichtenauthentifizierung eingesetzter Algorithmus, der die Integrität der Kommunikation sichert, die Herkunft bestätigt und die Rechtzeitigkeit überprüft. Siehe auch *SNMP2*.

MDL

TransPath Message Definition Language. Hochsprache für die Spezifizierung von Protokollen und Protokollkonvertierungen im TransPath.

MDN
Message Disposition Notification. Nachricht, die an den Absender einer E-Mail geschickt wird, wenn die Ursprungsnachricht geöffnet wurde. Die Spezifikationen für MDN sind in RFC 2298 beschrieben.

Media (Medien)
Plural von *Medium*. Die unterschiedlichen physikalischen Umgebungen, die von Übertragungssignalen durchlaufen werden. Zu den üblichen Netzwerkmedien gehören Twisted-Pair-, Koaxial- und Glasfaserkabel sowie die Atmosphäre (für die Mikrowellen-, Laser- und Infrarot-Übertragung). Manchmal auch als *physikalische Medien* bezeichnet.

Media Access Control
Siehe *MAC*.

Media Access Unit
Siehe *MAU*.

Media Attachment Unit
Siehe *MAU*.

Media Interface Connector
Siehe *MIC*.

Media Rate (Medienrate)
Der maximale Verkehrsdurchsatz für eine bestimmte Medienart.

Medium
Siehe *Media*.

Megabit
Abgekürzt: *Mb*.

Megabits pro Sekunde
Abgekürzt: *Mbit/s*.

Megabyte
Abgekürzt: *MB*.

MEL CAS
Mercury Exchange Limited (MEL) Channel Associated Signaling. Ein Sprachsignalisierungsprotokoll, das vor allem in Großbritannien verwendet wird.

Mesh (Netzgewebe)
Eine Netzwerktopologie, bei der die Geräte auf eine machbare, segmentierte Weise mit vielen, häufig redundanten, strategisch zwischen Netzknoten platzierten Verbindungen organisiert sind (siehe auch *Full Mesh* und *Partial Mesh*).

Message (Nachricht)
Eine logische Informationsgruppierung der Anwendungsschicht (Schicht 7), die sich häufig aus mehreren logischen Gruppierungen untergeordneter Schichten wie beispielsweise Paketen zusammensetzt. In den unterschiedlichen Schichten des OSI-Referenzmodells und in

verschiedenen Technologien werden auch die Begriffe *Datagramm*, *Frame*, *Paket* und *Segment* für die Bezeichnung logischer Informationsgruppierungen verwendet.

Message Digest 5
Siehe *MD5*.

Message Handling System
Siehe *MHS*.

Message Queuing Interface
Siehe *MQI*.

Message Unit
Eine von einer beliebigen Netzwerkschicht verarbeitete Dateneinheit.

Message-Switching
Eine Switching-Technik, die sich auf das Übertragen von Nachrichten von Knoten zu Knoten durch ein Netzwerk stützt. Die Nachricht wird von jedem Knoten so lange gespeichert, bis ein Pfad zum Weiterleiten zur Verfügung steht. Gegensatz zu *Circuit-Switching* und *Packet-Switching*.

Metasignaling
Ein in der ATM-Schicht ablaufender Vorgang, der Signalisierungstypen und virtuelle Leitungen verwaltet.

Metering (Messung)
Siehe *Traffic-Shaping*.

Metrik
Siehe *Routing-Metrik*.

Metropolitan Area Network
Siehe *MAN*.

MHS
Message Handling System. ITU-T-X.400-Empfehlungen, die Dienste zur Nachrichtenbehandlung für die Kommunikation zwischen verteilten Anwendungen bereitstellen. Das NetWare-MHS ist eine davon verschiedene (wenngleich ähnliche) Entität, die ebenfalls Dienste zur Nachrichtenbehandlung bereitstellt. Siehe auch *IFIP*.

MIB
Management Information Base. Eine Datenbank mit Informationen für das Netzwerkmanagement, auf die von einem Netzwerkmanagement-Protokoll wie beispielsweise SNMP oder CMIP zugegriffen wird. Der Wert eines MIB-Objekts kann mittels SNMP- oder CMIP-Befehlen geändert oder ermittelt werden. MIB-Objekte sind in einer Baumstruktur organisiert, die über öffentliche (allgemein gültig) und private (proprietäre) Zweige verfügt.

MIC
Media Interface Connector. *De-facto*-Standardstecker für FDDI.

MICA
Modem ISDN Channel Aggregation. In Cisco AS5300 Universal Access Servern verwendete Modem-Module und Karten. Ein MICA-Modem stellt ein Interface zwischen einem ein- oder ausgehenden Gespräch und einer ISDN-Telefonleitung dar; das Gespräch muss nicht nach analog konvertiert werden, wie dies bei einem herkömmlichen Modem nötig wäre. Jede Leitung kann bis zu 24 (T1) oder 30 (E1) Anrufe zusammenfassen.

Micro Channel Architecture
Siehe *MCA*.

Microcode
Übersetzungsschicht zwischen Maschinenbefehlen und den elementaren Funktionen eines Computers. Microcode wird in ROM gespeichert und erlaubt das Hinzufügen von neuen Maschinenbefehlen, ohne dass diese als Schaltungen designed werden.

Microfilter
Gerät, das Datenfrequenzen (gedacht für ein Datengerät wie einen Router) daran hindert, über die Telefonleitungen zu laufen und mit Anrufen zu interferieren.

Microsegmentation
Aufteilung eines Netzwerkes in kleinere Teile, üblicherweise mit der Absicht, die Bandbreite für Netzwerkgeräte zu erhöhen.

Microwave (Mikrowelle)
Elektromagnetische Wellen im Bereich von 1 bis 30 GHz. Bei den mikrowellenbasierten Netzwerken handelt es sich um eine in der Entwicklung befindliche Technologie, die wegen hoher Bandbreiten und relativ niedrigen Kosten Gefallen findet.

MID
Message Identifier. In ATM dazu verwendet, Zellen zu identifizieren, die Segmente des gleichen höherschichtigen Paketes transportieren.

Mid-Level Network
Stellt die zweite Stufe der Internet-Hierarchie dar. Es handelt sich dabei um die Durchgangs-Netzwerke, die die End-Netze mit den Backbone-Netzwerken verbinden. Auch als Regionals bezeichnet.

Midsplit
Ein Breitbandkabelsystem, bei dem die verfügbaren Frequenzen in zwei Gruppen unterteilt werden: eine für Übertragungen und eine zum Empfangen.

MII
Media Independent Interface. Standardspezifikation für das Interface zwischen Netzwerk Controller-Chips und den zugehörigen Media-Interface-Chips. MII erkennt automatisch 10 und 100 MHz Ethernet-Geschwindigkeiten.

Mikrocode
Eine Übersetzungsschicht zwischen Maschinenbefehlen und den elementaren Operationen eines Computers. Der Mikrocode ist in ROM gespeichert und ermöglicht das Hinzufügen neuer Maschinenbefehle ohne die Notwendigkeit, dass sie als elektronische Schaltungen entworfen werden, wenn neue Befehle benötigt werden.

Mikro-Law

Ein nordamerikanischer Companding-Standard für die Umwandlung zwischen analogen und digitalen Signalen in PCM-Systemen. Ähnlich dem europäischen A-Law. Siehe auch *A-Law* und *Companding*.

Mikrosegmentierung

Die Unterteilung eines Netzwerks in kleinere Segmente, üblicherweise in der Absicht, die gesamte Bandbreite für Netzwerkgeräte zu erhöhen.

Military Network

Siehe *MILNET*.

Millions of Instructions per Second

Siehe *mips*.

MILNET

Military Network. Der nicht geheime Anteil des DDN, der von der DISA betrieben und gewartet wird. Siehe auch *DDN* und *DISA*.

MIME

Multipurpose Internet Mail Extension. Standard für die Übertragung von Daten in E-Mail, die nicht mit ASCII-Zeichen dargestellt werden können, etwa binäre Daten oder Sprachen wie Russisch oder Chinesisch. MIME ist in RFC 2045 definiert.

Minimum Cell Rate

Siehe *MCR*.

MIP

Siehe MIP in »Cisco Systems Begriffe und Akronyme«.

mips

Millionen von Instruktionen pro Sekunde. Anzahl der Instruktionen, die von einem Prozessor pro Sekunde ausgeführt werden.

MIX

Multiservice Interchange.

MLP

Multilink PPP. Methode für die Aufteilung, Rekombinierung und Sequenzierung von Datagrammen über mehrere logische Datenlinks.

MLS

Multilayer Switching.

MMDS

Multichannel Multipoint Distribution Service. Besteht aus 33 diskreten Kanälen, die in pseudo-zufälliger Reihenfolge zwischen Sender und Empfänger übertragen werden. Das FCC hat zwei Bänder für jeden BTA reserviert, die zwischen 2,15 und 2,161 GHz sowie 2,5 und 2,686 GHz liegen.

MMF

Multimode Fiber.

MML
TransPath Man-Machine Language.

MMoIP
Multimedia Mail over IP.

MMP
Multichassis Multilink PPP. Erweitert die MLP-Unterstützung für mehrere Router und Access-Server. MMP ermöglicht es diesen Geräten, als einzelner großer Wählpool mit einer Netzwerk-Adresse und einer ISDN-Access-Nummer zu arbeiten. MMP kann mit Paketfragmentierung und Reassemblierung korrekt umgehen, wenn die Verbindung eines Users auf zwei physikalische Zugangsgeräte aufgeteilt ist.

Modem
Modulator-Demodulator. Ein Gerät, das digitale und analoge Signale konvertiert. An der Quelle konvertiert ein Modem digitale Signale in eine für die Übertragung über analoge Kommunikationseinrichtungen geeignete Form. Am Ziel werden die analogen Signale wieder in ihre digitale Form zurückverwandelt. Modems ermöglichen den Datenaustausch über für Sprache ausgelegte Telefonleitungen.

Modem Eliminator
Ein Gerät, das die Verbindung zweier Datenendeinrichtungen ohne Modems ermöglicht.

Modulation
Ein Vorgang, durch den die Eigenschaften eines elektrischen Signals so transformiert werden, dass sie Informationen darstellen. Zu den Modulationsarten gehören AM, FM und PAM. Siehe auch *AM*, *FM* und *PAM*.

Modulator-Demodulator
Siehe *Modem*.

Monomode Fiber
Siehe *Singlemode Fiber*.

MOP
Maintenance Operation Protocol. Ein Protokoll von Digital Equipment Corp., das die Durchführung einfacher Wartungsarbeiten in DECnet-Systemen ermöglicht. Beispielsweise kann MOP verwendet werden, um ein System-Image auf eine diskettenlose Station zu laden.

Mosaic
Ein beim National Center for Supercomputing Applications (NSCA) entwickelter Public-Domain-Browser. Siehe auch *WWW-Browser*.

MOSPF
Multicast OSPF. Ein auf OSPF-Netzwerken zwischen Domains eingesetztes Multicast-Routingprotokoll. Dazu wurde das grundlegende OSPF-Unicast-Protokoll um die Unterstützung des IP-Multicast-Routings erweitert.

MPEG
Motion Picture Experts Group. Standard für die Kompression von Video. MPEG1 ist als Bitstromstandard für eine Bandbreite von 1,5 Mbit/s ausgelegt, MPEG2 bietet eine höhere

Qualität mit 4 und 9 Mbit/s. MPEG4 dagegen ist für niedrige Raten im Bereich von 64 Kbit/s gedacht.

MPLS

Multiprotocol Label Switching. Entstehender Industriestandard, auf dem Tag-Switching basiert.

MPOA

Multiprotocol over ATM. Standardisierungsversuch des ATM-Forums, um festzulegen, wie bestehende und künftige Network Layer-Protokolle wie IP, IPv6, AppleTalk und IPX über ein ATM-Netzwerk mit direkt angeschlossenen Hosts, Routern und Multilayer-LAN-Switches laufen.

MQI

Message Queuing Interface. Eine internationale Standard-API, die eine zur RPC-Schnittstelle ähnliche Funktionalität aufweist. Im Gegensatz zu RPC ist das MQI strikt auf der Anwendungsschicht implementiert. Siehe auch *RPC*.

MSAU

Multistation Access Unit. Ein Gerät, mit dem alle Endstationen in einem Token-Ring-Netzwerk verbunden sind. Die MSAU dient als Schnittstelle zwischen diesen Geräten und der Token-Ring-Schnittstelle. Manchmal auch *MAU* abgekürzt.

MSO

Multiple Service Operator.

Kabel-Service-Provider, der auch andere Dienste wie Daten und/oder Telefonie anbietet.

MTA

1. Message Transfer Agent. OSI-Anwendungsprozess, der für die Speicherung und Weiterleitung von Nachrichten im X.400-Message-Handling-System verwendet wird. Entspricht dem Internet Mail Agent.

2. Mail Transfer Agent. Software, die SMTP implementiert und Nachrichten speichern kann, die weitergeleitet oder an einen lokalen User zugestellt werden sollen.

MTBF

Mean Time Between Failure.

MTU

Maximum Transmission Unit. Die maximale Paketgröße in Bytes, mit der eine bestimmte Schnittstelle umgehen kann.

MUD

Multi-User Dungeon. Rollenspiel über das Internet, bei dem die Spieler in Echtzeit zusammen in einer Fantasiewelt agieren.

Multiaccess-Netzwerk

Ein Netzwerk, das es mehreren Geräten gleichzeitig gestattet, eine Verbindung aufzubauen und zu kommunizieren.

Multicast
Einzelne vom Netzwerk duplizierte Pakete, die an eine bestimmte Teilmenge der Netzwerkadressen geschickt werden. Diese Adressen werden im Feld für die Zieladresse angegeben. Vergleiche mit *Broadcast* und *Unicast*.

Multicast-Adresse
Eine einzige Adresse, die sich auf mehrere Netzwerkgeräte bezieht. Synonym zu *Gruppenadresse*. Vergleiche mit *Broadcast-Adresse* und *Unicast-Adresse*. Siehe auch *Multicast*.

Multicast-Backbone
Siehe *MBONE*.

Multicast-Gruppe
Eine dynamisch ermittelte Gruppe von IP-Hosts, die durch eine einzige IP-Multicast-Adresse ausgewiesen ist.

Multicast OSPF
Siehe *MOSPF*.

Multicast-Router
Ein für den Versand von IGMP-Query-Nachrichten an die angebundenen lokalen Netzwerke eingesetzter Router. Mitglieder-Hosts einer Multicast-Gruppe reagieren auf eine Anfrage, indem sie IGMP-Berichte verschicken, die Angaben über die Multicast-Gruppe machen, zu der sie gehören. Der Multicast-Router ist für das Weiterleiten von Multicast-Datagrammen einer Multicast-Gruppe an alle anderen Netzwerke verantwortlich, die über Mitglieder in dieser Gruppe verfügen. Siehe auch *IGMP*.

Multicast-Server
Richtet eine 1:n-Verbindung zu jedem Gerät in einem VLAN ein, wodurch eine Broadcast-Domain für jedes VLAN-Segment entsteht. Der Multicast-Server leitet ankommende Broadcasts nur an diejenige Multicast-Adresse weiter, die zur Broadcast-Adresse passt.

MultiChannel Interface Processor
Siehe *MIP* in »Cisco Systems Begriffe und Akronyme«.

Multidrop Line
Eine Kommunikationsleitung mit mehreren Kabelzugangspunkten. Manchmal auch als *Multipoint Line* bezeichnet.

Multihomed Host
Ein an mehrere physikalische Netzwerksegmente angebundener Host in einem OSI-CLNS-Netzwerk.

Multihoming
Ein Adressierungsverfahren beim IS-IS-Routing, das die Zuordnung mehrerer Area-Adressen unterstützt.

Multilayer-Switch
Ein Switch, der Pakete auf Grundlage der MAC-Adressen und Netzwerkadressen filtert und weiterleitet. Eine Teilmenge der LAN-Switches. Vergleiche mit *LAN-Switch*.

Multimode Fiber

Ein Lichtwellenleiter, der die Verbreitung mehrerer Lichtfrequenzen unterstützt. Siehe auch *Singlemode Fiber.*

Multiple Domain Network

SNA-Netzwerk mit mehreren SSCPs. Siehe auch *SSCP.*

Multiplexing

Dieses Verfahren ermöglicht die gleichzeitige Übertragung mehrerer logischer Signale über einen einzigen physikalischen Kanal. Vergleiche mit *Demultiplexing.*

Multipoint

1. Leitung oder Kanal, der drei oder mehr verschiedene Service-Punkte verbindet.
2. Verbindung, die Punkte mit drei oder mehr Switches besitzt.

Multipoint Control Unit

Endpunkt im LAN, der die Möglichkeit besitzt, drei oder mehr Terminals und Gateways an einer Multipoint-Konferenz teilnehmen zu lassen.

Multipoint Line

Siehe *Multidrop Line.*

Multiport Communications Interface

Siehe *MCI.*

Multiprotocol over ATM

Siehe *MPOA.*

Multipurpose Internet Mail Extension

Siehe *MIME.*

Multistation Access Unit

Siehe *MSAU.*

Multivendor-Netzwerk

Ein Netzwerk, in dem Einrichtungen von mehr als einem Hersteller eingesetzt werden. Multivendor-Netzwerke werfen erheblich mehr Kompatibilitätsprobleme auf als Single-Vendor-Netzwerke. Vergleiche mit *Single-Vendor-Netzwerk.*

MUX

Multiplexing Device. Kombiniert mehrere Signale für die Übertragung über eine einzelne Leitung. Die Signale werden beim Empfänger demultiplext oder getrennt.

MX Record

Mail Exchange Record. DNS Resource Record Typ, der angibt, welcher Host E-Mails für eine bestimmte Domäne entgegennimmt.

NACS

Netware Asynchronous Communication Services. Novell Software, die Novells AIO und NASI Programmier-Schnittstellen unterstützt. NACS unterstützt die gemeinsame Nutzung von Kommunikationsressourcen wie Modems, asynchronen Hosts und X.25-Netzwerk-Dienste.

NADF

North American Directory Forum. Zusammenschluss von Organisationen, die in Nordamerika Directory-Dienste auf Basis von CCITT X.500 anbieten oder anbieten wollen.

NADN

Nearest Active Downstream Neighbor. Bei Token-Ring- oder IEEE-802.5-Netzwerken das nächste Downstream-Netzwerkgerät von einem gegebenen aktiven Gerät aus gesehen.

Nagle-Algorithmus

Eigentlich zwei unabhängige Algorithmen zur Staukontrolle, die in TCP-basierten Netzwerken eingesetzt werden können. Der eine Algorithmus reduziert das Sendefenster, der andere begrenzt kleine Datagramme.

NAK

Negative Acknowledgement. Eine von einem Empfänger an einen Sender geschickte Antwort, die anzeigt, dass die empfangene Information Fehler enthielt. Vergleiche mit *Acknowledgement.*

Name Binding Protocol

Siehe *NBP.*

Name Caching

Eine Methode, bei der die Namen entfernt entdeckter Hosts von einem Router für den Einsatz beim zukünftigen Weiterleiten von Paketen gespeichert werden, um einen schnellen Zugriff zu ermöglichen.

Name Resolution (Namenauflösung)

Der Vorgang, bei dem ein Name mit einer bestimmten Stelle eines Netzwerks in Verbindung gebracht wird.

Name-Server

Ein an ein Netzwerk angeschlossener Server, der Netzwerknamen zu Netzwerkadressen auflöst.

Namespace

Reihe von Namen, bei denen jeder Name eindeutig ist.

NANOG
North American Network Operators Group. Primär-Forum für den Informationsaustausch zwischen US-Austauschpunktteilnehmern, ISPs und End-Usern.

NANP
North American Numbering Plan.

NAP
Network Access Point. Eine Stelle für die Verbindung mit Internet-Service-Providern in den USA für den Austausch von Paketen.

NARP
NBMA Address Resolution Protocol. Funktionelle Untergruppe von NHRP, die nur die Adresszuordnungen von Knoten liefert, die direkt mit dem NBMA-Netzwerk verbunden sind. Vergleiche *NHRP*.

Narrowband
Siehe *Baseband*.

Narrowband ISDN
Siehe *N-ISDN*.

NAS
Network Access Server. Cisco-Plattform. Siehe auch *Access Device*.

NAT
Network Address Translation. Verfahren, um den Bedarf nach global eindeutigen IP-Adressen zu reduzieren. NAT ermöglicht es einer Organisation, mit nicht global eindeutigen IP-Adressen auf das Internet zuzugreifen, indem diese Adressen auf global routbare Adressen abgebildet werden.

National Bureau of Standards
Siehe *NBS*.

National Institute of Standards and Technology
Siehe *NIST*.

National Research und Education Network
Siehe *NREN*.

National Science Foundation Network
Siehe *NSFNET*.

National Science Foundation
Siehe *NSF*.

Native Client Interface Architecture
Siehe *NCIA* in »Cisco Systems Begriffe und Akronyme«.

NAU
Network Addressable Unit. Ein SNA-Begriff für eine adressierbare Einheit. Beispiele hierfür sind LUs, PUs und SSCPs. Im Allgemeinen stellen NAUs Netzwerkdienste der höheren Schichten bereit. Vergleiche mit *Path Control Network*.

NAUN

Nearest Active Upstream Neighbor. In Token-Ring- oder IEEE-802.5-Netzwerken das »stromaufwärts« nahegelegenste Netzwerkgerät einer beliebigen aktiven Einrichtung.

NBFCP

NetBIOS Frames Control Protocol. Protokoll, das NetBIOS über PPP aufbaut und konfiguriert. Siehe auch *NetBIOS* und *PPP*.

NBMA

Nonbroadcast Multiaccess. Dieser Begriff bezeichnet ein Multiaccess-Netzwerk, das entweder kein Broadcasting (wie beispielsweise X.25) unterstützt oder in dem kein Broadcasting möglich ist (beispielsweise eine SMDS-Broadcast-Gruppe oder ein ausgedehntes Ethernet, die bzw. das zu groß ist). Siehe auch *Multiaccess-Netzwerk*.

NBNS

NetBIOS Name Service.

NBP

Name Binding Protocol. Ein AppleTalk-Protokoll der Transportschicht, das eine Zeichenkette in eine Internetzwerk-Adresse übersetzt.

NBS

National Bureau of Standards. Eine Einrichtung, die Teil des US-amerikanischen Wirtschaftsministeriums (Department of Commerce) war. Heute als NIST bezeichnet. Siehe auch *NIST*.

NCIA

Siehe *NCIA* in »Cisco Systems Begriffe und Akronyme«.

NCP

Network Control Program. In der SNA ein Programm, das den Datenfluss zwischen einem Kommunikationscontroller (der es beherbergt) und anderen Netzwerk-Ressourcen lenkt und kontrolliert.

NCP/Token-Ring Interconnection

Siehe *NTRI*.

NCSA

National Center for Supercomputing Applications.

NCT/Token-Ring Interconnection

Siehe *NTRI*.

NDE

NetFlow Data Export.

NDIS

Network Driver Interface Specification. Eine Spezifikation für einen generischen hardware- und protokollunabhängigen Gerätetreiber für NICs. Von Microsoft erstellt.

NE
Network Element. In OSS ein Teil der Kommunikationsausrüstung, der Funktionen oder Dienste für das darunter liegende Netzwerk bietet.

Nearest Active Upstream Neighbor
Siehe *NAUN*.

NEARNET
Ein regionales Netzwerk in New England (USA), das die Boston University, die Harvard University und das MIT miteinander verbindet. Heute ein Bestandteil von BBN Planet. Siehe auch *BBN Planet*.

NEBS
Network Equipment Building Systems. In OSS die Bellcore-Anforderungen für in eine CO-Umgebung eingesetzte Geräte. Betrifft Raum, Hardware, Handwerker-Schnittstelle, Temperatur, Feuerfestigkeit, Handhabung und Transport, Erdbeben und Vibrationen, Lufttransport, Erdung, Lärm, Beleuchtung, EMC- und ESD-Anforderungen.

Negative Acknowledgement
Siehe *NAK*.

Neighboring Routers (benachbarte Router)
Unter OSPF zwei Router, die über Schnittstellen zu einem gemeinsamen Netzwerk verfügen. In Multiaccess-Netzwerken werden Nachbarn dynamisch durch das OSPF-Hello-Protokoll entdeckt.

NEMS
Network Element Management Server.

Net (Netz)
Kurz für *Netzwerk*.

NET
Network Entity Title. Durch die ISO-Netzwerkarchitektur definierte Netzwerk-Adressen, die in CLNS-basierten Netzwerken verwendet werden.

NetBEUI
NetBIOS Extended User Interface. Erweiterte Version des NetBIOS-Protokolls, das von Netzwerk Betriebssystemen wie LAN Manager, LAN Server, Windows for Workgroups und Windows NT benutzt wird. NetBEUI formalisiert den Transport-Frame und ergänzt zusätzliche Funktionen. NetBEUI implementiert das OSI-LLC2-Protokoll. Siehe auch *LLC2* und *OSI*.

NetBIOS
Network Basic Input/Output System. Ein von Anwendungen in einem IBM-LAN verwendetes API zum Anfordern von Diensten von Netzwerkprozessen tiefergelegener Schichten. Zu diesen Diensten können die Einrichtung und das Beenden von Arbeitssitzungen und die Informationsübermittlung gehören.

Netiquette
Betrifft Verhaltensregeln für ein Netzwerk, vor allem für das Internet.

NETscout

Siehe *NETscout* in »Cisco Systems Begriffe und Akronyme«.

NetView

Eine IBM-Architektur für das Netzwerkmanagement sowie die zugehörigen Anwendungen. Bei NetView handelt es sich um eine VTAM-Anwendung, die für die Verwaltung von Mainframes in SNA-Netzwerken eingesetzt wird. Siehe auch *VTAM*.

NetWare

Ein von Novell entwickeltes beliebtes verteiltes NOS, das einen transparenten Fernzugriff auf Dateien und eine Vielzahl weiterer verteilter Netzwerkdienste bietet.

NetWare Link Services Protocol

Siehe *NLSP*.

NetWare Loadable Module

Siehe *NLM*.

Network Access Point

Siehe *NAP*.

Network Access Server

Siehe *Access Server*.

Network Address Translation

Siehe *NAT*.

Network Addressable Unit

Siehe *NAU*.

Network Administrator

Für Betrieb, Instandhaltung und Verwaltung eines Netzwerkes verantwortliche Person. Siehe auch *Network Operator*.

Network Analyzer

Hard- oder Software-Gerät, das diverse Features für die Fehlersuche in Netzwerken bietet, darunter protokollspezifische Paketdekodierung, Fehlersuchetests, Paketfilter und Paketübertragungen.

Network Basic Input/Output System

Siehe *NetBIOS*.

Network Byte Order

Internet Standard Anordnung von Bytes entsprechend ihres numerischen Wertes.

Network Control Program

Siehe *NCP*.

Network Driver Interface Specification

Siehe *NDIS*.

Network Entity Title

Siehe *NET*.

Network File System
Siehe *NFS*.

Network Indicator
Bestimmt die Art des zu tätigenden Anrufes: 0 = international, 1 = reserviert, 2 = national und 3 = national Reserve.

Network Information Center
Siehe *NIC*.

Network Information Service
Siehe *NIS*.

Network Interface
Grenze zwischen Betreiber-Netzwerk und privaten Installationen.

Network Interface Card (Netzwerk-Schnittstellenkarte)
Siehe *NIC*.

Network Layer (Netzwerkschicht)
Schicht 3 des OSI-Referenzmodells. Diese Schicht sorgt für die Verbindung und Pfadauswahl zwischen zwei Endsystemen. Auf dieser Schicht findet das Routing statt. Entspricht grob dem *Path Control Layer (Pfad-Kontrollschicht)* im SNA-Modell. Siehe auch *Application Layer (Anwendungsschicht)*, *Data Link Layer (Datensicherungsschicht)*, *Physical Layer (physikalische Bitübertragungsschicht)*, *Presentation Layer (Darstellungsschicht)*, *Session Layer (Kommunikationsschicht)* und *Transport Layer (Transportschicht)*.

Network Management
Allgemeiner Begriff für Systeme oder Aktionen, die der Verwaltung, Charakterisierung oder Fehlerbehebung in einem Netzwerk dienen.

Network Management Processor
Siehe *NMP*.

Network Management System
Siehe *NMS*.

Network Management Vector Transport
Siehe *NMVT*.

Network Node (Netzknoten)
Siehe *NN*.

Network Node Interface
Siehe *NNI*.

Network Node Server
Ein SNA-Netzknoten, der Dienste zur Lokalisierung von Ressourcen und zur Routenauswahl für Endknoten, LEN-Knoten und logische Einheiten bereitstellt, die sich nicht in dessen Domain befinden.

Network Operating System
Siehe *NOS*.

Network Operations Center
Siehe *NOC.*

Network Service Access Point
Siehe *NSAP.*

Network Termination Device 1
Siehe *NT-1.*

Network Time Protocol
Siehe *NTP.*

Network-to-Network Interface
Siehe *NNI.*

Network-Visible Entity
Siehe *NVE.*

Netzwerk
Eine Ansammlung von Computern, Druckern, Routern, Switches und anderen Geräten, die in der Lage dazu sind, über ein beliebiges Übertragungsmedium miteinander zu kommunizieren.

Netzwerk-Administrator
Eine Person, die für den Betrieb, die Wartung und die Verwaltung eines Netzwerks verantwortlich ist. Siehe auch *Netzwerk-Operator.*

Netzwerk-Adresse
Eine Adresse der Netzwerkschicht, die sich auf ein logisches, statt auf ein physikalisches Netzwerkgerät bezieht. Auch als *Protokolladresse* bezeichnet. Vergleiche mit *MAC-Adresse.*

Netzwerk-Analyzer
Eine Hardware- oder Software-Einrichtung, die einige Hilfen zur Behebung von Netzwerkproblemen anbietet; beispielsweise eine protokollspezifische Paketentschlüsselung, bestimmte vorprogrammierte Tests zum Orten der Störungen sowie Paketfilterung und -übertragung.

Netzwerk-Management
Dieser umfassende Begriff bezeichnet Systeme oder Handlungen, die bei der Wartung, Charakterisierung oder Problembehebung von bzw. in Netzwerken behilflich sind.

Netzwerk-Nummer
Der Teil eine IP-Adresse, der das Netzwerk angibt, zu dem der Host gehört.

Netzwerk-Operator
Eine Person, die ein Netzwerk routinemäßig überwacht und kontrolliert und für das Überprüfen und Reagieren auf Traps, das Überwachen des Durchsatzes, die Konfiguration neuer Leitungen und das Beheben von Problemen zuständig ist. Siehe auch *Netzwerk-Administrator.*

Netzwerk-Schnittstelle

Der Übergang zwischen einem Betreibernetz und einer in Privatbesitz befindlichen Installation.

Next Hop Resolution Protocol

Siehe *NHRP*.

NFS

Network File System. Üblicherweise für die von Sun Microsystems entwickelte Protokollsammlung für verteilte Dateisysteme verwendet, die den Fernzugriff auf Dateien über ein Netzwerk ermöglicht. Eigentlich ist NFS aber nur ein Protokoll aus der Sammlung. Zu den NFS-Protokollen gehören NFS, RPC, XDR (External Data Representation) und andere. Diese Protokolle sind Bestandteile einer umfassenderen Architektur, die Sun als ONC bezeichnet. Siehe auch *ONC*.

NHRP

Next Hop Resolution Protocol. Ein von Routern eingesetztes Protokoll zum dynamischen Auffinden der MAC-Adressen von anderen Routern und Hosts, die mit einem NBMA-Netzwerk verbunden sind. Diese Systeme können dann direkt ohne den Verkehr für den Einsatz eines zwischengeschalteten Hops kommunizieren, wodurch die Performance in ATM-, Frame-Relay, SMDS- und X.25-Umgebungen gesteigert wird.

NHS

Next Hop Server. Durch das NHRP-Protokoll definierter Server, der den Next-Hop Auflösungs-Tabellen-Cache verwaltet, der die IP zu ATM Adresszuordnungen für Knoten enthält, die durch von NHS bediente Router erreichbar sind.

NIC

1. Network Interface Card. Eine Platine, die ein Computersystem mit den Fähigkeiten zur Netzwerkkommunikation versieht. Auch als *Adapter* bezeichnet. Siehe auch *AUI*.

2. Network Information Center. Eine Einrichtung, die der Internet-Gemeinschaft durch die Versorgung von Nutzern mit Unterstützung, Dokumentationen, Unterricht und anderen Diensten dienlich ist.

N-ISDN

Narrowband ISDN. Von der ITU-T für Basisband-Netzwerke entwickelte Kommunikationsstandards. Basiert auf 64-Kbit/s-B-Kanälen und 16- oder 64-Kbit/s-D-Kanälen. Gegensatz zu *BISDN*. Siehe auch *BRI*, *ISDN* und *PRI*.

NIS

Network Information Service. Ein von Sun Microsystems entwickeltes Protokoll zur Administration von netzwerkweiten Datenbanken. Der Dienst greift im Wesentlichen auf zwei Programme zurück: eines zum Ausfindigmachen eines NIS-Servers und eines für den Zugriff auf die NIS-Datenbanken.

NIST

National Institute of Standards and Technology. Diese früher als NBS bekannte US-amerikanische Regierungsorganisation unterstützt und katalogisiert eine Vielzahl von Standards. Siehe auch *NBS*.

NLM

NetWare Loadable Module. Ein einzelnes Programm, das in den Speicher geladen werden kann und als Bestandteil des NetWare-NOS operiert.

NLOS

Non-Line of Sight. Also als verstellter Pfad bezeichnet. Siehe auch *LOS*.

NLSP

NetWare Link Services Protocol. Ein auf IS-IS basierendes Link-State-Routingprotokoll. Siehe auch *IS-IS*.

NMA

Network Management and Analysis. Bellcore OSS, das Alarmüberwachung und Leistungskontrolle für intelligente Netzwerk-Elemente leistet.

NMP

Siehe *NMP* in »Cisco Systems Begriffe und Akronyme«.

NMS

Network Management System. Ein für das Management zumindest eines Teils des Netzwerks verantwortliches System. Bei einem NMS handelt es sich im Allgemeinen um einen gut ausgestatteten Computer mit einer angemessenen Leistung, wie beispielsweise einer Entwicklerstation. NMS kommunizieren mit Agenten, um die statistischen Werte für das Netzwerk und die Ressourcen zu verfolgen.

NMVT

Network Management Vector Transport. Eine SNA-Nachricht, die sich aus einer Reihe von Vektoren zusammensetzt, die für das Netzwerkmanagement spezifische Informationen transportieren.

NN (Netzknoten)

Network Node. In der SNA ein zwischengeschalteter Knoten, der für Verbindung, Verzeichnisdienste, Routenauswahl, Datentransport und Dienste des Netzwerk-Managements für LEN-Knoten und Endknoten sorgt. Der Netzknoten verfügt über einen Kontrollpunkt (CP), der die Ressourcen sowohl des Netzknotens selber als auch der Endknoten (EN) und LEN-Knoten in seiner Domain verwaltet. Netzknoten sorgen durch die Implementierung der APPN-PU-2.1-Erweiterungen für zwischengeschaltete Routing-Dienste. Vergleiche mit *EN*. Siehe auch *CP*.

NNI

Network-to-Network Interface. Ein Standard des ATM-Forums, der die Schnittstelle zwischen zwei ATM-Switches definiert, die sich beide in einem privaten Netzwerk oder beide in einem öffentlichen Netzwerk befinden. Die Schnittstelle zwischen einem öffentlichen und einem privaten Switch wird vom UNI-Standard definiert. Auch die Standardschnittstelle zwischen zwei Frame-Relay-Switches, die denselben Kriterien entsprechen. Vergleiche mit *UNI*.

NOA

Nature of Address.

NOC

Network Operations Center. Eine für die Wartung eines Netzwerks zuständige Einrichtung.

Node (Knoten)

1. Der Endpunkt einer Netzwerkverbindung oder eines Zusammenschlusses, der zwei oder mehr Leitungen in einem Netzwerk gemein ist. Knoten können Prozessoren, Controller oder Workstations sein. Knoten, die sich in den Routing- und anderen Fähigkeiten voneinander unterscheiden, können durch Links miteinander verbunden sein und dienen als Kontrollpunkte im Netzwerk. Knoten wird manchmal als Gattungsbegriff für jede Entität verwendet, die auf ein Netzwerk zugreifen kann, und wird häufig als Synonym für *Device (Gerät)* verwendet. Siehe auch *Host*.

2. In der SNA die wesentliche Komponente eines Netzwerks und die Stelle, an der eine oder mehrere funktionale Einheiten Kanäle oder Datenleitungen anbinden.

Noise (Rauschen)

Unerwünschte Signale auf einem Kommunikationskanal.

Nonbroadcast Multiaccess

Siehe *NBMA*.

None Line of Sight

Siehe *NLOS*.

Nonextended Network

AppleTalk-Phase-2-Netzwerk, das die Adressierung von bis zu 253 Knoten und nur einer Zone unterstützt.

Nonreturn to Zero Inverted

Siehe *NRZI*.

Nonreturn to Zero

Siehe *NRZ*.

Non-Seed-Router

In AppleTalk ein Router, der zuerst seine Konfiguration erhalten und anschließend mit einem Seed-Router überprüfen muss, bevor er seinen Betrieb beginnen kann. Siehe auch *Seed-Router*.

Non-Stub-Area

Eine ressourcenaufwändige OSPF-Area, die eine standardmäßige Route, statische Routen, Routen innerhalb der Area und externe Routen mit sich bringt. Non-Stub-Areas sind die einzigen OSPF-Areas, die einen ASBR enthalten können. Vergleiche mit *Stub-Area*. Siehe auch *ASBR* und *OSPF*.

Nonvolatile Random-Access Memory

Siehe *NVRAM*.

Normal Response Mode

Siehe *NRM*.

Northwest Net

Ein von der NSF begründetes regionales Netzwerk, das den Nordwesten der USA, Alaska, Montana und North Dakota bedient. Das Northwest Net verbindet alle größeren Universitäten sowie viele führende Industriekonzerne der Region miteinander.

NOS

Network Operating System. Dieser Begriff bezieht sich auf wirklich verteilte Dateisysteme. Beispiele für Netzwerk-Betriebssysteme sind der LAN Manager, NetWare, NFS und VINES.

Novell IPX

Siehe *IPX*.

NPI

Number Plan Identification.

NREN

National Research and Education Network. Eine Komponente des HPCC-Programms, die den technologischen Führungsanspruch der USA bei der Computerkommunikation durch Forschung und Entwicklung auf den Gebieten der modernen Telekommunikation und Netzwerktechnologien sichern soll. Siehe auch *HPCC*.

NRM

Normal Response Mode. Ein HDLC-Modus für den Einsatz in Verbindungen mit einer Primärstation und einer oder mehreren Sekundärstationen. In diesem Modus können Sekundärstationen nur senden, wenn sie zuerst eine Zustimmung von der Primärstation erhalten.

NRZ

Nonreturn to Zero. NRZ-Signale sorgen für konstante Spannungen ohne Spannungsdurchgänge (kein Rückgang auf einen spannungslosen Zustand) während eines Bit-Intervalls. Vergleiche mit *NRZI*.

NRZI

Nonreturn to Zero Inverted. NRZI-Signale sorgen für eine konstante Spannung ohne Spannungsdurchgänge (kein Rückgang auf einen spannungslosen Zustand), interpretieren aber das Vorhandensein von Daten zu Beginn eines Bit-Intervalls als eine Signalübermittlung und die Abwesenheit von Daten als keine Übermittlung. Vergleiche mit *NRZ*.

NSAP

Network Service Access Point. Netzwerk-Adressen wie sie von der ISO spezifiziert wurden. Ein NSAP ist die Stelle, an der einer Entität der Transportschicht (Schicht 4) der OSI Network Service zugänglich gemacht wird.

NSFNET

National Science Foundation Network. Ein großes Netzwerk, das von der NSF kontrolliert wurde und in der Zeit von 1986 bis 1995 Netzwerkdienste zur Unterstützung von Forschung und Lehre in den USA bereitgestellt hatte. Seitdem ist das NSFNET nicht mehr in Betrieb.

NSF

National Science Foundation. Eine US-amerikanische Regierungsstelle, die die wissenschaftliche Forschung in den USA fördert. Das mittlerweile eingestellte NSFNET wurde von der NSF gegründet. Siehe auch *NSFNET*.

NT-1

Network Termination 1. Gerät für ISDN, das die Schnittstelle zwischen Kunden-Endgeräten und CO-Switching-Geräten darstellt.

NTP

Network Time Protocol. Auf TCP aufgebautes Protokoll, das eine korrekte lokale Zeit durch Abgleich mit Funk und Atomuhren im Internet sicherstellt. Das Protokoll ist in der Lage, verteilte Uhren innerhalb von Millisekunden für lange Zeitperioden abzugleichen.

NTRI

NCP/Token-Ring Interconnection. Eine von ACF/NCP verwendete Funktion zur Unterstützung von SNA-Geräten, die an einen Token-Ring angebunden sind. NTRI sorgt weiterhin für die Übersetzung von an einen Token-Ring angebundenen SNA-Geräten (PUs) zu geschalteten (anwählbaren) Geräten.

Null-Modem

Ein kleiner Kasten oder ein Kabel, über das Rechnerhardware direkt miteinander verbunden wird, ohne dass ein Netzwerk zum Einsatz kommt.

NVE

Network-Visible Entity. Ressource, die über das Netzwerk adressierbar ist. Typischerweise ist ein NVE ein Socket-Client für einen bei einem Knoten verfügbaren Service.

NVRAM

Nonvolatile RAM = nichtflüchtiges RAM. RAM, das seinen Inhalt beibehält, wenn eine Vorrichtung ausgeschaltet wird.

NYSERNet

Ein Netzwerk in New York (USA) mit einem T1-Backbone, das die NSF, viele Universitäten und mehrere Firmen miteinander verbindet.

OAM Cell

Operation, Administration, and Maintenance Cell. Eine Spezifikation des ATM-Forums für Zellen, die zur Überwachung virtueller Leitungen eingesetzt werden. OAM-Zellen stellen eine Rückleitung auf der Ebene der virtuellen Leitung bereit, in der ein Router auf die Zellen reagiert, wodurch angezeigt wird, dass die Leitung aktiv ist und der Router sich in Betrieb befindet.

OAM&P

Operations Administration Maintenance and Provisioning.

OARnet

Ohio Academic Resources Network. Ein Internet-Service-Provider, der einige Standorte in den USA miteinander verbindet, darunter das Ohio Supercomputer Center in Columbus, Ohio.

Objektinstanz

Ein Begriff aus dem Netzwerk-Management, der eine Instanz eines Objekttyps bezeichnet, die an einen Wert gebunden ist.

OCC

Originating Call Control.

OCLC

Online Computer Library Catalog. Gemeinnützige Organisation, die computerbasierte Dienste für Bibliotheken, Lehranstalten und deren Benutzer anbietet.

Octet

8 Bit. Im Zusammenhang mit Netzwerken wird oft der Ausdruck Oktett statt Byte verwendet, da in manchen Architekturen ein Byte nicht acht Bit lang ist.

OC

Optical Carrier. Eine für die optische Signalübertragung in einem SONET definierte Reihe von physikalischen Protokollen (OC-1, OC-2, OC-3 usw.). Die OC-Signalstufen bringen STS-Frames mit unterschiedlichen Geschwindigkeiten auf Multimode-Glasfaserleitungen. Die Grundrate beträgt 51,84 Mbit/s (OC-1), und jede weitere Signalstufe arbeitet mit einer durch diese Zahl teilbaren Geschwindigkeit (so läuft OC-3 mit 155,52 Mbit/s). Siehe auch *SONET, STS-1* und *STS-3c*.

ODA

Open Document Architecture. Ein ISO-Standard, der angibt, wie Dokumente elektronisch dargestellt und übermittelt werden. Offiziell als *Office Document Architecture* bezeichnet.

ODBC
Open DataBase Connectivity. Standard-API für den Zugriff auf Daten in relationalen und anderen Datenbank-Management-Systemen. Mithilfe dieser API können Datenbank-Applikationen auf Daten zugreifen, die in verschiedenen Computersystemen mit verschiedenen Speicherformaten und Programmier-Schnittstellen gespeichert sind. ODBC basiert auf der Call Level Interface-Spezifikation der X/Open SQL Access Group und wurde von DEC, Lotus, Microsoft und Sybase entwickelt. Siehe auch *JDBC*.

ODI
Open Data-Link Interface. Eine Spezifikation von Novell für eine standardisierte Schnittstelle für Netzwerk-Schnittstellenkarten (NICs), die es ermöglicht, dass mehrere Protokolle eine einzige NIC verwenden. Siehe auch *NIC (1)*.

OEMI-Kanal
Siehe *Block Multiplexer Channel*.

Ohio Academic Resources Network
Siehe *OARnet*.

OIM
OSI Internet Management. Diese Gruppe ist damit beauftragt, Möglichkeiten aufzuzeigen, wie OSI-Protokolle für das Netzwerkmanagement bei der Verwaltung von TCP/IP-Netzwerken eingesetzt werden können.

OIR
Online Insertion and Removal. Feature, das den Austausch von Karten bei laufendem System ohne Konsolenbefehle oder den Abbruch anderer Software-Interfaces erlaubt. Manchmal als Hot Swapping oder Power-On Servicing bezeichnet.

OLO
Other Local Operator.

OMG
Object Management Group.

ONC
Open Network Computing. Eine von Sun Microsystems entworfene Architektur für verteilte Anwendungen, die derzeit von einem von Sun geleiteten Konsortium kontrolliert wird. Die NSF-Protokolle sind Bestandteil von ONC. Siehe auch *NFS*.

Ones-Density (Einser-Dichte)
Ein Verfahren, das es einer CSU/DSU ermöglicht, den Datentakt zuverlässig wiederzugewinnen. Die CSU/DSU leitet den Datentakt von den durch sie weitergeleiteten Daten ab. Um im Takt zu bleiben, muss die CSU/DSU-Hardware mindestens einen 1-Bit-Wert für jede durch sie weitergeleiteten 8 Datenbits empfangen. Auch als *Pulse-Density (Impulsdichte)* bezeichnet.

Online Insertion and Removal
Siehe *OIR*.

On-the-Fly Packet-Switching
Siehe *Cut-Through Packet-Switching*.

OOS
1. Out-of-Service
2. Telekommunikation: Out-of-Service Signaling.

OPC
Own Point Code. Point Code der Cisco SC2200 Signal Controller.

Open Architecture (offene Architektur)
Eine Architektur, mit der Fremdentwickler Produkte legal entwickeln können und für die es Public-Domain-Spezifikationen gibt.

Open Circuit (offene Leitung)
Ein unterbrochener Pfad auf einem Übertragungsmedium. Offene Leitungen verhindern in der Regel die Netzwerkkommunikation.

Open Database Connectivity
Siehe *ODBC*.

Open Data-Link Interface
Siehe *ODI*.

Open Document Architecture
Siehe *ODA*.

Open Group
Im Februar 1996 von den beiden führenden Open System Konsortien X/Open Company Ltd. (X/Open) und Open Software Foundation (OSF) gegründete Gruppe.

Open Network Computing
Siehe *ONC*.

Open Shortest Path First
Siehe *OSPF*.

Open System Interconnection Reference Model
Siehe *OSI-Referenzmodell*.

Open System Interconnection
Siehe *OSI*.

Operation, Administration, and Maintenance Cell
Siehe *OAM-Zelle*.

OPS/INE
Operations Provisioning System/Intelligent Network Element.

OPT
Siehe in *OPT* »Cisco Systems Begriffe und Akronyme«.

Optical Carrier
Siehe *OC*.

Optical Fiber (Glasfaser/Lichtwellenleiter)

Siehe *Fiber-Optic Cable*.

Organizational Unique Identifier

Siehe *OUI*.

OSF

Open Software Foundation. Gruppe verantwortlich für Distributed Computing Environment (DCE) und Distributed Management Environment (DME). Siehe *DCE*.

OSI

Open System Interconnection. Ein von der ISO und der ITU-T entworfenes internationales Standardisierungsprogramm zur Entwicklung von Standards für Datennetze, die die Zusammenarbeit von Einrichtungen mehrerer Hersteller erleichtern.

OSI Internet Management

Siehe *OIM*.

OSI Network Address

Adresse aus 20 Oktetten zur Lokalisierung einer OSI Transport Entität. Die Adresse ist in zwei Teile formatiert: einen Initial Domain Part, der für jede der Adressierungs-Domänen standardisiert ist, und einen Domain Specific Part, der für die Adressierungs-Autorität für die Domäne verantwortlich ist.

OSI Presentation Address

Adresse zur Lokalisierung einer OSI-Anwendungsentität. Besteht aus einer OSI-Netzwerk-Adresse und bis zu drei Selektoren; davon ist je einer für Transport, Sitzung und Darstellungsentitäten.

OSINET

Ein internationaler Zusammenschluss zur Förderung der OSI in den Architekturen der Hersteller.

OSI-Referenzmodell

Open-System-Interconnection-Referenzmodell. Ein von der OSI und der ITU-T entwickeltes Modell für Netzwerk-Architekturen, das sich aus sieben Schichten zusammensetzt, die jeweils bestimmte Netzwerk-Funktionen spezifizieren, wie beispielsweise die Adressierung, Datenflusskontrolle, Kapselung und zuverlässige Nachrichtenübertragung. Die oberste Schicht (die Anwendungsschicht) ist dem Anwender am nächsten; die unterste Schicht (die physikalische Bitübertragungsschicht) ist der Medientechnologie am nächsten. Die unteren beiden Schichten werden in Hardware und Software implementiert, während die oberen fünf Schichten nur in Software implementiert werden. Das OSI-Referenzmodell wird universell als eine Methode zum Lehren und Verstehen von Netzwerk-Funktionalitäten eingesetzt. Es gibt einige Ähnlichkeiten mit der SNA. Siehe *Application Layer (Anwendungsschicht)*, *Data Link Layer (Datensicherungsschicht)*, *Network Layer (Netzwerkschicht)*, *Physical Layer (physikalische Bitübertragungsschicht)*, *Presentation Layer (Darstellungsschicht)*, *Session Layer (Kommunikationsschicht)* und *Transport Layer (Transportschicht)*.

OSPF

Open Shortest Path First. Ein auf den Verbindungszustand bezogener hierarchischer IGP Routing-Algorithmus, der in der Internet-Gemeinschaft als ein Nachfolger von RIP vorgeschlagen wird. Zu den OSPF-Fähigkeiten gehören Least-Cost-Routing, Multipath-Routing und Lastenausgleich. OSPF wurde von einer frühen Version des IS-IS-Protokolls abgeleitet. Siehe auch *Enhanced IGRP*, *IGP*, *IGRP*, *IS-IS* und *RIP*.

OSS

Operations Support System. Netzwerk-Management-System, das spezifische Management Funktionen wie Alarmbenachrichtigung in Betreibernetzwerken leistet. Häufig sind OSSs große, zentralisierte Systeme, die auf Mainframes oder Minicomputern laufen. Häufig bei RBOC verwendete OSS sind: NMA, OPS/INE und TIRKS.

OUI

Organizational Unique Identifier. Die drei von der IEEE in einem Block von 48 Bit großen LAN-Adressen zugewiesenen Oktette.

Outframe

Die Maximalzahl ausstehender Frames, die jederzeit in einem SNA-PU.2-Server erlaubt ist.

Out-of-Band-Signalisierung

Eine Übertragungsweise, die Frequenzen bzw. Kanäle außerhalb der üblicherweise für die Informationsübermittlung verwendeten Frequenzen bzw. Kanäle nutzt. Die Out-of-Band-Signalisierung wird häufig für Fehlermitteilungen in Situationen verwendet, in denen die In-Band-Signalisierung von den im Netzwerk aufgetretenen Problemen beeinträchtigt werden kann. Gegensatz zu *In-Band-Signalisierung*.

P

P/F

Poll/Final Bit. Ein Bit in bit-synchronen Protokollen der Datensicherungsschicht, das die Funktion eines Frames anzeigt. Wenn es sich bei dem Frame um einen Befehl handelt, weist eine 1 in diesem Bit auf eine Umfrage hin. Wenn es sich bei dem Frame um eine Antwort handelt, weist eine 1 in diesem Bit darauf hin, dass der aktuelle Frame der letzte Frame der Antwort ist.

p2mp

Point to Multipoint. Kommunikation zwischen einer Reihe von Empfängern und Sendern mit einem zentralen Punkt. Cisco p2mp wird üblicherweise mit drei Segmenten eingesetzt, um Frequency Reuse zu ermöglichen. Cisco bietet MMDS, U-NII und LMDS-Systeme mit p2mp.

p2p

Point to Point. Kommunikation zwischen einem Empfänger und einem Punkt. p2p liefert eine höhere Bandbreite als p2mp, unter anderem weil dabei weniger Overhead entsteht und es nur einen Empfänger pro Sender gibt. Cisco bietet MMDS, U-NII und LMDS-Systeme mit p2p.

PABX

Private Automatic Branch Exchange. Telefon-Switch für die Verwendung bei Firmen. Die Bezeichnung PABX wird vor allem in Europa verwendet, während in den USA PBX verwendet wird.

Pacing

Siehe *Flow Control (Datenflusskontrolle)*.

Packet Assembler/Disassembler

Siehe *PAD*.

Packet Buffer

Siehe *Buffer*.

Packet Internet Groper

Siehe *ping*.

Packet Level Protocol

Siehe *PLP*.

Packet-Switch

Eine WAN-Einrichtung, die Pakete über den effizientesten Pfad routet und einen Kommunikationskanal für mehrere Verbindungen gleichzeitig nutzbar macht. Manchmal auch als *Packet-Switch-Knoten (PSN)* und früher als *IMP* bezeichnet. Siehe auch *IMP*.

Packet Switch Exchange
Siehe *PSE.*

Packet-Switched Data Network
Siehe *PSN.*

Packet-Switched Network
Siehe *PSN.*

Packet-Switching Node
Siehe *PSN.*

Packet-Switching
Eine Netzwerkmethode, bei der die Knoten sich die Bandbreite durch den Versand von Paketen teilen. Vergleiche mit *Circuit-Switching* und *Message-Switching.* Siehe auch *PSN (1).*

PAD
Packet Assembler/Disassembler. Eine Vorrichtung für den Anschluss einfacher Geräte (wie Terminals im Textmodus), die nicht die gesamte Funktionalität eines bestimmten Protokolls für ein Netzwerk unterstützen. PADs puffern Daten und setzen an solche Endgeräte gesendete Pakete zusammen bzw. zerlegen sie.

PAgP
Port Aggregation Protocol.

Paket
Eine logische Informationsgruppierung, die einen Steuerinformationen enthaltenden Header und (normalerweise) Nutzdaten umfasst. Dateneinheiten der Netzwerkschicht werden am häufigsten als Pakete bezeichnet. In den unterschiedlichen Schichten des OSI-Referenzmodells und in verschiedenen Technologien werden auch die Begriffe *Datagramm*, *Frame*, *Message (Nachricht)* und *Segment* für die Bezeichnung logischer Informationsgruppierungen verwendet. Siehe auch *PDU.*

Paketpuffer
Siehe *Buffer.*

Palo Alto Research Center
Siehe *PARC.*

P

PAM
Pulse Amplitude Modulation. Ein Modulationsverfahren, bei dem die modulierende Welle die Amplitude eines Impulsstroms moduliert. Vergleiche mit *AM* und *FM.* Siehe auch *Modulation.*

PAP
Password Authentication Protocol. Ein Authentifizierungsprotokoll, das es PPP-Peers ermöglicht, ihre Identität gegenseitig zu bestätigen. Der entfernte Router, der sich mit dem lokalen Router zu verbinden versucht, muss ein Authentifizierungs-Request schicken. Anders als CHAP übergibt PAP das Kennwort und den Host-Namen oder Benutzernamen in Klarschrift (unverschlüsselt). PAP selber verhindert keinen unautorisierten Zugang, sondern identifiziert nur das entfernte Ende. Der Router oder Zugangsserver stellt anschließend fest,

ob dem Benutzer der Zugang erlaubt wird. PAP wird nur auf PPP-Leitungen unterstützt. Vergleiche mit *CHAP.*

parallele Übertragung

Eine Methode der Datenübertragung, bei der die Bits eines Datenzeichens gleichzeitig über mehrere Kanäle übermittelt werden. Vergleiche mit *serielle Übertragung.*

Parallelität

Zeigt an, dass mehrere Pfade zwischen zwei Punkten in einem Netzwerk vorhanden sind. Diese Pfade können mit dem gleichen Aufwand verbunden sein, oder nicht. Parallelität ist häufig ein Ziel beim Netzwerkentwurf; falls ein Pfad ausfällt, gibt es Redundanzen im Netzwerk, die sicherstellen, dass ein alternativer Pfad zur selben Stelle vorhanden ist.

Parallelkanal

Ein Kanal, der Bus-and-Tag-Kabel als Übertragungsmedium einsetzt. Vergleiche mit *ESCON-Kanal.* Siehe auch *Bus-and-Tag-Kanal.*

PARC

Palo Alto Research Center. Ein von XEROX betriebenes Forschungs- und Entwicklungszentrum. Eine Reihe weit verbreiteter Technologien stammen ursprünglich von PARC, wie beispielsweise die ersten Personalccomputer und LANs.

PARC Universal Protocol

Siehe *PUP.*

Parent Peer Group

Eine Peer-Gruppe in ATM, die als Parent für eine untergeordnete Peer-Gruppe fungiert. Die hierarchische Anordnung von Peer-Gruppen reduziert den Austausch von PTSPs. Siehe auch *Child Peer Group, Peer Group* und *PTSP.*

Parity Check (Paritätsüberprüfung)

Ein Vorgang zum Überprüfen der Integrität eines Zeichens. Für die Paritätsüberprüfung wird ein Bit angehängt, das die Anzahl der binären Ziffern mit dem Wert 1 in einem Zeichen oder Wort (ausschließlich des Paritätsbits) entweder ungerade (*Odd Parity*) oder gerade (*Even Parity*) macht.

Partial Mesh (teilweises Netzgewebe)

Dieser Begriff bezeichnet ein Netzwerk, in dem die Geräte in einer *Mesh*-Topologie organisiert sind, wobei einige Netzknoten vollständig als Netzgewebe organisiert sind, einige andere aber nur mit ein oder zwei anderen Knoten im Netzwerk verbunden sind. Ein teilweises Netzgewebe verfügt nicht über das Maß an Redundanz einer vollständigen Mesh-Topologie, lässt sich dafür aber günstiger implementieren. Auf teilweise Mesh-Topologien wird in der Regel in den peripheren Netzwerken gesetzt, die an einen vollständig vernetzten Backbone angeschlossen sind. Siehe auch *Full Mesh* und *Mesh (Netzgewebe).*

Password Authentication Protocol

Siehe *PAP.*

Path Control Layer (Pfad-Kontrollschicht)

Schicht 3 im Architekturmodell der SNA. Diese Schicht sorgt für das Sequencing im Zusammenhang mit dem richtigen Wiederzusammensetzen der Daten. Die Pfad-Kontrollschicht ist weiterhin für das Routing zuständig und entspricht grob der *Netzwerkschicht* des OSI-

Modells. Siehe auch *Data Flow Control Layer (Datenfluss-Kontrollschicht)*, *Data Link Control Layer (Datenverbindungs-Kontrollschicht)*, *Physical Control Layer (physikalische Kontrollschicht)*, *Presentation Services Layer (Darstellungsdiensteschicht)*, *Transaction Services Layer (Transaktionsdiensteschicht)* und *Transmission Control Layer (Übertragungs-Kontrollschicht)*.

Path Control Network

Ein SNA-Konzept, das sich aus Komponenten der unteren Schichten zusammensetzt, die das Routing und den Datenfluss durch ein SNA-Netzwerk kontrollieren und für die physikalische Datenübertragung zwischen SNA-Knoten sorgen. Vergleiche mit *NAU*.

Payload (Nutzlast)

Der Anteil eines Frames, der Informationen (Daten) für die oberen Schichten enthält.

PBX

Private Branch Exchange. Eine digitale oder analoge Telefonanlage, die sich in den Räumlichkeiten des Kunden befindet und das private und öffentliche Telefonnetz miteinander verbindet.

PCI

Protocol Control Information. Zu Nutzdaten hinzugefügte Steuerdaten, die ein OSI-Paket umschließen. Die OSI-Entsprechung zum Begriff Header. Siehe auch *Header*.

PCM

Pulse Code Modulation. Die Übertragung von analogen Informationen in digitaler Form durch Sampling und die Kodierung der Samples mit einer festen Anzahl von Bits.

PCR

Peak Cell Rate. Ein vom ATM-Forum für das ATM-Verkehrsmanagement definierter Parameter. In CBR-Übertragungen bestimmt die PCR, wie oft Datensamples verschickt werden. In ABR-Übertragungen bestimmt die PCR den Maximalwert für die ACR. Siehe auch *ABR (1)*, *ACR* und *CBR*.

PDN

Public Data Network = öffentliches Datennetz. Ein entweder von einer Regierung (wie in Europa) oder einer privaten Firma betriebenes Netzwerk für die üblicherweise gegen eine Gebühr erfolgende Bereitstellung von Computerkommunikation für die Öffentlichkeit. PDNs ermöglichen es kleinen Einrichtungen, ein WAN ohne die ganzen Ausstattungskosten für Leitungen über große Entfernungen aufzubauen.

PDU

Protocol Data Unit. Ein OSI-Begriff für Paket. Siehe auch *BPDU* und *Paket*.

Peak Cell Rate

Siehe *PCR*.

Peak Rate (Spitzenrate)

Die Maximalrate (in Kbit/s), mit der eine virtuelle Leitung übertragen kann.

Peer Group

Gruppe von ATM-Knoten, die die gleichen topologische Datenbanken teilen und volle Link-Zustandsinformationen untereinander austauschen. Peer-Gruppen werden hierarchisch angeordnet, um einen übermäßigen Austausch von PTSP-Traffic zu verhindern. Siehe auch *Parent Peer Group* und *PTSP*.

Peer Group Leader

Siehe *PGL*.

Peer-to-Peer Computing

Das Peer-to-Peer Computing erfordert es, dass auf jedem Netzwerkgerät sowohl Client- als auch Serveranteile einer Anwendung laufen. Es bezeichnet weiterhin die Kommunikation zwischen Implementierungen derselben Schicht des OSI-Referenzmodells in zwei unterschiedlichen Netzwerkgeräten. Vergleiche mit *Client-Server Computing*.

PEM

Privacy Enhanced Mail. E-Mail, die Vertraulichkeit, Authentifizierbarkeit und Integrität der Nachricht mittels diverser Verschlüsselungsverfahren garantiert. Besitzt keine große Verbreitung im Internet.

Performance-Management

Eine von fünf von der ISO für die Verwaltung von OSI-Netzwerken definierten Kategorien für das Netzwerk-Management. Performance-Management-Subsysteme sind für die Analyse und Kontrolle der Netzwerk-Performance einschließlich Netzwerk-Durchsatz und Fehlerraten zuständig. Siehe auch *Accounting-Management*, *Konfigurationsmanagement*, *Fault-Management* und *Security-Management*.

Peripherieknoten

In der SNA ein Knoten, der lokale Adressen verwendet und daher nicht von Änderungen an Netzwerkadressen betroffen ist. Peripherieknoten benötigen eine Unterstützung für die Übergangsfunktionen durch einen angrenzenden Subarea-Knoten.

Permanent Virtual Circuit (dauerhafte virtuelle Leitung)

Siehe *PVC*.

Permanent Virtual Connection (dauerhafte virtuelle Verbindung)

Siehe *PVC*.

Permanent Virtual Path (dauerhafter virtueller Pfad)

Siehe *PVP*.

Permit Processing (Bearbeitungserlaubnis)

Siehe *Traffic Policing (Verkehrsüberwachung)*.

Personal Communications Service

Siehe *PCS*.

Pfadaufwand

Siehe *Cost (Aufwand)*.

Pfadname

Vollständige Bezeichnung einer Datei oder eines Verzeichnisses einschließlich aller Verzeichnis- und Unterverzeichnisnamen unter UNIX, DOS oder LynxOS. Aufeinander folgende Namen in einem Pfadnamen werden typischerweise durch einen Schrägstrich (/) oder einen rückwärtigen Schrägstrich bzw. Backslash (\) voneinander getrennt, wie z.B. /usr/app/base /config.

PGL

Peer Group Leader. Knoten in einer ATM-Peer-Gruppe, der die Aufgaben des LGN übernimmt. Peer Group Leader tauschen PTSPs mit den Peer-Knoten der Parent-Peer-Gruppe aus, um diese Parent-Knoten und die Parents der Parent-Knoten über Attribute und Erreichbarkeit der Knoten in der Peer-Gruppe zu informieren. Siehe auch *Peer Group* und *PTSP*.

PGP

Pretty Good Privacy. Eine Anwendung zur Public-Key-Verschlüsselung, die einen sicheren Datei- und Nachrichtenaustausch ermöglicht. Es gibt einige Kontroversen über die Entwicklung und den Einsatz dieser Anwendung, die ihre Ursachen zum Teil in Betrachtungen zur nationalen Sicherheit der USA haben.

Phase

Die Lokalisierung einer Position auf einer alternierenden Wellenform.

Phasenverschiebung

Eine Situation, in der die relative Position in der Zeit zwischen den Takt- und Datensignalen einer Übertragung nicht mehr synchronisiert sind. In Systemen, die lange Kabel bei höheren Übertragungsraten einsetzen, können leichte Unterschiede in Kabelaufbau, Temperatur und anderen Faktoren eine Phasenverschiebung verursachen, die zu höheren Fehlerraten führt.

Physical Control Layer (physikalische Kontrollschicht)

Schicht 1 im Architekturmodell der SNA. Diese Schicht ist für die physikalischen Spezifikationen für die physikalischen Verbindungen zwischen Endsystemen zuständig und entspricht grob der *physikalischen Bitübertragungsschicht* des OSI-Modells. Siehe auch *Data Flow Control Layer (Datenfluss-Kontrollschicht)*, *Data Link Control Layer (Datenverbindungs-Kontrollschicht)*, *Path Control Layer (Pfad-Kontrollschicht)*, *Presentation Services Layer (Darstellungsdiensteschicht)*, *Transaction Services Layer (Transaktionsdiensteschicht)* und *Transmission Control Layer (Übertragungs-Kontrollschicht)*.

Physical Layer (physikalische Bitübertragungsschicht)

Schicht 1 des OSI-Referenzmodells. Die physikalische Bitübertragungsschicht definiert die elektrischen, mechanischen, prozeduralen und funktionalen Spezifikationen für die Aktivierung, Aufrechterhaltung und Deaktivierung der physikalischen Verbindung zwischen Endsystemen. Entspricht grob dem *Physical Control Layer (physikalische Kontrollschicht)* im SNA-Modell. Siehe auch *Application Layer (Anwendungsschicht)*, *Data Link Layer (Datensicherungsschicht)*, *Network Layer (Netzwerkschicht)*, *Presentation Layer (Darstellungsschicht)*, *Session Layer (Kommunikationsschicht)* und *Transport Layer (Transportschicht)*.

Physical Layer Convergence Procedure

Siehe *PLCP*.

Physical Medium Dependent

Siehe *PMD*.

Physical Sublayer (physikalische Unterschicht)

Siehe *PHY*.

Physical Unit (physikalische Einheit)
Siehe *PU*.

Physical Unit 2
Siehe *PU 2*.

Physical Unit 2.1
Siehe *PU 2.1*.

Physical Unit 4
Siehe *PU 4*.

Physical Unit 5
Siehe *PU 5*.

Physics Network
Siehe *PHYSNET*.

physikalische Adresse
Siehe *MAC-Adresse*.

physikalisches Medium
Siehe *Media (Medien)*.

PHY
Physikalische Unterschicht. Eine von zwei Unterschichten der physikalischen Bitübertragungsschicht unter FDDI. Siehe auch *PMD*.

PHYSNET
Physics Network. Eine Gruppe von vielen DECnet-basierten Netzwerken aus der Physikforschung, zu denen auch das *HEPnet* gehört.

Piggybacking (Huckepack)
Die Mitnahme von Acknowledgements in einem Datenpaket, um Netzwerk-Bandbreite einzusparen.

PIM
Protocol Independent Multicast. Eine Architektur für das Multicast-Routing, die das Hinzufügen von IP-Multicast-Routing zu vorhandenen IP-Netzwerken ermöglicht. PIM ist unabhängig von Unicast-Routingprotokollen und kann in zwei Modi betrieben werden: im Dense-Modus (»dichter« Modus) und im Sparse-Modus (»spärlicher« Modus). Siehe auch *PIM Dense Mode* und *PIM Sparse Mode*.

PIM Dense Mode
Einer der beiden Betriebsmodi für PIM. Der PIM Dense-Modus (»dichter« Modus) ist datengesteuert und ähnelt typischen Multicast-Routingprotokollen. Pakete werden so lange über alle ausgehenden Schnittstellen weitergeleitet, bis es zum Beschneiden und Kürzen kommt. Im Dense-Modus werden Empfänger ständig bedient, und es wird davon ausgegangen, dass die stromabwärts befindlichen Netzwerke empfangswillig sind und die an sie weitergeleiteten Datagramme wahrscheinlich nutzen werden. Der Nachteil des Dense-Modus liegt in seinem standardmäßigen überschwemmenden Verhalten. Manchmal auch als *Dense Mode PIM* oder *PIM DM* bezeichnet. Gegensatz zu *PIM Sparse Mode*. Siehe auch *PIM*.

PIM DM
Siehe *PIM Dense Mode.*

PIM SM
Siehe *PIM Sparse Mode.*

PIM Sparse Mode
Einer der beiden Betriebsmodi für PIM. Der PIM Sparse Mode (»spärlicher« Modus) versucht, die Verteilung von Daten so einzuschränken, dass eine minimale Anzahl von Routern im Netzwerk sie empfängt. Pakete werden nur dann verschickt, wenn sie ausdrücklich am Treffpunkt (RP) angefordert sind. Im Sparse-Modus sind die Empfänger weit verstreut, und es wird davon ausgegangen, dass stromabwärts befindliche Netzwerke die an sie geschickten Datagramme nicht unbedingt verwenden. Der Nachteil des Sparse-Modus besteht in seinem Vertrauen auf das regelmäßige Auffrischen ausdrücklicher Join-Nachrichten und in der Notwendigkeit von RPs. Manchmal auch als *Sparse Mode PIM* oder *PIM SM* bezeichnet. Gegensatz zu *PIM Dense Mode.* Siehe auch *PIM* und *RP.*

Ping-Ponging
Dieser Ausdruck beschreibt die Handlungen eines Pakets in einer Routing-Schleife, die aus zwei Knoten besteht.

ping
Packet Internet Groper. Ein ICMP-Echo und die entsprechende Antwort. Häufig zum Testen der Erreichbarkeit eines Netzwerkgeräts eingesetzt.

PINX
Private Integrated Services Network Exchange. Ein PBX oder Schlüsselsystem, das bei einer BRI-Sprachanwendung QSIG-Signalisierung verwendet.

PKI
Public Key Infrastructure.

Plain Old Telephone Service (Der gute alte Telefondienst)
Siehe *PSTN.*

PLAR
Private Line Automatic Ringdown. Gemietete Sprachleitung, die zwei einzelne Endpunkte verbindet. Wenn einer der beiden Hörer abgenommen wird, klingelt es auf der anderen Seite.

PLCP
Physical Layer Convergence Procedure. Eine Spezifikation, die ATM-Zellen auf physikalische Medien wie beispielsweise T3 oder E3 abbildet und bestimmte Managementinformationen definiert.

plesiochrone Übertragung
Dieser Begriff bezeichnet digitale Signale, die aus unterschiedlichen Taktungen mit vergleichbarer Genauigkeit und Stabilität stammen. Vergleiche mit *asynchrone Übertragung, isochrone Übertragung* und *synchrone Übertragung.*

PLIM
Siehe *PLIM* in »Cisco Systems Begriffe und Akronyme«.

PLP
Packet Level Protocol. Ein Protokoll aus der X.25-Protokollsammlung für die Netzwerkschicht. Manchmal auch als *X.25 Level 3* oder *X.25-Protokoll* bezeichnet. Siehe auch *X.25*.

PLSP
PNNI Link State Packets.

PLU
Primary Logical Unit. Primäre LU. Die logische Einheit (LU), die eine Arbeitssitzung mit einer anderen LU veranlasst. Siehe auch *LU*.

PMD
Physical Medium Dependent. Unterschicht der physikalischen Bitübertragungsschicht von FDDI, die direkt an das physikalische Medium angrenzt und die meisten einfachen Bit-Übertragungsfunktionen des Netzwerks durchführt. Siehe auch *PHY*.

PNNI
Private Network-Network Interface. Eine Spezifikation des ATM-Forums, die ein ATM-Routingprotokoll für virtuelle Leitungen sowie ein Signalisierungsprotokoll zwischen ATM-Switches beschreibt. Wird verwendet, um ATM-Switches das Einrichten von Verbindungen in einem privaten Netzwerk zu ermöglichen. Manchmal auch als *Private Network Node Interface* bezeichnet.

PNNI Link State Packets
Siehe *PLSP*.

PNNI Topology State Element
Siehe *PTSE*.

PNO
Public Network Operator. Siehe auch *PTT*.

POET
Packet over E3/T3.

Point of Presence
Siehe *POP*.

Point-to-Multipoint
Siehe *p2mp*.

Point-to-Multipoint Connection
Eine von zwei grundlegenden Verbindungsarten. Bei ATM ist eine Point-to-Multipoint-Verbindung eine unidirektionale Verbindung, bei der ein einzelnes Quell-End-System (Root Node) mit mehreren Ziel-End-Systemen (Leaves) verbindet. Vergleiche *Point-to-Point Connection*.

Point-to-Point Connection
Eine von zwei grundlegenden Verbindungsarten. Bei ATM kann eine Point-to-Point-Verbindung uni- oder bidirektional zwischen zwei ATM-End-Systemen sein. Vergleiche *Point-to-Multipoint*.

Point-to-Point Protocol
Siehe *PPP.*

Poison-Reverse-Updates
Routing-Updates, die ausdrücklich anzeigen, dass ein Netzwerk oder Subnetz nicht erreichbar ist, statt darauf hinzuweisen, dass ein Netzwerk nicht erreichbar ist, indem es nicht in Updates einbezogen wird. Poison-Reverse-Updates werden verschickt, um große Routing-Schleifen zunichte zu machen.

POL
Provisioning Object Library.

Policy-based Routing
Siehe *Policy Routing.*

Policy-Routing
Ein Routing-Verfahren, das Pakete gemäß vom Benutzer konfigurierter Berechtigungen an bestimmte Schnittstellen weiterleitet. Solche Berechtigungen können angeben, dass der aus einem bestimmten Netzwerk gesendete Verkehr über die eine Schnittstelle weitergeleitet werden soll, während sämtlicher anderer Verkehr über eine andere Schnittstelle weitergeleitet wird.

Poll/Final Bit
Siehe *P/F.*

Polling
Eine Zugriffsmethode, bei der ein primäres Netzwerkgerät auf geordnete Weise nachfragt, ob Sekundärstationen über zu übertragende Daten verfügen. Die Anfrage findet in Form einer Nachricht an jede Sekundärstation statt, die der Sekundärstation das Recht zum Übertragen gibt.

POM
Provisioning Object Manager.

POP
Point of Presence. Ein physikalischer Zugangspunkt zu einem Betreiber für Übertragungen über große Entfernungen.

Port (Anschluss)
1. Schnittstelle an einem Internetzwerkgerät (beispielsweise einem Router).

2. In der IP-Terminologie ein Prozess der oberen Schichten, der Informationen von unteren Schichten empfängt.

Port (Portierung)
Das Neuschreiben von Software oder Mikrocode, damit diese(r) auf einer anderen Hardware-Plattform oder in einer anderen Software-Umgebung läuft als die, für die sie bzw. er ursprünglich entworfen wurde.

Port Concentrator Switch
Siehe *PCS.*

Port Snooping
Siehe *Circuit Steering*.

POSI
Promoting Conference for OSI. Gruppe der sechs führenden japanischen Computerhersteller und der Nippon Telephone and Telegraph, die Policies und Ressourcen für OSI verteilt.

Post Office Protocol
Siehe *POP*.

POST
Power-On Self Test. Reihe von Hardware-Diagnostikverfahren, die beim Einschalten des Gerätes ausgeführt werden.

Post, Telephone, and Telegraph
Siehe *PTT*.

POTS
Plain Old Telephone Service. Siehe *PSTN*.

POTS Dialer Peer
Wählpartner, der über ein traditionelles Telefonnetz verbunden ist. POTS Partner zeigen auf einen speziellen Sprach-Port an einem Sprachnetzwerkgerät.

POTS Splitter
Gerät, das es erlaubt, ein DSL-Datengerät und ein normales analoges Geräte an der gleichen ADSL-Leitung zu betreiben.

Power-On Self Test
Siehe *POST*.

Power-On Servicing
Feature, das es ermöglicht, fehlerhafte Komponenten auszutauschen, während der Rest des Gerätes weiter normal arbeitet. Manchmal mit POS abgekürzt oder als Hot Swapping bezeichnet. Siehe auch *OIR*.

PPP
Point-to-Point Protocol. Ein Nachfolger von SLIP. PPP bietet Router-zu-Router- und Host-zu-Netzwerk-Verbindungen über synchrone und asynchrone Leitungen. Siehe auch *SLIP*.

PQ
Priority Queuing.

Presentation Layer (Darstellungsschicht)
Schicht 6 des OSI-Referenzmodells. Diese Schicht sorgt dafür, dass von der Anwendungsschicht eines Systems gesendete Informationen für die Anwendungsschicht eines anderen Systems lesbar sind. Die Darstellungsschicht bezieht sich weiterhin auf die von Programmen verwendeten Datenstrukturen und handelt daher die Datenübertragungssyntax für die Anwendungsschicht aus. Entspricht grob dem *Presentation Services Layer (Darstellungsdiensteschicht)* im SNA-Modell. Siehe auch *Application Layer (Anwendungsschicht)*, *Data Link Layer (Datensicherungsschicht)*, *Network Layer (Netzwerkschicht)*, *Physical Layer*

(physikalische Bitübertragungsschicht), *Session Layer (Kommunikationsschicht)* und *Transport Layer (Transportschicht)*.

Presentation Services Layer (Darstellungsdiensteschicht)
Schicht 6 im Architekturmodell der SNA. Diese Schicht sorgt für die Verwaltung der Netzwerkressourcen, für Sitzungsdarstellungsdienste und eine gewisse Anwendungsverwaltung. Entspricht grob der *Darstellungsschicht* des OSI-Modells. Siehe auch *Data Flow Control Layer (Datenfluss-Kontrollschicht)*, *Data Link Control Layer (Datenverbindungs-Kontrollschicht)*, *Path Control Layer (Pfad-Kontrollschicht)*, *Physical Control Layer (physikalische Kontrollschicht)*, *Transaction Services Layer (Transaktionsdiensteschicht)* und *Transmission Control Layer (Übertragungs-Kontrollschicht)*.

Pretty Good Privacy
Siehe *PGP*.

PRI
Primary Rate Interface. Eine ISDN-Schnittstelle für den Primärraten-Zugang. Der Primärraten-Zugang besteht aus einem 64-Kbit/s-D-Kanal plus 23 (T1) oder 30 (E1) B-Kanälen für Sprache oder Daten. Vergleiche mit *BRI*. Siehe auch *BISDN*, *ISDN* und *N-ISDN*.

Primärring
Einer der beiden Ringe, die einen FDDI- oder CDDI-Ring ausmachen. Der Primärring ist der Standardpfad für Datenübertragungen. Vergleiche mit *Sekundärring*.

Primärstation
Unter bit-synchronisierten Protokollen der Datensicherungsschicht wie beispielsweise HDLC und SDLC eine Station, die mittels Polling oder anderer Mittel die Übertragungsaktivität von Sekundärstationen kontrolliert und weitere Verwaltungsfunktionen wie die Fehlerkontrolle durchführt. Primärstationen senden Befehle an Sekundärstationen und erhalten Antworten. Auf Englisch auch einfach als *Primary* bezeichnet. Siehe auch *Sekundärstation*.

Primary LU
Siehe *PLU*.

Primary Rate Interface
Siehe *PRI*.

Primary
Siehe *Primärstation*.

Print-Server
Ein Computersystem in einem Netzwerk, das Druckaufträge von anderen Netzwerkgeräten entgegennimmt, verwaltet und ausführt (oder zur Ausführung verschickt).

Priority Queuing
Eine Routing-Eigenschaft, bei der Frames in einer Ausgangswarteschlange einer Schnittstelle nach verschiedenen Merkmalen wie beispielsweise Paketgröße und Schnittstellentyp priorisiert werden.

Privacy Enhanced Mail
Siehe *PEM*.

Private Branch Exchange
Siehe *PBX*.

Private Network Node Interface
Siehe *PNNI*.

Private Network-Network Interface
Siehe *PNNI*.

PRMD
Private Management Domain. X.400-Message-Handling-System für die privaten Mail-Organisationssysteme (etwa NASAmail).

Process Switching
Siehe *Process Switching* in »Cisco Systems Begriffe und Akronyme«.

Programmable Read-Only Memory
Siehe *PROM*.

PROM
Programmable Read-Only Memory. Mittels spezieller Ausrüstung programmierbares ROM. PROMs können nur einmal programmiert werden. Vergleiche mit *EPROM*.

Propagation Delay (Übertragungsdauer)
Die von Daten für das Durchqueren des Netzwerks von ihrer Quelle bis zum endgültigen Ziel benötigte Zeit.

Protocol Control Information
Siehe *PCI*.

Protocol Data Unit
Siehe *PDU*.

Protocol Independent Multicast
Siehe *PIM*.

Protocol-Translator (Protokollübersetzer)
Ein Netzwerkgerät oder Software, die ein Protokoll in ein anderes, ähnliches Protokoll konvertiert.

Protokoll
Eine formale Beschreibung einer Reihe von Regeln und Konventionen, die bestimmen, wie Geräte in einem Netzwerk Informationen austauschen.

Protokolladresse
Siehe *Netzwerkadresse*.

Protokollkonverter
Ermöglicht es Einrichtungen mit unterschiedlichen Datenformaten, durch das Übersetzen des Datenübertragungscodes des einen Geräts in den Datenübertragungscode eines anderen Geräts miteinander zu kommunizieren.

Protokollsammlung

Eine Reihe von zusammengehörigen Kommunikationsprotokollen, die zusammen funktionieren und gemeinsam für die Kommunikation auf einigen oder allen der sieben Schichten des OSI-Referenzmodells zuständig sind. Nicht jede Protokollsammlung deckt jede Schicht des Modells ab und häufig ist ein einziges Protokoll in der Sammlung für mehrere Schichten gleichzeitig zuständig. Eine typische Protokollsammlung ist TCP/IP.

Proxy

Eine Entität, die aus Gründen der Effizienz im Wesentlichen für eine andere Entität einsteht.

Proxy Address Resolution Protocol

Siehe *Proxy ARP.*

Proxy ARP

Proxy Address Resolution Protocol. Eine Variante des Protokolls ARP, bei der ein zwischengeschaltetes Gerät (z.B. ein Router) eine ARP-Response im Namen eines Endknotens an den anfragenden Host schickt. Proxy ARP kann die Bandbreitenbelegung von langsamen WAN-Verbindungen verringern. Siehe auch *ARP.*

Proxy Explorer

Diese Technik minimiert die Ausdehnung des Verkehrs von Explorer-Paketen, die über ein SRB-Netzwerk verbreitet werden, indem ein Antwort-Cache für Explorer-Pakete eingerichtet wird, dessen Einträge wiederverwendet werden, wenn nachfolgende Explorer-Pakete denselben Host ausfindig machen sollen.

Proxy-Polling

Diese Technik vermindert die Last in einem SDLC-Netzwerk dadurch, dass Router als Proxies für Primär- und Sekundärknoten agieren können, wodurch der Polling-Verkehr von den gemeinsamen Verbindungen ferngehalten wird. Das Proxy-Polling wurde durch den SDLC-Transport ersetzt.

Prozess-Switching

Ein Vorgang, der eine vollständige Routenauswertung und einen paketbezogenen Lastenausgleich über parallele WAN-Verbindungen bereitstellt. Dazu gehört die Übertragung vollständiger Frames an die Router-CPU, wo sie für die Zustellung zu oder von einer WAN-Schnittstelle neu verpackt werden, wobei der Router für jedes Paket eine Routenauswahl trifft. Beim Prozess-Switching handelt es sich um das ressourcenintensivste von einer CPU durchführbare Vorgehen beim Switching.

PSDN

Packet-Switched Data Network. Siehe *PSN (1).*

PSE

Packet Switch Exchange. Im Wesentlichen ein Switch. Der Begriff PSE bezeichnet üblicherweise einen Switch in einem X.25-*PSN*. Siehe auch *PSN (1)*, *Switch*.

PSN

1. Packet-Switched Network. Ein Netzwerk, das für den Datentransfer auf die Technologie des Packet-Switching zurückgreift. Manchmal auch als *Packet-Switched Data Network (PSDN)* bezeichnet. Siehe *Packet-Switching*.

2. Packet-Switching Node. Ein Netzknoten, der Funktionen des Packet-Switchings durchführen kann. Siehe auch *Packet-Switching*.

PSTN

Public Switched Telephone Network. Dieser allgemeine Begriff bezieht sich weltweit auf eine Vielzahl von Telefonnetzen und -diensten. Auf Englisch manchmal auch als *Plain Old Telephone Service (POTS; »Der gute alte Telefondienst«)* bezeichnet.

PTI

Payload Type Identifier. 3-Bit-Deskriptor im ATM-Zell-Header, der die Art der von der Zelle transportierten Daten angibt.

PTSE

PNNI Topology Element. Sammlung von PNNI-Informationen, die an alle logischen Knoten in einer Peer-Gruppe verteilt werden. Siehe auch *Peer Group* und *PNNI*.

PTSP

PNNI Topology State Packet. PNNI-Routing-Paket, das Informationen über Erreichbarkeit und Ressourcen zwischen ATM-Switches überträgt, um sicherzustellen, dass eine Verbindungsanfrage zum Ziel über einen Pfad geroutet wird, der mit großer Wahrscheinlichkeit den QoS-Anforderungen genügen wird. Üblicherweise enthalten PTSPs bidirektionale Informationen über das Verhalten einzelner Knoten und den aktuellen internen Zustand. Siehe auch *PNNI* und *QoS*.

PTT

Post, Telephone, and Telegraph. Eine Regierungsstelle, die Telefondienste bereitstellt. PTTs gibt es in den meisten Gegenden außerhalb Nordamerikas, und sie stellen sowohl lokal als auch über große Entfernungen Telefondienste bereit.

PU 2.1

Physical Unit Typ 2.1. Ein SNA-Netzknoten, der für die Verbindung von Peer-Knoten in einem peer-orientierten Netzwerk eingesetzt wird. Bei PU-2.1-Sitzungen braucht kein Knoten auf die VTAM zurückgreifen. APPN basiert auf PU-2.1-Knoten, die auch an ein traditionelles hierarchisches Netzwerk angebunden werden können.

PU 2

Physical Unit 2. In der SNA ein Peripherieknoten, der nur DLU unterstützen kann, die Dienste von einem VTAM-Host anfordern und die in SNA-Sitzungen nur die Rolle der sekundären LU übernehmen können.

PU 4

Physical Unit 4. Eine Komponente eines IBM FEP, die zu einem Vollduplex-Datentransfer in der Lage ist. Jedes derartige SNA-Gerät verfügt über einen eigenen Daten- und Steuerpfad zu den Übertragungs- und Empfangspuffern des Steuerprogramms.

PU 5

Physical Unit 5. Eine Komponente eines IBM Mainframe oder Host-Computers, die ein SNA-Netzwerk verwaltet. PU-5-Knoten sind am Routing auf dem SNA *Path Control Layer (Pfad-Kontrollschicht)* beteiligt.

Public Data Network (öffentliches Datennetz) Siehe *PDN*.

Public Switched Telephone Network
Siehe *PSTN*.

Pulse Amplitude Modulation
Siehe *PAM*.

Pulse Code Modulation
Siehe *PCM*.

Pulse-Density
Siehe *Ones-Density*.

PU
Physical Unit. Eine SNA-Komponente zum Verwalten und Überwachen der Ressourcen eines Knotens, wie sie von einem SSCP angefordert werden. Pro Knoten gibt es eine PU.

PUP
PARC Universal Protocol. Ein bei PARC entwickeltes Protokoll, das dem IP ähnelt.

PVC
Permanent Virtual Circuit = dauerhafte virtuelle Leitung. Eine virtuelle Leitung, die ständig eingerichtet ist. PVCs sparen im Zusammenhang mit dem Einrichten und Beenden von Leitungen Bandbreite in Situationen ein, in denen bestimmte virtuelle Leitungen ständig vorhanden sein müssen. In der ATM-Terminologie als *Permanent Virtual Connection (dauerhafte virtuelle Verbindung)* bezeichnet. Vergleiche mit *SVC*.

PVP
Permanent Virtual Path = dauerhafter virtueller Pfad. Ein virtueller Pfad, der aus dauerhaften virtuellen Leitungen (PVC) besteht. Siehe auch *PVC* und *virtueller Pfad*.

PVP Tunneling
Permanent Virtual Path Tunneling. Methode für die Verbindung von zwei privaten ATM-Netzwerken über öffentliche Netzwerke mittels virtueller Pfade.

Q

Q.920/Q.921

ITU-T-Spezifikation für die ISDN-UNI-Datensicherungsschicht. Siehe auch *UNI*.

Q.922A

Eine ITU-T-Spezifikation für die Frame-Relay-Kapselung.

Q.931

Eine ITU-T-Spezifikation für die Signalisierung zum Einrichten, Aufrechterhalten und Beenden von ISDN-Netzwerkverbindungen. Siehe auch *Q.93B*.

Q.93B

Eine ITU-T-Spezifikation für die Signalisierung zum Einrichten, Aufrechterhalten und Beenden von BISDN-Netzwerkverbindungen. Eine Weiterentwicklung der ITU-T-Empfehlung Q.931. Siehe auch *Q.931*.

QAM

Quadrature Amplitude Modulation. Verfahren für die Modulation von digitalen Signalen auf eine Funkfrequenz mittels Amplituden- und Phasenkodierung. QAM wird meist für die Downstream Richtung verwendet (QAM-64, QAM-256). QAM-16 ist für die Upstream-Richtung gut brauchbar. Die Zahlen geben die Zahl der Code-Punkte je Symbol an. Die QAM-Rate kann folgendermaßen berechnet werden: 2 hoch (Zahl der Bits/Symbol).

QLLC

Qualified Logical Link Control. Ein von IBM definiertes Protokoll der Datensicherungsschicht, das den Transport von SNA-Daten über X.25-Netzwerke ermöglicht.

QoS

Quality of Service = Dienstequalität. Ein Maß für die Leistungsfähigeit eines Übertragungssystems, das die Übertragungsqualität und die Verfügbarkeit des Dienstes widerspiegelt.

QoS-Parameter

Quality of Service Parameter. Diese Parameter kontrollieren die Verkehrsmenge, die ein Quell-Router in einem ATM-Netzwerk über einen SVC sendet. Wenn irgendein Switch entlang des Pfads die geforderten QOS-Parameter nicht erfüllen kann, wird der Request abgelehnt, und eine entsprechende Nachricht wird an den Verursacher des Request zurückgeleitet.

QPSK

Quadrature Phase-Shift Keying. Verfahren für die Modulation von digitalen Signalen auf Funkfrequenzen mittels vier verschiedener Phasen Zustände, die zwei digitale Bit kodieren.

QRSS

Quasi-Random Signal Sequence. Testmuster für die Simulation von Sprachsignalen.

QSIG
Q Signaling. Signalisierungsstandard auf Basis des ISDN-Q.931-Standards, der bei vielen digitalen BPXs verwendet wird.

Qualified Logical Link Control
Siehe *QLLC*.

Quality of Service
Siehe *QoS*.

Quartet Signaling
Eine in 100VG-AnyLAN-Netzwerken eingesetzte Signalisierungstechnik, die Datenübertragungen mit 100 Mbit/s über vier UTP-Kabelpaare mit denselben Frequenzen ermöglicht wie sie in 10BaseT-Netzwerken zum Einsatz kommen. Siehe auch *100VG-AnyLAN*.

Query (Anfrage)
Eine Nachricht zum Erfragen der Werte einer Variablen oder einer Reihe von Variablen.

Queue (Warteschlange)
1. Im Allgemeinen eine geordnete Liste von Elementen, die auf ihre Verarbeitung warten.

2. Beim Routing ein Paketrückstand, der auf die Weiterleitung über eine Router-Schnittstelle wartet.

Queuing Delay
Die Zeitspanne, die Daten warten müssen, bevor sie über eine statistisch gemultiplexte physikalische Leitung übertragen werden können.

Queuing-Theorie
Ein wissenschaftliches Prinzip, das die Bildung oder das Ausbleiben von Stauungen in einem Netzwerk oder an einer Schnittstelle bestimmt.

QUIPU
Erstes Software-Paket für die Erprobung von OSI-Directories.

QWP
Query with Permission.

R

RACE

Research on Advanced Communications in Europe. Ein von der Europäischen Union (EU) gesponsertes Projekt für die Entwicklung von breitbandigen Netzwerkanlagen.

Race Condition Ranging

Prozess der Ermittlung des korrekten Timing-Offsets, damit die Übertragung eines Kabelmodems mit den Mini-Slot-Grenzen abgestimmt werden kann.

Radio Frequency (Funkfrequenz)

Siehe *RF.*

Radio Frequency Interference (Funkfrequenzinterferenz)

Siehe *RFI.*

RADIUS

Remote Dial-In User Service. Datenbank für die Authentifizierung von Modem und ISDN-Verbindungen und für die Verfolgung der Verbindungszeit.

RAM

Random-Access Memory. Ein flüchtiger Speicher, der von einem Mikroprozessor beschrieben und ausgelesen werden kann.

Random-Access Memory

Siehe *RAM.*

Rapid Transport Protocol

Siehe *RTP.*

RARE

Réseaux Associés pour la Recherche Européenne. Ein Zusammenschluss europäischer Universitäten und Forschungszentren zur Förderung einer fortschrittlichen Telekommunikationsinfrastruktur in der europäischen Wissenschaftsgemeinde. RARE ist mit EARN in der TERENA zusammengewachsen. Siehe auch *EARN* und *TERENA.*

RARP

Reverse Address Resolution Protocol. Ein Protokoll der TCP/IP-Protokollsammlung, das eine Methode für das Auffinden von auf MAC-Adressen basierenden IP-Adressen bereitstellt. Vergleiche mit *ARP.*

RAS

Rivest, Shamir und Adelman, die Erfinder der Technik. Kryptographie-System auf Public-Key-Basis, das für Verschlüsselung und Authentifizierung verwendet werden kann.

RAS

Siehe *Registration, Admission and Status (RAS) Protocol.*

Rate Enforcement
Siehe *Traffic Policing (Verkehrsüberwachung)*.

Rate-Queue
Ein mit einer oder mehreren virtuellen Leitungen verbundener Wert, der die Geschwindigkeit definiert, mit der eine einzelne virtuelle Leitung Daten an das entfernte Ende überträgt. Jede Rate-Queue steht für einen Anteil an der gesamten zur Verfügung stehenden Bandbreite einer ATM-Verbindung. Die gemeinsame Bandbreite aller konfigurierten Rate-Queues sollte die verfügbare Gesamtbandbreite nicht übersteigen.

RBHC
Regional Bell Holding Company. Eine von sieben aus der AT&T-Zerschlagung von 1984 hervorgegangenen Telefongesellschaften.

RBOC
Regional Bell Operating Company. Eine lokale oder regionale Telefongesellschaft, die Telefonleitungen besitzt und betreibt und sich auf sieben US-amerikanische Regionen verteilt. Die RBOCs entstanden bei der Zerschlagung des AT&T-Monopols. Auch als *Bell Operating Company (BOC)* bezeichnet.

RCP
Remote Copy Protocol. Ein Protokoll, das es Anwendern ermöglicht, Dateien in und aus einem Dateisystem eines entfernten Hosts oder Servers im Netzwerk zu kopieren. Das Protokoll RCP setzt auf TCP auf, um für eine zuverlässige Zustellung der Daten zu sorgen.

RCP-Server
Ein Router oder anderes Gerät, das als ein Server für RCP dient. Siehe auch *RCP*.

RD
Request Disconnect.

Read-Only Memory
Siehe *ROM*.

Ready To Send
Siehe *RTS*.

Real Time Streaming Protocol
Siehe *RTSP*.

Real Time Transport Protocol
Siehe *RTP*.

Reassembly (Zusammensetzen)
Das erneute Zusammensetzen eines IP-Datagramms am Ziel, nachdem es entweder an der Quelle oder von einem zwischengeschalteten Knoten fragmentiert worden ist. Siehe auch *Fragmentierung*.

Redialer
Interface Hardware, die ein Fax und das PSTN verbindet. Ein Redialer wird benutzt, um die gewählte Nummer an ein anderes Ziel weiterzuleiten.

Redirect (Umleiten)

Ein Bestandteil der Protokolle ICMP und IS-IS, der es einem Router ermöglicht, einem Host mitzuteilen, dass die Verwendung einer anderen Route effektiver sein würde.

Redirector

Eine Software, die Requests für Ressourcen innerhalb eines Computers abfängt und diese auf die Notwendigkeit von Fernzugriffen hin analysiert. Falls ein Fernzugriff zur Erfüllung des Request erforderlich ist, bildet der Redirector einen RPC und übergibt ihn an eine Protokollsoftware der unteren Schichten, um ihn über das Netzwerk an den Knoten zu übertragen, der den Request erfüllen kann.

Redistribution (Neuverteilung)

Ermöglicht die Verteilung von durch ein Routingprotokoll ermittelten Routing-Informationen in den Update-Nachrichten eines anderen Routingprotokolls. Manchmal auch als *Route Redistribution (Routenneuverteilung)* bezeichnet.

redundantes System

Ein Computer, Router, Switch oder sonstiges Computersystem, das über zwei oder mehr der wichtigsten Subsysteme wie beispielsweise zwei Festplatten, zwei CPUs oder zwei Netzteile verfügt.

Redundanz

1. In Internetzwerken die Vervielfältigung von Geräten, Diensten oder Verbindungen, damit die redundanten Geräte, Dienste oder Verbindungen im Falle eines Ausfalls die entsprechenden Tätigkeiten übernehmen können. Siehe auch *redundantes System*.

2. In der Telefonie der Anteil der in einer Nachricht enthaltenen Gesamtinformation, der ohne den Verlust einer wesentlichen Information oder Bedeutung weggelassen werden kann.

Regional Bell Holding Company

Siehe *RBHC*.

Regional Bell Operating Company

Siehe *RBOC*.

Registered Jack-Stecker

Siehe *RJ-Stecker*.

Registration, Admission and Status (RAS) Protocol

Wird zwischen Endpunkt und Gatekeeper verwendet.

Relative Rate

Siehe *RR*.

Relay (Schaltstelle, Relais)

OSI-Terminologie für ein Gerät, das zwei oder mehr Netzwerke oder Netzwerksysteme miteinander verbindet. Eine Schaltstelle der Datensicherungsschicht (Schicht 2) ist eine Bridge; eine Schaltstelle der Netzwerkschicht (Schicht 3) ist ein Router. Siehe auch *Bridge* und *Router*.

Reliability (Zuverlässigkeit)
Das Verhältnis der von einer Verbindung erwarteten zu den erhaltenen Keepalives. Wenn das Verhältnis hoch ausfällt, ist die Leitung zuverlässig. Wird als Routing-Metrik verwendet.

Reliable SAP Update Protocol
Siehe *RSUP* in »Cisco Systems Begriffe und Akronyme«.

Reload
Reboot eines Cisco-Routers oder Befehl, der einen Reboot eines Cisco-Routers auslöst.

Remote Bridge (entfernte Bridge)
Eine Bridge, die physikalisch verschiedenartige Netzwerksegmente mittels WAN-Verbindungen miteinander verbindet.

Remote Copy Protocol
Siehe *RCP.*

Remote Defect Identification
Siehe *RDI.*

Remote Job Entry
Siehe *RJE.*

Remote Login (Fernanmeldung)
Siehe *rlogin.*

Remote Monitoring (Fernüberwachung)
Siehe *RMON.*

Remote Operations Service Element
Siehe *ROSE.*

Remote Shell Protocol
Siehe *RSH.*

Remote Source-Route Bridging
Siehe *RSRB.*

Remote-Procedure Call
Siehe *RPC.*

Rendezvous Point (Treffpunkt)
Siehe *RP.*

Repeater
Ein Gerät, das elektrische Signale zwischen zwei Netzwerksegmenten erneuert und weiterleitet. Siehe auch *Segment.*

Replication
Vorhalten einer Kopie der Daten, entweder durch Shadowing oder Caching. Siehe *Caching* und *Shadowing.*

Request For Comments
Siehe *RFC.*

Request To Send
Siehe *RTS.*

Request/Response Unit
Siehe *RU.*

Required Visual Inspection
Siehe *RVI.*

Research on Advanced Communications in Europe
Siehe *RACE.*

Réseaux Associés pour la Recherche Européenne
Siehe *RARE.*

Reverse Address Resolution Protocol
Siehe *RARP.*

Reverse Path Multicasting
Siehe *RPM.*

RF
Radio Frequency = Funkfrequenz. Mit diesem allgemeinen Begriff werden die Frequenzen bezeichnet, die denen von Funkübertragungen entsprechen. Kabelfernsehen und breitbandige Netzwerke setzen RF-Technologie ein.

RFC
Request For Comments. Eine Reihe von Dokumenten, die als wichtigste Quelle für Kommunikationsinformationen über das Internet dienen. Einige RFCs sind vom IAB als Internet-Standards gekennzeichnet. Die meisten RFCs dokumentieren Protokollspezifikationen wie beispielsweise Telnet und FTP, aber einige haben mittlerweile einen humorvollen oder historischen Charakter. Die RFCs sind an vielen Stellen online verfügbar.

RFI
Radio Frequency Interference. Störungen erzeugende Funkfrequenzen, die mit den über nicht abgeschirmte Kupferkabel übertragenen Informationen interferieren.

RFP
Request for Proposal.

RFS
Remote File System. Verteiltes Dateisystem, ähnlich zu NFS. Wurde von AT&T entwickelt und mit dem UNIX-System-V-Betriebssystem verteilt.

RHC
Regional Holding Company.

RIF
Routing Information Field. Ein Feld im IEEE-802.5-Header, das von einer Quell-Route-Bridge verwendet wird, um zu bestimmen, welches Segment eines Token-Ring-Netzwerks

ein Paket durchlaufen muss. Ein RIF besteht aus Ring- und Bridge-Nummern sowie weiteren Informationen.

RII
Routing Information Identifier. Ein von SRT-Bridges verwendetes Bit, um zwischen den Frames zu unterscheiden, die transparent über die Bridge geleitet werden sollen, und denjenigen, die zur Bearbeitung an das SRB-Modul übergeben werden sollen.

RIM
Request Initialization Mode.

Ring
Eine Verbindung von zwei oder mehr Stationen in einer logischen kreisförmigen Topologie. Informationen werden aufeinander folgend zwischen aktiven Stationen übergeben. Token-Ring, FDDI und CDDI basieren auf dieser Topologie.

Ring Latency
Die Zeit, die ein Signal benötigt, um einmal durch den Ring eines Token-Ring- oder IEEE-802.5-Netzwerks geleitet zu werden.

Ring-Monitor
Ein zentralisiertes Verwaltungshilfsprogramm für Token-Ring-Netzwerke, die auf der IEEE-802.5-Spezifikation basieren. Siehe auch *aktiver Monitor* und *Standby-Monitor.*

Ring-Topologie
Eine Netzwerktopologie, die aus einer Reihe von Repeatern besteht, die durch unidirektionale Übertragungsleitungen miteinander zu einem einzigen geschlossenen Kreis verbunden sind. Jede Station im Netzwerk ist an einem Repeater an das Netzwerk angeschlossen. Obwohl es sich logisch um einen Ring handelt, sind Ring-Topologien häufig mit geschlossenem Kreis als Stern organisiert. Vergleiche mit *Bus-Topologie*, *Stern-Topologie* und *Baum-Topologie*.

RIP
Routing Information Protocol. Ein mit UNIX-BSD-Systemen ausgeliefertes IGP. Das am weitesten verbreitete IGP im Internet. RIP verwendet den Hop-Count als Routing-Metrik. Siehe auch *Enhanced IGRP*, *Hop-Count*, *IGP*, *IGRP* und *OSPF.*

RIPE
Gruppe für Koordinierung und Verbreitung von TPC/IP-basierten Netzwerken in Europa.

RISC
Reduced Instruction Set Computing.

RJE
Remote Job Entry. Eine stapelbearbeitungsorientierte (und nicht interaktive) Anwendung. In RJE-Umgebungen werden Aufträge an eine bearbeitende Anlage übergeben, und die Ausgaben werden später empfangen.

RJ-Stecker
Registered Jack-Stecker. Ein ursprünglich zum Verbinden von Telefonleitungen verwendeter Standardstecker. RJ-Stecker werden heute für Telefonverbindungen und 10BaseT sowie

andere Arten von Netzwerkverbindungen verwendet. RJ-11, RJ-12 und RJ-45 sind verbreitete Typen von RJ-Steckern.

RLM
Redundant Link Manager.

rlogin
Remote Login. Ein mit den meisten UNIX-Implementierungen angebotenes Terminalemulationsprogramm, das Telnet ähnelt.

RM
Ressource Mangement. Verwaltung kritischer Ressourcen in einem ATM-Netzwerk. Kritische Ressourcen sind etwa Puffer-Platz und Strang-Bandbreite.

RMON
Remote Monitoring. Eine in der RFC 1271 beschriebene MIB-Agentenspezifikation, die Funktionen für die Fernüberwachung von Netzwerkgeräten definiert. Die RMON-Spezifikation stellt eine Vielzahl von Überwachungs-, Problemerkennungs- und Berichtsfähigkeiten bereit.

RMS
Route Switch Module.

ROLC
Routing over Large Clouds. Arbeitsgruppe der IETF, die an Problemen beim IP-Routing über große Netzwerke mit geteilten Medien auftreten.

ROM
Read-Only Memory. Nicht flüchtiger Speicher, der vom Mikroprozessor ausgelesen, aber nicht beschrieben werden kann.

Root Account
In UNIX-Systemen ein privilegierter Account, der exklusiv von Netzwerk- oder Systemadministratoren verwendet wird.

Root-Bridge
Tauscht Topologie-Informationen mit designierten Bridges in einer Implementierung eines umfassenden Baums aus, um allen anderen Bridges im Netzwerk mitzuteilen, wann Topologieänderungen erforderlich sind. Auf diese Weise werden Schleifen vermieden und ein Maß für die Abwehr von Leitungsausfällen geschaffen.

ROSE
Remote Operations Service Element. Ein von verschiedenen OSI-Protokollen für Netzwerkanwendungen verwendeter RPC-Mechanismus von OSI.

Round-Trip Time
Siehe *RTT*.

Route
Ein Pfad durch ein Internetzwerk.

Route Extension (Routenerweiterung)
In der SNA ein Pfad vom Subarea-Zielknoten durch die periphere Ausrüstung zu einer NAU.

Route Map
Methode für die Kontrolle der Weiterverteilung von Routen zwischen Routing Domänen.

Route Processor
Siehe *Route Processor* in »Cisco Systems Begriffe und Akronyme«.

Route Redistribution (Routenneuverteilung)
Siehe *Redistribution.*

Route Summarization (Routenzusammenfassung)
Die Zusammenlegung von bekannt gemachten Adressen unter OSPF und IS-IS. Unter OSPF hat dies zur Folge, dass ein Area-Übergangsrouter einer anderen Area eine einzige zusammengefasste Route bekannt gibt.

Routed Protocol (geroutetes Protokoll)
Ein Protokoll, das von einem Router geroutet werden kann. Ein Router muss in der Lage sein, das von dem gerouteten Protokoll spezifizierte logische Internetzwerk zu interpretieren. Beispiele für geroutete Protokolle sind AppleTalk, DECnet und IP.

Route-Map
Eine Methode zur Kontrolle der Neuverteilung von Routen zwischen Routing-Domains.

Router
Ein Gerät der Netzwerkschicht, das eine oder mehrere Metriken verwendet, um den optimalen Pfad zu ermitteln, entlang dem der Netzwerkverkehr weitergeleitet werden soll. Router leiten Pakete in Abhängigkeit von Netzwerkschicht-Informationen von einem Netzwerk zu einem anderen weiter. Gelegentlich auch als *Gateway* bezeichnet (obgleich diese Definition von Gateway zunehmend überholt ist). Vergleiche mit *Gateway.* Siehe auch *Relay (Schaltstelle, Relais).*

Routing
Der Vorgang des Ausfindigmachens eines Pfads zu einem Ziel-Host. In großen Netzwerken ist das Routing wegen der vielen möglichen Zwischenziele, die ein Paket auf seinem Weg zum Ziel-Host durchqueren muss, sehr kompliziert.

Routing Information Field
Siehe *RIF.*

Routing Information Identifier
Siehe *RII.*

Routing Information Protocol
Siehe *RIP.*

Routing Table Maintenance Protocol
Siehe *RTMP.*

Routing Table Protocol
Siehe *RTP*.

Routing-Domain
Eine Gruppe von Endsystemen und Zwischensystemen, die mit denselben Verwaltungsregeln betrieben werden. Innerhalb einer Routing-Domain gibt es ein oder mehr Areas, die eindeutig durch eine Area-Adresse ausgewiesen sind.

Routing-Metrik
Eine Methode, mit der ein Routing-Algorithmus ermittelt, dass eine Route besser ist als eine andere. Diese Information wird in Routingtabellen gespeichert. Zu den Metriken zählen z.B. Bandbreite, Kommunikationskosten, Verzögerung, Hop-Count, Nutzlast, MTU, Pfadaufwand und Zuverlässigkeit. Manchmal einfach als *Metrik* bezeichnet. Siehe auch *Cost (Aufwand)*.

Routing-Protokoll
Ein Protokoll, das durch die Implementierung eines bestimmten Routing-Algorithmus für das Routing sorgt. Beispiele für Routingprotokolle sind IGRP, OSPF und RIP.

Routing-Tabelle
Eine in einem Router oder einem anderen Internetzgerät gespeicherte Tabelle, die Routen zu bestimmten Netzwerkzielen und manchmal auch zu diesen Routen gehörige Metriken verfolgt.

Routing-Update
Eine von einem Router verschickte Nachricht, um die Erreichbarkeit eines Netzwerks und die zugehörigen Aufwandsinformationen anzuzeigen. Routing-Updates werden üblicherweise in regelmäßigen Abständen und nach Änderungen an der Netzwerktopologie verschickt. Vergleiche mit *Flash-Update*.

RP
Siehe *RP* in »Cisco Systems Begriffe und Akronyme«.

RPC
Remote-Procedure Call. Eine technologische Grundlage für das Client-Server Computing. Bei den RPCs handelt es sich um von Clients erstellte oder angegebene Prozeduraufrufe, die auf Servern ausgeführt werden, wobei das Ergebnis über das Netzwerk an die Clients zurückgeliefert wird. Siehe auch *Client-Server Computing*.

RPF
Remote Procedure Call. Technische Grundlage von Client/Server-Modellen. RPCs sind Prozedur-Aufrufe, die durch den Client spezifiziert und auf dem Server ausgeführt werden; die Ergebnisse werden über das Netzwek zum Client übertragen. Siehe auch *Client/Server Computing*.

RPM
Reverse Path Multicasting. Eine Multicasting-Technik, bei der ein Multicast-Datagramm über alle außer der empfangenden Schnittstelle weitergeleitet wird, falls die empfangende Schnittstelle für das Weiterleiten von Unicast-Datagrammen an die Quelle des Multicast-Datagramms verwendet wird.

RP

Rendezvous Point = Treffpunkt. Ein bei PIM-Sparse-Modus-Implementierungen zum Verfolgen der Mitgliedschaft in Multicast-Gruppen und zum Weiterleiten von Nachrichten an bekannte Multicast-Gruppenadressen angegebener Router. Siehe auch *PIM Sparse Mode.*

RR

Relative Rate. Einer der Stau-Feedback-Modi in ATM, die vom ABR-Dienst geboten werden. Bei RR setzen die Switches ein Bit bei Zellen in beide Richtungen, um Stauungen anzuzeigen. Siehe auch *ABR* und *RLM.*

RS-232

Eine weit verbreitete Schnittstelle der physikalischen Bitübertragungsschicht. Heute als *EIA/TIA-232* bezeichnet. Siehe *EIA/TIA-232.*

RS-422

Eine ausgeglichene elektrische Implementierung der EIA/TIA-449 für die Datenübertragung mit hoher Geschwindigkeit. Wird heute zusammen mit der RS-423 als EIA-530 bezeichnet. Siehe auch *EIA-530* und *RS-423.*

RS-423

Eine unausgeglichene elektrische Implementierung der EIA/TIA-449 für die EIA/TIA-232-Kompatibilität. Wird heute zusammen mit der RS-422 als EIA-530 bezeichnet. Siehe auch *EIA-530* und *RS-422.*

RS-449

Eine weitverbreitete Schnittstelle der physikalischen Bitübertragungsschicht. Heute als *EIA/TIA-449* bezeichnet. Siehe *EIA/TIA-449.*

RSH

Remote Shell Protocol. Ein Protokoll, das es einem Anwender ermöglicht, Befehle auf einem entfernten System auszuführen, ohne sich bei dem System anzumelden. Beispielsweise kann RSH eingesetzt werden, um den Zustand einer Reihe von Zugangsservern aus der Ferne zu untersuchen, ohne eine Verbindung zu jedem Kommunikationsserver herzustellen, den Befehl auszuführen und sich anschließend wieder vom Kommunikationsserver zu trennen.

RSP

Siehe *RSP* in »Cisco Systems Begriffe und Akronyme«.

RSRB

Remote Source-Route Bridging. SRB über WAN-Verbindungen. Siehe auch *SRB.*

RSUP

Siehe *RSUP* in »Cisco Systems Begriffe und Akronyme«.

RSVP

Resource Reservation Protocol. Protokoll, das die Reservierung von Ressourcen über ein IP Netzwerk unterstützt. Anwendungen auf IP-Endsystemen können mittels RSVP anderen Knoten anzeigen, wie die Datenströme beschaffen sein sollen, die sie empfangen wollen. RSVP basiert auf IPv6. Auch als Resource Reservation Setup Protocol bezeichnet. Siehe auch *IPv6.*

RTCP
RTP Control Protocol. Protokoll, das den QoS einer IPv6-Verbindung überwacht und Informationen über bestehende Sitzungen sammelt. Siehe auch *RTP*.

RTFM
Read the Fucking Manul. Hinweis, der gerne gegeben wird, wenn jemand dumme Fragen stellt.

RTMP
Routing Table Maintenance Protocol. Ein proprietäres Routing-Protokoll von Apple. RTMP wurde von RIP abgeleitet. Siehe auch *RIP*.

RTP
1. Routing Table Protocol. Ein auf dem RIP basierendes Routingprotokoll unter VINES. Verteilt Informationen über die Netzwerktopologie und hilft VINES-Servern beim Ausfindigmachen von benachbarten Clients, Servern und Routern. Verwendet die Verzögerung als eine Routing-Metrik. Siehe auch *SRTP*.

2. Rapid Transport Protocol. Bietet Pacing und eine Wiederherstellung nach Fehlern für APPN-Daten, während diese ein APPN-Netzwerk durchlaufen. Mit RTP erfolgen die Wiederherstellung von Fehlern und die Datenflusskontrolle von einem Ende zum anderen statt an jedem Knoten. RTP vermeidet Stauungen, anstatt auf sie zu reagieren.

RTP Control Protocol
Siehe *RTCP*.

RTS
Ready To Send = Sendebereitschaft. Ein EIA/TIA-232-Steuersignal, das eine Datenübertragung über eine Kommunikationsleitung anfordert.

RTSC
Read the Source Code.

RTSP
Real Time Streaming Protocol. Ermöglicht die kontrollierte Zustellung von Echtzeit-Traffic wie Audio und Video. Datenquellen können Livequellen oder gespeicherte Inhalte sein. RTSP ist auf die Zusammenarbeit mit bestehenden Protokollen wie RTP und HTTP ausgelegt.

RTT
Round-Trip Time. Die Zeit, die bei der Netzwerkkommunikation für den Weg von der Quelle zum Ziel und wieder zurück benötigt wird. Die RTT umfasst die Zeit, die das Ziel benötigt, um die Nachricht von der Quelle zu verarbeiten und eine Antwort zu generieren. Die RTT wird von einigen Routing-Algorithmen zur Berechnung optimaler Routen herangezogen.

RUDP
Reliable User Protocol.

Run-Time Memory
Speicher, auf den zugegriffen wird, während ein Programm läuft.

RU

Request/Response Unit. Request- und Response-Nachrichten, die zwischen NAUs in einem SNA-Netzwerk ausgetauscht werden.

RVI

Required Visual Inspection.

S

SAC

Single-Attached Concentrator. Ein FDDI- oder CDDI-Konzentrator, der an das Netzwerk angeschlossen ist, indem er vom Hauptanschluss eines anderen FDDI- oder CDDI-Konzentrators kaskadiert ist.

Samplingrate

Die Rate, mit der Samples einer einzelnen Amplitude einer Wellenform erstellt werden.

SAP

1. Service Access Point. Ein von der IEEE-802.2-Spezifikation als Bestandteil einer Adressangabe definiertes Feld. Daher definiert das Ziel (Destination) zusammen mit der DSAP den Empfänger eines Pakets. Dasselbe gilt für die SSAP. Siehe auch *DSAP* und *SSAP*.

2. Service Advertisement Protocol. Ein IPX-Protokoll, das Clients eines Informationsnetzwerks mittels Routern und Servern mit verfügbaren Netzwerkressourcen und -diensten versorgt. Siehe auch *IPX*.

SAR

Segmentation And Reassembly. Eine der beiden Unterschichten des AAL CPCS, die für das Aufteilen (an der Quelle) und das Zusammensetzen (am Ziel) der vom CS übergebenen PDUs zuständig ist. Die Unterschicht SAR nimmt die von der CS verarbeiteten PDUs entgegen und übergibt sie nach ihrer Auftrennung in 48 Byte große Nutzlastdaten zur weiteren Bearbeitung an die ATM-Schicht. Siehe auch *AAL*, *ATM-Schicht*, *CPCS*, *CS* und *SSCS*.

SAS

Single Attachment Station. Ein nur an den Primärring eines FDDI-Rings angeschlossenes Gerät. Auch als *Class B Station* bezeichnet. Vergleiche mit *DAS*. Siehe auch *FDDI*.

Satellitenkommunikation

Der Einsatz von in der Umlaufbahn befindlichen Satelliten für die Datenübertragung zwischen mehreren Bodenstationen. Die Satellitenkommunikation bietet eine hohe Bandbreite zu Kosten, die nicht mit der Entfernung zwischen den Bodenstationen, den langen Übertragungsverzögerungen oder den Fähigkeiten zum Broadcasting in Beziehung stehen.

SBus

Eine in Sun SPARC-basierten Workstations und Servern verwendete Bus-Technologie. Die SBus-Spezifikation wurde von der IEEE als ein neuer Bus-Standard übernommen.

SCCP

Signaling Connection Control Part. Trillium-Software, die Routing-, Translation- und Management-Funktionen, sowie Datentransfers ohne logische Signalisierungsverbindungen bewältigt.

SCP

Service Control Point. Element eines SS7-basierten intelligenten Netzwerkes, das verschiedene Funktionen wie Nummernübersetzung, Call-Setup und Abschaltung besitzt.

SCR

Sustainable Cell Rate. Ein vom ATM-Forum für das ATM-Verkehrsmanagement definierter Parameter. Bei VBR-Verbindungen gibt SCR die langfristig durchschnittlich übertragbare Zellenrate an. Siehe auch *VBR*.

SCTE

Serial Clock Transmit External. Ein Timing-Signal, das eine Datenendeinrichtung an ein DCE-Gerät zurückliefert, um eine Taktung aufrechtzuerhalten. SCTE soll Phasenverschiebungen des Takts bei langen Kabeln kompensieren. Wenn das DCE-Gerät für das Samplen von Daten von der Datenendeinrichtung auf SCTE anstelle des internen Takts zurückgreift, kann es die Daten besser fehlerfrei samplen, selbst wenn es im Kabel zu einer Phasenverschiebung kommt. Siehe auch *Phasenverschiebung*.

SDH

Synchronous Digital Hierarchy. Ein europäischer Standard, der eine Reihe von Raten- und Formatstandards für die Übertragung mittels optischer Signale über Glasfaser definiert. SDH ist ähnlich zu SONET mit einer im STM-1 angegebenen grundlegenden SDH-Rate von 155,52 Mbit/s. Siehe auch *SONET* und *STM-1*.

SDLC

Synchronous Data Link Control. Ein SNA-Kommunikationsprotokoll der Datensicherungsschicht. SDLC ist ein bit-orientiertes, Vollduplex-betriebenes serielles Protokoll, das zahlreiche ähnliche Protokolle wie beispielsweise HDLC und LAPB hervorgebracht hat. Siehe auch *HDLC* und *LAPB*.

SDLLC

Eine Besonderheit, die die Übersetzung zwischen SDLC und IEEE 802.2 Typ 2 erledigt.

SDSL

Single Line Digital Subscriber Line. Eine von vier DSL-Techniken. SDSL überträgt 1,544 Mbit/s Upstream und Downstream über ein einzelnes Kupferpaar. Die Verwendung eines einzelnen Twisted-Pair-Kabels begrenzt die Reichweite auf 3048,8 Meter. Vergleiche *ADSL*, *HDSL* und *VDSL*.

SDSU

SMDS DSU. Eine DSU für den Zugang mittels HSSIs und anderen seriellen Schnittstellen zum SMDS.

SDU

Service Data Unit. Eine Informationseinheit eines Protokolls der oberen Schichten, die eine Dienstanforderung an ein untergeordnetes Protokoll definiert.

SEAL

Simple and Efficient AAL. Ein vom AAL5 verwendetes Verfahren, bei dem die SAR-Unterschicht PDUs der Unterschicht CS segmentiert, ohne zusätzliche Felder hinzuzufügen. Siehe auch *AAL*, *AAL5*, *CS* und *SAR*.

Secondary
Siehe *Sekundärstation.*

Secondary Ring
Einer von zwei Ringen, die einen FDDI- oder CDDI-Ring ausmachen. Der sekundäre Ring ist normalerweise für den Fall eines Fehlers im ersten Ring zurückgestellt. Vergleiche *Primary Ring.*

Secondary Station
Bei Bit-synchronen Data Link Layer-Protokollen wie HDLC; eine Station, die auf Befehle für die primäre Station antwortet. Manchmal einfach als Secondary bezeichnet. Siehe auch *Primary Station.*

Section DCC
Section Data Communications Channel. In OSS ein 192-Kbit/s-Datenkanal, der in den Section-Overhead von OAM&P-Traffic zwischen zwei SONET-Netzwerk-Elementen eingebettet wird. Siehe auch *OAM&P* und *SONET.*

Security-Management
Eine von fünf von der ISO für die Verwaltung von OSI-Netzwerken definierten Kategorien für das Netzwerk-Management. Security-Management-Subsysteme sind für die Zugangskontrolle zu Netzwerk-Ressourcen zuständig. Siehe auch *Accounting-Management*, *Konfigurationsmanagement*, *Fault-Management* und *Performance-Management.*

Seed-Router
Antwortet auf Konfigurationsanfragen von Nonseed-Routern des AppleTalk-Netzwerks, mit dem er verbunden ist, und gestattet diesen Routern eine entsprechende Bestätigung oder Anpassung ihrer Konfiguration. Siehe auch *Nonseed-Router.*

Segment
1. Ein Abschnitt eines Netzwerks, das durch Bridges, Router oder Switches angebunden ist.

2. In einem LAN mit einer Bus-Topologie ist ein Segment ein zusammenhängender elektrischer Kreis, der durch Repeater häufig mit anderen derartigen Segmenten verbunden ist.

3. In der TCP-Spezifikation bezeichnet dieser Begriff eine einzelne Informationseinheit der Transportschicht. In den unterschiedlichen Schichten des OSI-Referenzmodells und in verschiedenen Technologien werden auch die Begriffe *Datagramm*, *Frame*, *Nachricht* und *Paket* für die Bezeichnung logischer Informationsgruppierungen verwendet.

Segmentation and Reassembly
Siehe *SAR.*

Sekundärring
Einer von zwei Ringen, aus denen ein FDDI- oder CDDI-Ring besteht. Der Sekundärring ist üblicherweise für den Einsatz im Falle eines Ausfalls des Primärrings vorgesehen. Vergleiche mit *Primärring.*

Sekundärstation
Unter bit-synchronisierten Protokollen der Datenverbindungsschicht wie beispielsweise HDLC eine Station, die auf Befehle von der Primärstation reagiert. Auf Englisch manchmal einfach als *Secondary* bezeichnet. Siehe auch *Primärstation.*

Sequenced Packet Exchange
Siehe *SPX.*

Sequenced Packet Protocol
Siehe *SPP.*

Sequenced Routing Update Protocol
Siehe *SRTP.*

Serial Clock Transmit External
Siehe *SCTE.*

Serial Line Internet Protocol
Siehe *SLIP.*

Serial Tunnel
Siehe STUN in »Cisco Systems Begriffe und Akronyme«.

serielle Übertragung
Eine Methode zur Datenübertragung, bei der die Bits eines Datenzeichens sequentiell über einen einzigen Kanal übertragen werden. Vergleiche mit *parallele Übertragung.*

Server
Ein Knoten oder Software-Programm, das Clients Dienste zur Verfügung stellt. Siehe auch *Back-End,Client* und *Front-End.*

Server Message Block
Siehe *SMB.*

Service Access Point
Siehe *SAP.*

Service Advertisement Protocol
Siehe *SAP.*

Service Data Unit
Siehe *SDU.*

Service Point (Dienstepunkt)
Eine Schnittstelle zwischen Nicht-SNA-Geräten und NetView, die Alerts von der Ausstattung verschickt, die der SNA-Umgebung unbekannt ist.

Service Profile Identifier
Siehe *SPID.*

Service Specific Connection Oriented Protocol
Siehe *SSCOP.*

Service Specific Convergence Sublayer
Siehe *SSCS.*

Session (Sitzung)

1. Zusammengehörige Kommunikationstransaktionen zwischen zwei oder mehr Netzwerkgeräten.

2. In der SNA eine logische Verbindung, die zwei NAUs die Kommunikation ermöglicht.

Session Layer (Kommunikationsschicht)

Schicht 5 des OSI-Referenzmodells. Diese Schicht sorgt für das Einrichten, Verwalten und Beenden von Sitzungen zwischen Anwendungen und verwaltet den Datenaustausch zwischen Entitäten der Darstellungsschicht. Entspricht dem *Data Flow Control Layer (Datenfluss-Kontrollschicht)* im SNA-Modell. Siehe auch *Application Layer (Anwendungsschicht)*, *Data Link Layer (Datensicherungsschicht)*, *Network Layer (Netzwerkschicht)*, *Physical Layer (physikalische Bitübertragungsschicht)*, *Presentation Layer (Darstellungsschicht)* und *Transport Layer (Transportschicht)*.

SET

Secure Electronic Transaction. SET-Spezifikation, die für sichere Kreditkartenzahlungen im WWW entwickelt wurde.

S-Frame

Supervisory Frame. Eines von drei SDLC-Frame-Formaten. Siehe auch *I-Frame* und *U-Frame*.

SF

Super Frame. Ein allgemeiner auf T1-Leitungen eingesetzter Framingtyp. Der SF setzt sich aus 12 Frames zu jeweils 192 Bits zusammen, wobei das 193te Bit der Fehlerüberprüfung und anderen Funktionen dient. SF wurde von ESF verdrängt, wird aber immer noch häufig eingesetzt. Wird auch als *D4-Framing* bezeichnet. Siehe auch *ESF*.

SGML

Standardized Generalized Markup Language. Internationale Standardsprache zur Definition von system- und geräteunabhängigen Methoden zum Präsentieren von Text in elektronischer Form.

SGMP

Simple Gateway Monitoring Protocol. Netzwerk-Management-Protokoll, das für Internet-Standardisierung gedacht war und später zu SNMP wurde. Dokumentiert in RFC 1028. Siehe auch *SNMP*.

Shadowing

Form der Replikation, bei der definierte Informationseinheiten zu diversen DSAs kopiert werden.

Shaping (Gestaltung)

Siehe *Traffic-Shaping*.

Shielded Cable (abgeschirmtes Kabel)

Ein Kabel mit einer abschirmenden Isolationsschicht zur Reduzierung von elektromagnetischen Interferenzen.

Shielded Twisted-Pair (abgeschirmtes Twisted-Pair)

Siehe *STP*.

Shortest Path First Algorithm
Siehe *SPF.*

Shortest-Path Routing
Bei diesem Routingverfahren wird die Entfernung oder der Pfadaufwand durch Anwenden eines entsprechenden Algorithmus minimiert.

SID
Service ID. Eine Zahl, die die aktuelle Zuordnung zwischen Kabelmodem und CMTS beschreibt. Die SID wird für Upstream-Bandbreitenzuordnung und CoS-Management verwendet.

Signal Path
Route eines Signalkanals, der Signalisierungsdaten überträgt.

Signal Quality Error
Siehe *SQE.*

Signaling (Signalisierung)
Der Vorgang des Sendens eines Übertragungssignals über ein physikalisches Medium zum Zweck der Kommunikation.

Signaling System 7
Siehe *SS7.*

Signaling-Paket
Ein von einem mittels ATM angeschlossenen Gerät erzeugtes Paket, das eine Verbindung mit einem weiteren derartigen Gerät einrichten will. Das Signaling-Paket enthält die ATM-NSAP-Adresse des gewünschten ATM-Endpunkts sowie beliebige für die Verbindung benötigte QOS-Parameter. Falls der Endpunkt die gewünschte Dienstequalität (QOS) unterstützen kann, antwortet er mit einer akzeptierenden Nachricht, und die Verbindung gilt als eröffnet. Siehe auch *QOS.*

Silicon Switch Processor
Siehe *SSP* in »Cisco Systems Begriffe und Akronyme«.

Silicon Switching Enginge
Siehe *SSE* in »Cisco Systems Begriffe und Akronyme«.

SIM
Set Initialization Mode.

Simple and Efficient AAL
Siehe *SEAL.*

Simple Gateway Monitoring Protocol
Siehe *SGMP.*

Simple Mail Transfer Protocol
Siehe *SMTP.*

Simple Multicast Routing Protocol
Siehe *SMRP.*

Simple Network Management Protocol
Siehe *SNMP*.

simplex
Die Fähigkeit zur Datenübertragung in nur eine Richtung zwischen einer Sende- und einer Empfangsstation. Vergleiche mit *vollduplex* und *halbduplex*.

Single Attachment Station
Siehe *SAS*.

Single-Attached Concentrator
Siehe *SAC*.

Singlemode Fiber
Ein Glasfaserkabel mit einem dünnen Kern, der es dem Licht nur in einem einzigen Winkel ermöglicht, einzutreten. Ein solches Kabel verfügt über eine höhere Bandbreite als Multimode Fiber, benötigt aber eine Lichtquelle mit einem engen Spektralbereich (beispielsweise einen Laser). Auch als *Monomode Fiber* bezeichnet. Siehe auch *Multimode Fiber*.

Single-Route-Explorer-Paket
Siehe *Spanning-Explorer-Paket*.

Single-Vendor-Netzwerk
Ein Netzwerk, in dem nur Ausstattungen eines Herstellers verwendet werden. Diese Netzwerke leiden nur selten unter Kompatibilitätsproblemen. Siehe auch *Multivendor-Netzwerk*.

SIP
SMDS Interface Protocol. Kommt bei der Kommunikation zwischen Kundenendausstattung und SMDS-Netzwerkausstattungen zum Einsatz. Ermöglicht der Kundenendausstattung die Verwendung des SMDS-Dienstes für Hochgeschwindigkeits-WAN-Internetworking. Basiert auf dem IEEE-802.6-DQDB-Standard. Siehe auch *DQDB*.

Site
Gruppe von nah verwandten Konfigurationsdaten. Kann einen physikalischen Ort oder ein Segment im Gesamtnetz bezeichnen.

SLAC
Standford Linear Accelerator Center.

SLC
Signaling Link Code.

Sliding Window Flow Control
Eine Methode zur Datenflusskontrolle, bei der ein Empfänger einem Überträger die Erlaubnis zur Übertragung von Daten erteilt, bis ein Fenster voll ist. Sobald das Fenster voll ist, muss der Überträger mit dem Übertragen anhalten, bis der Empfänger ein größeres Fenster bereitstellt. TCP, andere Transportprotokolle und einige Protokolle der Datensicherungsschicht greifen auf diese Methode zur Datenflusskontrolle zurück.

SLIP

Serial Line Internet Protocol. Ein Standardprotokoll für serielle Punkt-zu-Punkt-Verbindungen, das eine Variante von TCP/IP einsetzt. Siehe auch *CSLIP* und *PPP*.

Slotted Ring (gespaltener Ring)

Eine auf einer Ring-Topologie basierende LAN-Architektur, bei der der Ring in Slots unterteilt ist, die fortlaufend zirkulieren. Slots können entweder leer oder voll sein, und Übertragungen müssen immer am Anfang eines Slots beginnen.

Slow Switching

Die mit der Geschwindigkeit der Bearbeitungsebene erfolgende Verarbeitung von Paketen ohne einen Routen-Cache. Gegensatz zu *Fast Switching*.

SMAC

Source MAC = Quell-MAC. Die im Paketfeld für die Quelladresse angegebene MAC-Adresse. Vergleiche mit *DMAC*. Siehe auch *MAC-Adresse*.

SMB

Server Message Block. Ein vom LAN-Manager und ähnlichen Netzwerkbetriebssystemen verwendetes Protokoll zum Verpacken von Daten und zum Austauschen von Informationen mit anderen Systemen.

SMDS Interface Protocol

Siehe *SIP*.

SMDS

Switched Multimegabit Data Service. Eine von Telefongesellschaften angebotene auf Datagrammen basierende, paketaustauschende WAN-Netzwerktechnologie mit hoher Geschwindigkeit. Siehe auch *CBDS*.

SMI

Structure of Management Information. Ein Dokument (RFC 1155), das Regeln für die Definition verwalteter Objekte in der MIB angibt. Siehe auch *MIB*.

SMO

State Machine Object.

Smoothing (Glätten)

Siehe *Traffic-Shaping*.

SMRP

Simple Multicast Routing Protocol. Ein spezialisiertes Multicast-Netzwerkprotokoll für das Routing von Multimedia-Datenströmen in Unternehmensnetzwerken. SMRP arbeitet in Verbindung mit Multicast-Erweiterungen zum AppleTalk-Protokoll.

SMT

Station Management. Eine ANSI-FDDI-Spezifikation, die definiert, wie Ringstationen verwaltet werden.

SMTP

Simple Mail Transfer Protocol. Ein Internet-Protokoll, das E-Mail-Dienste bereitstellt.

SNA

Systems Network Architecture. Eine in den 1970er-Jahren von IBM entwickelte umfangreiche und komplexe Netzwerkarchitektur, die reich an Eigenschaften ist. In einiger Hinsicht gibt es Ähnlichkeiten mit dem OSI-Referenzmodell, aber auch einige Unterschiede. SNA setzt sich im Wesentlichen aus sieben Schichten zusammen. Siehe *Data Flow Control Layer (Datenfluss-Kontrollschicht)*, *Data Link Control Layer (Datenverbindungs-Kontrollschicht)*, *Path Control Layer (Pfad-Kontrollschicht)*, *Physical Control Layer (physikalische Kontrollschicht)*, *Presentation Service Layer (Darstellungsdiensteschicht)*, *Transaction Services Layer (Transaktionsdiensteschicht)* und *Transmission Control Layer (Übertragungs-Kontrollschicht)*.

SNA Distribution Services

Siehe *SNADS*.

SNA Network Interconnection

Siehe *SNI*.

SNADS

SNA Distribution Services (Verteilungsdienste). Dieser Dienst setzt sich aus einer Reihe von SNA-Transaktionsprogrammen zusammen, die miteinander verbunden sind und bei der asynchronen Verteilung von Informationen unter Endanwendern zusammenarbeiten. Einer von drei SNA-Transaktionsdiensten. Siehe auch *DDM* und *DIA*.

SNAP

Subnetwork Access Protocol. Ein Internet-Protokoll, das zwischen einer Netzwerkeinrichtung im Subnetz und einer Netzwerkeinrichtung im Endsystem betrieben wird. SNAP spezifiziert eine Standardmethode für die Kapselung von IP-Datagrammen und ARP-Nachrichten in IEEE-Netzwerken. Die SNAP-Einrichtung im Endsystem führt drei Schlüsselfunktionen durch: Datentransfer, Verbindungsmanagement und QOS-Auswahl.

SNI

1. Subscriber Network Interface. Eine Schnittstelle für SMDS-basierte Netzwerke, die Kundenendausstattungen mit einem SMDS-Switch verbindet. Siehe auch *UNI*.

2. SNA Network Interconnection. Ein IBM-Gateway, das mehrere SNA-Netzwerke miteinander verbindet.

SNMP

Simple Network Management Protocol. Ein nahezu ausschließlich in TCP/IP-Netzwerken eingesetztes Protokoll für das Netzwerk-Management. SNMP stellt ein Mittel für die Überwachung und Steuerung von Netzwerk-Geräten, Performance und Sicherheitsaspekten sowie das Konfigurationsmanagement und das Sammeln von statistischen Werten dar.

SNMP2

SNMP Version 2. Version 2 des verbreiteten Protokolls für das Netzwerk-Management. SNMP2 unterstützt zentralisierte und verteilte Strategien für das Netzwerk-Management und umfasst Verbesserungen bei der SMI, den Protokolloperationen, der Verwaltungsarchitektur und der Sicherheit. Siehe auch *SNMP*.

SNMP-Gemeinschaften

Ein Authentifizierungsverfahren, das es einem intelligenten Netzwerkgerät ermöglicht, SNMP-Requests von Quellen wie beispielsweise einem NMS für gültig zu erklären. Siehe auch *SNMP*.

SNPA

Subnetwork Point of Attachment. Eine Adresse der Datensicherungsschicht (beispielsweise eine Ethernet-Adresse, X.25-Adresse oder Frame-Relay-DLCI-Adresse). SNPA-Adressen werden verwendet, um eine CLNS-Route für eine Schnittstelle zu konfigurieren.

SNRM

Set Normal Response.

SNRME

Set Normal Response Mode Exchange.

Socket

Eine Software-Struktur, die als ein Kommunikationsendpunkt in einem Netzwerkgerät fungiert.

Socket Client

Software-Prozess oder Funktion, die in einem AppleTalk-Netzwerk implementiert ist.

Socket Listener

Software, die von einem Socket-Client dazu verwendet wird, Datagramme für den Socket zu empfangen.

Socket Number

8-Bit-Nummer, die einen Socket identifiziert. Bei einem AppleTalk-Knoten können maximal 254 verschiedene Socket-Nummern zugewiesen werden.

SOHO

Small Office, Home Office. Netzwerk-Lösungen für Büros, die nicht direkt mit den Netzen großer Unternehmen verbunden sind.

SONET

Synchronous Optical Network. Eine von Bellcore für den Betrieb mit Lichtwellenleitern entwickelte Spezifikation für synchrone Netzwerke mit hoher Geschwindigkeit (bis zu 2,5 Gbit/s). STS-1 stellt den grundlegenden Baustein von SONET dar. Wurde 1988 als internationaler Standard genehmigt. Siehe auch *SDH*, *STS-1* und *STS-3c*.

Source Address (Quellenadresse)

Die Adresse eines Netzwerkgeräts, das Daten verschickt. Siehe auch *Destination Address (Zieladresse)*.

Source MAC (Quell-MAC)

Siehe *SMAC*.

Source Service Access Point

Siehe *SSAP*.

Source-Route Bridging
Siehe *SRB*.

Source-Route Translational Bridging
Siehe *SR/TLB*.

Source-Route Transparent Bridging
Siehe *SRT*.

Southeastern Universities Research Association Network
Siehe *SURAnet*.

SPAG
Standards Promotion and Application Group. Gruppe von europäischen OSI-Herstellern, die Optionen auswählt und diese in GUSs veröffentlicht.

Spam
Unerwünschte E-Mails, häufig mit Werbung als Inhalt. Das Versenden von Spam wird als Spamming bezeichnet.

Span
Eine vollduplexbetriebene digitale Übertragungsleitung zwischen zwei digitalen Einrichtungen.

Spanning-Explorer-Paket
Folgt bei der Suche nach Pfaden in einem SRB-Netzwerk einem statisch konfigurierten umfassenden Baum. Auch als *Limited-Route-Explorer-Paket* oder *Single-Route-Explorer-Paket* bezeichnet. Siehe auch *All-Routes-Explorer-Paket*, *Explorer-Paket* und *Local-Explorer-Paket*.

Spanning Tree (umfassender Baum)
Eine schleifenfreie Teilmenge einer Netzwerk-Topologie. Siehe auch *Spanning-Tree-Algorithmus* und *Spanning-Tree Protocol*.

Spanning-Tree Protocol
Ein den Spanning-Tree-Algorithmus verwendendes Bridge-Protokoll, der es einer lernenden Bridge durch das Erstellen eines umfassenden Baums ermöglicht, Schleifen in einer Netzwerktopologie dynamisch zu umgehen. Bridges tauschen BPDU-Nachrichten mit anderen Bridges aus, um Schleifen zu entdecken, und entfernen anschließend die Schleifen, indem sie ausgewählte Bridge-Schnittstellen stilllegen. Bezieht sich sowohl auf den Standard IEEE 802.1 für das Spanning-Tree Protocol als auch auf das frühere Spanning-Tree Protocol von Digital Equipment, auf dem es basiert. Die IEEE-Fassung unterstützt Bridge-Domains und ermöglicht es der Bridge, eine schleifenfreie Topologie über ein ausgedehntes LAN zu erstellen. Die IEEE-Fassung wird im Allgemeinen gegenüber der Digital-Fassung bevorzugt. Manchmal als *STP* abgekürzt. Siehe auch *BPDU*, *Learning Bridge*, *MAC Address Learning*, *Spanning Tree (umfassender Baum)* und *Spanning-Tree-Algorithmus*.

Spanning-Tree-Algorithmus
Der vom Spanning-Tree Protocol verwendete Algorithmus zum Erzeugen eines umfassenden Baums. Manchmal als *STA* abgekürzt. Siehe auch *Spanning Tree (umfassender Baum)* und *Spanning-Tree Protocol*.

Sparse Mode PIM

Siehe *PIM Sparse Mode.*

Speed Matching

Eine Eigenschaft, die in einem Zielgerät ausreichenden Zwischenspeicher bereitstellt, um einer Hochgeschwindigkeitsquelle die Übertragung mit ihrer Maximalrate zu gestatten, selbst wenn das Zielgerät langsamer ist.

SPF

Shortest-Path-First-Algorithmus. Ein Routing-Algorithmus, der die Pfadlängen durchläuft, um einen umfassenden Baum mit kürzesten Pfaden zu ermitteln. Üblicherweise in Link-State Routing-Algorithmen eingesetzt. Manchmal auch als *Dijkstra-Algorithmus* bezeichnet. Siehe auch *Link-State Routing-Algorithmus.*

SPID

Service Profile Identifier. Eine Nummer, die einige Diensteanbieter verwenden, um die von einem ISDN-Gerät angesprochenen Dienste zu definieren. Das ISDN-Gerät verwendet die SPID, wenn es auf den Switch zugreift, der die Verbindung zu einem Diensteanbieter herstellt.

Split-Horizon-Updates

Eine Routing-Technik, bei der Routeninformationen am Verlassen über die Router-Schnittstelle gehindert werden, über die diese Informationen empfangen wurden. Split-Horizon-Updates sind bei der Vermeidung von Routing-Schleifen nützlich.

SPNNI Conncection

Siehe *SPNNI* in »Cisco Systems Begriffe und Akronyme«.

Spoofing

Beim Spoofing wird vorgetäuscht, dass ein Paket von einer Adresse stammt, die es in Wirklichkeit nicht verschickt hat. Das Spoofing ist dazu bestimmt, die Sicherheitsmechanismen von Netzwerken wie beispielsweise Filter und Zugangslisten zu umgehen.

Spooler

Eine Anwendung, die zur Ausführung an sie übermittelte Anfragen oder Aufträge verwaltet. Spooler verarbeiten die übermittelten Anfragen in geordneter Weise aus einer Warteschlange. Ein Druckerspooler ist ein allgemeines Beispiel für einen Spooler.

SPP

Sequenced Packet Protocol. Sorgt für eine zuverlässige, verbindungsbezogene, flussgesteuerte Paketübertragung im Auftrag von Client-Prozessen. Ein Bestandteil der XNS-Protokollsammlung.

SPX

Sequenced Packet Exchange. Ein zuverlässiges, verbindungsbezogenes Protokoll, das den von den Protokollen der Netzwerkschicht (Schicht 3) bereitgestellten Datagrammdienst erweitert. Novell hat dieses vielfach eingesetzte NetWare-Transportprotokoll vom SPP aus der XNS-Protokollsammlung abgeleitet.

SQE

Signal Quality Error. Eine vom Transceiver an den Controller zurückgeschickte Übertragung, die dem Controller mitteilt, ob die Kollisionsschaltung funktioniert. Auch als *Heartbeat* bezeichnet.

SQL

Structured Query Language. Internationale Standardsprache für Definition und Zugriff auf relationale Datenbanken.

SR/TLB

Source-Route Translational Bridging. Eine Bridging-Methode, bei der Source-Route-Stationen mit transparenten Bridge-Stationen unter Zuhilfenahme einer zwischengeschalteten Bridge kommunizieren können, die zwischen zwei Bridging-Protokollen übersetzt. Vergleiche mit *SRT.*

SRAM

Ein RAM-Typ, der seinen Inhalt für die Dauer der Versorgung mit Energie aufrechterhält. SRAM erfordert im Gegensatz zu DRAM kein ständiges Auffrischen. Vergleiche mit *DRAM*.

SRB

Source-Route Bridging. Eine von IBM stammende Bridging-Methode, die in Token-Ring-Netzwerken weit verbreitet ist. In einem SRB-Netzwerk wird die vollständige Route zu einem Ziel in Echtzeit bestimmt, bevor Daten an das Ziel geschickt werden. Gegensatz zu *transparentes Bridging.*

SRT

Source-Route Transparent Bridging. Ein Bridging-Verfahren von IBM, das die beiden geläufigsten Bridging-Strategien zusammenfasst: SRB und transparentes Bridging. SRT macht in einem Gerät von beiden Technologien Gebrauch, um die Bedürfnisse aller Endknoten zu befriedigen. Es ist keine Übersetzung zwischen Bridging-Protokollen erforderlich. Vergleiche mit *SR/TLB*.

SRTP

Sequenced Routing Update Protocol. Dieses Protokoll unterstützt VINES-Server beim Ausfindigmachen von benachbarten Clients, Servern und Routern. Siehe auch *RTP (1)*.

SS7

Signaling System 7. Ein von Bellcore entwickeltes standardmäßig unter BISDN und ISDN verwendetes CCS-System. Siehe auch *CCS*.

SSAP

Source Service Access Point. Der SAP des im Paketfeld für die Quelle angegebenen Netzknotens. Vergleiche mit *DSAP*. Siehe auch *SAP (1)*.

SSCOP

Service Specific Connecion Oriented Protocol. Data Link-Protokoll, das die Zustellung von ATM-Signalisierungspaketen garantiert.

SSCP-PU-Sitzung

Eine in der SNA verwendete Sitzung, die es einem SSCP ermöglicht, die Ressourcen eines Knotens durch die PU zu verwalten. SSCPs können Anfragen an einzelne Knoten schicken und Antworten von ihnen erhalten, um die Netzwerk-Konfiguration zu kontrollieren.

SSCP

System Services Control Points. Die zentralen Stellen eines SNA-Netzwerks, an denen die Verwaltung der Netzwerk-Konfiguration sowie die Koordination von Anfragen an den Netzwerk-Operator und zur Problemermittlung erfolgt und an denen Endanwendern Verzeichnisdienste und andere Sitzungsdienste bereitgestellt werden.

SSCS

Service Specific Convergence Sublayer. Eine von zwei Unterschichten eines beliebigen AAL. Der diensteunabhängige SSCS bietet eine garantierte Datenübertragung. Der SSCS braucht bei Implementierungen von klassischem IP über ATM oder LAN-Emulation nicht vorhanden zu sein. Siehe auch *AAL*, *ATM-Schicht*, *CPCS*, *CS* und *SAR*.

SSE

Siehe *SSE* in »Cisco Systems Begriffe und Akronyme«.

SSL

Secure Socket Layer. Verschlüsselungstechnik für das Web.

SSN

Subsystem Number.

SSP

Switch-to-Switch Protocol. Ein im DLSw-Standard spezifiziertes Protokoll, das Router zum Einrichten von DLSw-Verbindungen, Lokalisieren von Ressourcen, Weiterleiten von Daten sowie für den Umgang mit der Datenflusskontrolle und die Wiederherstellung nach Fehlern einsetzen. Siehe auch *DLSw*.

Stack

Siehe *Protocol Stack*.

Standard (Norm)

Eine Reihe von Regeln oder Vorgehensweisen, auf die entweder häufig zurückgegriffen wird oder die offiziell spezifiziert sind. *De-facto-Standard* und *De-jure-Standard*.

Standby-Monitor

Ein im Standby-Modus in einem Token-Ring-Netzwerk untergebrachtes Gerät für den Fall, dass ein aktiver Monitor ausfällt. Siehe auch *aktiver Monitor* und *Ring-Monitor*.

StarLAN

Ein von AT&T entwickeltes auf der IEEE 802.3 basierendes CSMA/CD-LAN.

Start-Stop Transmission

Siehe *Asynchronous Transmission (asynchrone Übertragung)*.

stat mux

Siehe *statistisches Multiplexing*.

Statically Assigned Socket
Siehe *SAS.*

Station Management
Siehe *SMT.*

statische Route
Eine Route, die explizit konfiguriert und in die Routingtabelle eingetragen ist. Statische Routen genießen Vorrang gegenüber den von dynamischen Routingprotokollen ausgewählten Routen.

Statistical Time-Division Multiplexing
Siehe *statistisches Multiplexing.*

statistisches Multiplexing
Eine Technik, bei der Informationen aus mehreren logischen Kanälen über einen einzigen physikalischen Kanal übertragen werden können. Das statistische Multiplexing teilt nur aktiven Eingangskanälen dynamisch Bandbreite zu, wodurch die verfügbare Bandbreite besser genutzt wird und mehr Geräte angeschlossen sein können als mit anderen Multiplexingtechniken. Wird auch als *Statistical Time-Division Multiplexing* oder *stat mux* bezeichnet. Vergleiche mit *ATDM*, *FDM* und *TDM.*

STA
Siehe *Spanning-Tree-Algorithmus.*

STD
Subserie von RFCs, die Internet-Standards spezifizieren. Die offizielle Liste von Internet-Standards ist in STD-1.

Stern-Topologie
Eine LAN-Topologie, bei der Endpunkte eines Netzwerks über Punkt-zu-Punkt-Verbindungen mit einem gemeinsamen zentralen Switch verbunden sind. Eine Ring-Topologie, die als ein Stern organisiert ist, realisiert einen unidirektionalen Stern mit geschlossenem Kreis anstelle der Punkt-zu-Punkt-Verbindungen. Vergleiche mit *Bus-Topologie*, *Ring-Topologie* und *Baum-Topologie.*

STM-1
Synchronous Transport Module Level 1. Eines von mehreren SDH-Formaten, das die zur Übertragung von ATM-Zellen verwendete Frame-Struktur für 155,52- Mbit/s-Leitungen spezifiziert. Siehe auch *SDH.*

Store-and-Forward Packet-Switching
Eine Technik für das Packet-Switching, bei der Frames vollständig verarbeitet werden, bevor sie an den entsprechenden Anschluss weitergeleitet werden. Diese Verarbeitung beinhaltet die Berechnung der CRC und die Überprüfung der Zieladresse. Weiterhin müssen die Frames so lange zwischengespeichert werden, bis Netzwerk-Ressourcen (wie z.B. eine unbenutzte Verbindung) für das Weiterleiten der Nachricht zur Verfügung stehen. Gegenteil von *Cut-Through Packet-Switching.*

STP
1. Shielded Twisted-Pair. Ein zweiadriges Kabelmedium, das bei vielen Netzwerkimplementierungen zum Einsatz kommt. STP-Kabel verfügen über eine abschirmende Isolierschicht

zum Verringern elektromagnetischer Interferenzen. Vergleiche mit *UTP.* Siehe auch *Twisted-Pair.*

2. Siehe *Spanning-Tree Protocol.*

Stream Oriented

Art von Transportdienst, der es den Clients ermöglicht, Daten in einem kontinuierlichen Strom zu senden. Der Transportdienst garantiert, dass diese Daten am anderen Ende in der gleichen Reihenfolge ankommen, wie sie gesendet wurden.

Structure of Management Information

Siehe *SMI.*

STS-1

Synchronous Transport Signal Level 1. Das grundlegende Bausteinsignal von SONET, das mit 51,84 Mbit/s betrieben wird. Schnellere SONET-Raten werden als STS-*n* definiert, wobei *n* ein Multiplikator für die 51,84 Mbit/s darstellt. Siehe auch *SONET.*

STS-3c

Synchronous Transport Signal Level 3, concatenated. Ein SONET-Format, das die für die Übertragung von ATM-Zellen verwendete Frame-Struktur für 155,52-Mbit/s-Leitungen spezifiziert. Siehe auch *SONET.*

Stub-Area

Eine OSPF-Area, die über eine Standardroute sowie Routen innerhalb der Area und zwischen Areas, aber keine externen Routen verfügt. Virtuelle Verbindungen können nicht über eine Stub-Area konfiguriert werden, und sie dürfen keine ASBR enthalten. Vergleiche mit *Non-Stub-Area.* Siehe auch *ASBR* und *OSPF.*

Stub-Netzwerk

Ein Netzwerk mit nur einer einzigen Verbindung zu einem Router.

Subarea

Ein Bestandteil eines SNA-Netzwerks, das aus einem Subarea-Knoten und beliebigen angehängten Verbindungen und Peripherieknoten besteht.

Subarea-Knoten

Ein SNA-Kommunikationscontroller oder SNA-Host, der sich vollständiger Netzwerkadressen bedient.

Subchannel (Unterkanal)

In der Breitband-Terminologie eine frequenzabhängige Unterteilung, die einen eigenständigen Kommunikationskanal darstellt.

Subinterface (Unterschnittstelle)

Eine von mehreren virtuellen Schnittstellen einer einzigen physikalischen Schnittstelle.

Subnetwork Access Protocol

Siehe *SNAP.*

Subnetwork Point of Attachment

Siehe *SNPA.*

Subnetz

1. In IP-Netzwerken ein Netzwerk, das sich eine bestimmte Subnetz-Adresse teilt. Bei Subnetzen handelt es sich um Netzwerke, die vom Netzwerk-Administrator beliebig segmentiert werden, damit eine hierarchische Routingstruktur über mehrere Schichten bereitgestellt wird, die das Subnetz gleichzeitig von der Adressierungskomplexität angehängter Netzwerke abschirmt. Siehe auch *IP-Adresse*, *Subnetz-Adresse* und *Subnetz-Maske*.

2. In OSI-Netzwerken eine Ansammlung von End- und Zwischensystemen unter der Kontrolle einer einzigen verwaltenden Domain, die ein einziges Protokoll für den Netzwerk-Zugriff verwendet.

Subnetz-Adresse

Der Anteil an einer IP-Adresse, der durch die Subnetz-Maske als das Subnetz angegeben ist. Siehe auch *IP-Adresse*, *Subnetz-Maske* und *Subnetz*.

Subnetz-Maske

Eine vom IP verwendete 32-Bit-Adressmaske, die die für die Subnetz-Adresse zu verwendenden Bits einer IP-Adresse anzeigt. Manchmal einfach als *Maske* bezeichnet. Siehe auch *Adressmaske* und *IP-Adresse*.

Subscriber Network Interface

Siehe *SNI*.

Subvector (Teilvektor)

Ein Datenabschnitt eines Vektors in einer SNA-Nachricht. Ein Teilvektor setzt sich aus einem Feld für die Länge, einem Schlüssel zur Beschreibung des Teilvektortyps und teilvektorspezifischen Daten zusammen.

Super Frame

Siehe *SF*.

Super-JANET

Letzte Phase in der Entwicklung von JANET, dem britischen Forschungs- und Erziehungsnetzwerk, das von UKERNA betrieben wird. Es benutzt SMDS und ATM, um Multiservice-Netzwerk-Fähigkeiten zu erreichen.

Supernet

Zusammenfassung von IP-Netzwerk-Adressen, die als einzelne klassenlose Netzwerk Adressen zugewiesen werden.

Supervisory Processor

Siehe *RP (Route Processor)*.

SURAnet

Southeastern Universities Research Association Network. Ein Netzwerk, das Universitäten und andere Einrichtungen im Südosten der USA miteinander verbindet. Das ursprünglich von der NSF gegründete und zum NSFNET gehörende SURAnet ist heute ein Bestandteil von BBN Planet. Siehe auch *BBN Planet*, *NSF* und *NSFNET*.

Sustainable Cell Rate

Siehe *SCR*.

SVC
Switched Virtual Circuit. Eine virtuelle Leitung, die bei Bedarf dynamisch eingerichtet und nach Beendigung der Übertragung abgebaut wird. SVCs kommen in Situationen zum Einsatz, in denen es nur zur gelegentlichen Datenübertragung kommt. In der ATM-Terminologie als *Switched Virtual Connection* bezeichnet. Vergleiche mit *PVC*.

Switch (Schalter)
1. Ein Netzwerkgerät, das Frames basierend auf der Zieladresse jedes Frame filtert, weiterleitet und verbreitet. Der Switch operiert auf der Datensicherungsschicht des OSI-Modells.

2. Eine allgemeine Bezeichnung für eine elektronische oder mechanische Vorrichtung, die bei Bedarf das Einrichten einer Verbindung, aber auch ihren Abbau ermöglicht, sobald keine Sitzung mehr zu unterstützen ist.

Switch Processor
Siehe *Switch Processor* in »Cisco Systems Begriffe und Akronyme«.

Switched Calls
Normaler Telefonanruf, bei dem der User den Hörer abnimmt und eine Zielrufnummer eingibt. Switched Calls können auch PLAR oder Tie-Line-Anrufe sein. Siehe auch *PLAR*.

Switched LAN
Ein mittels LAN-Switches implementiertes LAN. Siehe *LAN-Switch*.

Switched Multimegabit Data Service
Siehe *SMDS*.

Switched Port Analyzer
Siehe *Span*.

Switched Virtual Circuit
Siehe *SVC*.

Switched Virtual Connection
Siehe *SVC*.

Switch-to-Switch Protocol
Siehe *SSP*.

Synchronisation
Das Einrichten eines gemeinsamen Timings zwischen Sender und Empfänger.

Synchronous Data Link Control
Siehe *SDLC*.

Synchronous Digital Hierarchy
Siehe *SDH*.

Synchronous Optical Network
Siehe *SONET*.

Synchronous Transmission (synchrone Übertragung)

Dieser Begriff umschreibt digitale Signale, die mit einem präzisen Takt übertragen werden. Solche Signale verfügen über eine gemeinsame Frequenz, wobei einzelne Zeichen in Steuerbits (als Start- und Stopbit bezeichnet) gekapselt sind, die den Anfang und das Ende jedes Zeichens kennzeichnen. Vergleiche mit *Asynchronous Transmission (asynchrone Übertragung)*, *Isochronous Transmission (isochrone Übertragung)* und *Plesiochronous Transmission (plesiochrone Übertragung)*.

Synchronous Transport Module Level 1

Siehe *STM-1*.

Synchronous Transport Signal Level 1

Siehe *STS-1*.

Synchronous Transport Signal Level 3, concatenated

Siehe *STS-3c*.

Sysgen

Systemgenerierung. Das Definieren von Netzwerk-Ressourcen in einem Netzwerk.

System Services Control Points

Siehe *SSCP*.

Systemgenerierung

Siehe *Sysgen*.

Systems Network Architecture

Siehe *SNA*.

T

T.120
ITU-Standard über Datenkonferenzen. H.323 bietet die Möglichkeit, T.120-Datensitzungen innerhalb einer bestehenden H.323-Sitzung aufzubauen.

T1
Eine digitale WAN-Übertragungseinrichtung, die DS-1-formatierte Daten mit 1,544 Mbit/s unter Verwendung der AMI- oder B8ZS-Kodierung über das Telefonnetz übermittelt. Vergleiche mit *E1*. Siehe auch *AMI*, *B8ZS* und *DS-1*.

T3
Eine digitale WAN-Übertragungseinrichtung, die DS-3-formatierte Daten mit 44,736 Mbit/s über das Telefonnetz übermittelt. Vergleiche mit *E3*. Siehe auch *DS-3*.

TABS
Telemetry Asynchronous Block Serial. AT&T-Kommunikationsprotokoll, das mittlere Transferraten über Drahtpaare in Büros unterstützt.

TAC
Terminal Access Controller. Ein Internet-Host, der Terminalverbindungen über Anwählleitungen annimmt.

TACACS
Terminal Access Controller Access Control System. Ein von der DDN-Gemeinschaft entwickeltes Authentifizierungsprotokoll, das eine Authentifizierung per Fernzugriff sowie zugehörige Dienste wie z.B. das Protokollieren von Ereignissen bereitstellt. Benutzerkennwörter werden in einer zentralen Datenbank anstatt auf den einzelnen Routern verwaltet, womit für eine einfach skalierbare Sicherheitslösung gesorgt ist.

TACACS+
Siehe *TACACS+* in »Cisco Systems Begriffe und Akronyme«.

Tag
Idetifizierungsinformation, wie etwa Nummern.

Tag Switching
Paketweiterleitungstechnik mit hoher Geschwindigkeit, die Layer-3-Routing und Layer-2-Switching integriert und skalierbares, sehr schnelles Switching im Zentrum des Netzwerks bietet. Tag-Switching basiert auf dem Konzept des Label-Switching, bei dem Paketen oder Zellen kurze Labels mit fester Länge zugewiesen werden, die den switchenden Knoten mitteilen, wie die Daten weitergeleitet werden sollen.

Tagged Traffic (angehängter Verkehr)

ATM-Zellen, deren CLP-Bit auf 1 gesetzt ist. Wenn es im Netzwerk zu Stauungen kommt, kann angehängter Verkehr ausgesetzt werden, um die Zustellung des Verkehrs mit höherer Priorität zu gewährleisten. Manchmal als *DE*-Verkehr bezeichnet. Siehe auch *CLP*.

Tandem Switching

Dynamisches Switchen von Sprachanrufen zwischen VoFR, VoATM oder VoHDLC-PVCs und Subkanälen; auch als Tandeming bezweichnet. Kommt häufig in Multi-Hop-VoFR-Verbindungspfaden vor.

TARP

TID Address Resolution Protocol. Bei OSS ein Protokoll, das TD-1 TID zu einer CLNP-Adresse auflöst.

TAXI 4B/5B

Transparent Asynchronous Transmitter/Receiver Interface 4-Byte/5-Byte. Ein sowohl in FDDI-LANs als auch unter ATM eingesetztes Kodierungsverfahren, das Geschwindigkeiten von bis zu 100 Mbit/s über Multimode Fiber unterstützt. Bei TAXI handelt es sich um den Chipsatz, der die 4B/5B-Kodierung für Multimode Fiber generiert. Siehe auch *4B/5B Local Fiber*.

TBOS Protocol

Telemetry Byte Oriented Serial Protocol. Protokoll, das Alarme, Status und Kontrollpunkte zwischen NE und OSS überträgt. TBOS definiert ein physikalisches Interface für direkte Verbindungen zwischen den Telemetrie-Geräten und der überwachten Ausstattung.

TCA

Telecommunications Access Method.

TCAP

Transaction Capabilities Application Part.

T-Carrier

Eine TDM-Übertragungsmethode, die sich üblicherweise auf eine Leitung oder ein Kabel bezieht, die/das ein DS-1-Signal weiterleitet.

TCC

Terminal Call Control.

TCL Interface

Tool Command-Line Interface.

TCP and UDP over Lightweight IP

Siehe *TULIP*.

TCP and UDP over Nonexistent IP

Siehe *TUNIP*.

TCP

Transmission Control Protocol. Ein verbindungsbezogenes Protokoll, das für eine zuverlässige, Vollduplex-betriebene Datenübertragung sorgt. TCP ist ein Bestandteil der TCP/IP-Protokollsammlung. Siehe auch *TCP/IP*.

TCP/IP

Transmission Control Protocol/Internet Protocol. Gemeinsame Bezeichnung für die in den 1970er-Jahren vom US-amerikanischen Verteidigungsministerium zur Unterstützung des Aufbaus von weltweiten Internetzwerken entwickelte Protokollsammlung. TCP und IP sind die bekanntesten Protokolle aus dieser Sammlung. Siehe auch *IP* und *TCP*.

TCU

Trunk Coupling Unit. In Token-Ring-Netzwerken ein physikalisches Gerät, das einer Station die Anbindung an das Anschlusskabel ermöglicht.

TDM

Time-Division Multiplexing. Eine Technik, bei der Informationen aus mehreren Kanälen basierend auf zuvor festgelegten Sendezeiten Bandbreite auf einem einzigen Kabel belegen können. Die Bandbreite wird von jedem Kanal unabhängig davon belegt, ob die Station über zu übertragende Daten verfügt. Vergleiche mit *ATDM*, *FDM* und *statistischem Multiplexing*.

TDM Cross-Connect

Erlaubt es, Kanäle einer T1- oder E1-Installation mit DS0 oder anderen T/E1-Kanälen zu verbinden. Dabei wird der Traffic zwischen einem PBX und CO PSTN-Switches oder anderen Geräten gesendet, sodass einige PBX-Kanäle für Dienste über große Entfernungen über das PSTN gesendet werden, während der Router andere Kanäle für VoIP-Anrufe zwischen Büros komprimiert. Zusätzlich können Drops und Inserts über einen Telefon-Switch mit einer Kanalbank für externe analoge Verbindungen verbunden werden. Auch als *Drop* und *Insert* bezeichnet.

TDMA

Time Division Multiple Access. Technik für die Aufteilung von Übertragungen in Time Slots, die eine größere Zahl von Usern über die gleiche Frequenz erlauben.

TDR

Time Domain Reflectometer. Ein Gerät, das Signale über ein Netzwerkmedium schicken kann, um die Kontinuität des Kabels und andere Attribute zu überprüfen. TDRs werden eingesetzt, um Netzwerkprobleme mit der physikalischen Bitübertragungsschicht aufzuspüren.

TE

Terminal Equipment. Beliebiges ISDN-Gerät, das an ein Netzwerk angeschlossen werden kann, etwa Telefon, Fax oder Computer.

Technical Assistance Center

Siehe *TAC*.

Technical Office Protocol

Siehe *TOP*.

TEI

Terminal Endpoint Identifier. Feld in der LAPD-Adresse, das ein Gerät auf einem ISDN-Interface identifiziert. Siehe auch *TE*.

Telco

Abkürzung für Telephone Company (Telefongesellschaft).

Telecommunication Management Netzwork
Siehe *TMN.*

Telecommunications Industry Association
Siehe *TIA.*

Telefonie
Die Lehre vom Umwandeln von Klängen in elektrische Signale und deren Übertragung zwischen weit voneinander entfernten Orten.

Telekommunikation
Dieser Begriff bezieht sich auf die Kommunikation (üblicherweise einschließlich Computersystemen) über das Telefonnetz.

Telemetry Asynchronous Block Serial
Siehe *TABS.*

Telemetry
Fähigkeit zur Übertragung oder Empfang von Daten über Kommunikationslinks über große Entfernungen, wie Satelliten oder Telefon.

Telex
Ein Fernschreiberdienst, der es den Kunden ermöglicht, Nachrichten über das PSTN zu verschicken.

Telnet
Das standardmäßige Terminalemulationsprotokoll aus der TCP/IP-Protokollsammlung. Telnet wird für entfernte Terminalverbindungen verwendet, die es Anwendern ermöglichen, sich bei entfernten Systemen anzumelden und deren Ressourcen zu verwenden, als ob sie mit einem lokalen System verbunden wären. Telnet ist in der RFC 854 definiert.

Tempest
Ein Standard des US-amerikanischen Militärs. Elektronische Geräte gemäß der Tempest-Spezifikation widerstehen elektromagnetischen Impulsen. Siehe auch *EMP.*

TERENA
Trans-European Research and Education Networking Association. Eine Einrichtung, die die Entwicklung von Informations- und Telekommunikationstechnologien in Europa fördert. In ihr sind das EARN und die RARE aufgegangen. Siehe auch *EARN* und *RARE.*

Termid
Identifizierer eines SNA-Clustercontrollers. Termid ist nur für geschaltete Leitungen von Bedeutung. Auch als *Xid* bezeichnet.

Terminal
Ein einfaches Gerät, an dem Daten eingegeben oder aus einem Netzwerk bezogen werden können. Im Allgemeinen verfügen Terminals über einen Monitor und eine Tastatur, aber nicht über einen Prozessor oder eine lokale Festplatte.

Terminal Access Controller Access System
Siehe *TACACS.*

Terminal Access Controller
Siehe *TAC.*

Terminal Endpoint Identifier
Siehe *TEI.*

Terminal Equipment
Siehe *TE.*

Terminal-Adapter
Eine Vorrichtung zum Anschließen von ISDN-BRI-Verbindungen an vorhandene Schnittstellen wie z.B. EIA/TIA-232. Im Wesentlichen ein ISDN-Modem.

Terminal-Emulation
Eine Netzwerkanwendung, bei der ein Computer Software verwendet, die ihn einem entfernten Host als direkt angeschlossenes Gerät erscheinen lässt.

Terminal-Server
Ein Kommunikationsprozessor, der asynchrone Geräte wie z.B. Terminals, Drucker, Hosts und Modems an ein beliebiges LAN oder WAN anschließt, das TCP/IP-, X.25- oder LAT-Protokolle einsetzt. Der Terminal-Server sorgt für die Internetzwerkintelligenz, die in den angeschlossenen Geräten nicht vorhanden ist.

Terminator (Abschlusswiderstand)
Eine Vorrichtung, die für einen elektrischen Widerstand am Ende einer Übertragungsleitung zum Absorbieren von Signalen auf der Leitung sorgt, wodurch sie daran gehindert werden, reflektiert und von Netzwerkstationen erneut empfangen zu werden.

TEST
Test.

Texas Higher Education Network
Siehe *THEnet.*

TFTP
Trivial File Transfer Protocol. Eine vereinfachte FTP-Version, die die Datenübertragung von einem Computer zu einem anderen über ein Netzwerk ermöglicht.

THC over X.25
Siehe *THC over X.25* in »Cisco Systems Begriffe und Akronyme«.

THEnet
Texas Higher Education Network. Ein regionales Netzwerk, das über 60 akademische Einrichtungen und Forschungsinstitute in Texas (USA) umfasst.

Thinnet
Dieser Begriff bezeichnet eine dünnere, billigere Fassung des im IEEE-802.3-10BaseT-Standard spezifizierten Kabels. Vergleiche mit *Cheapernet.* Siehe auch *10Base2*, *Ethernet* und *IEEE 802.3.*

Three-Way Handshake
Prozess, bei dem zwei Protokollentitäten während des Verbindungsaufbaus synchronisieren.

Throughput (Durchsatz)
Die an einer bestimmten Stelle in einem Netzwerksystem ankommende und möglicherweise durchgeleitete Informationsrate.

TH
Transmission Header = Übertragungs-Header. Ein SNA-Header, der zu einer SNA-Basis-Informationseinheit (BIU) hinzugefügt wird. Für den TH gibt es mehrere SNA-Headerformate. Siehe auch *FID0*, *FID1*, *FID2*, *FID3* und *FID4*.

TIA
Telecommunications Industry Association. Eine Einrichtung, die Standards für Telekommunikationstechnologien entwickelt. Gemeinsam haben die TIA und die EIA Standards wie z.B. EIA/TIA-232 für die elektrischen Eigenschaften von Datenübertragungen formuliert. Siehe auch *EIA*.

TIC
Token-Ring Interface Coupler. Ein Controller, durch den ein FEP an einen Token-Ring angeschlossen wird.

TID
Terminal Identifier.

Time Domain Reflectometer
Siehe *TDR*.

Time Notify
Siehe *TNotify*.

Time To Live
Siehe *TTL*.

Time-Division Multiplexing
Siehe *TDM*.

Time-out
Dieses Ereignis tritt auf, wenn ein Netzwerkgerät in einer bestimmten Zeitspanne von einem anderen Netzwerkgerät zu hören erwartet, dies aber nicht tut. Das resultierende Timeout führt in der Regel zu einer erneuten Übertragung der Informationen oder zum Beenden der Sitzung zwischen den beiden Geräten.

TINA-C
Telecommunications Information Networking Architecture. Bedient in C geschriebene Anwendungen, die den TINA-Richtlinien entsprechen.

TIOS
Transpath Input Output System.

TIRKS
Trunk Information Record Keeping System. Bellcore-OSS, das Aufzeichnungen für Stränge zwischen verschiedenen Standorten aufzeichnet. Siehe auch *OSS*.

TL-1
Transaction Language One. Bellcore-Bezeichnung für intelligente Netzwerk-Elemente.

TLAP
TokenTalk Link Access Protocol. Link-Zugangsprotokoll für TokenTalk-Netzwerke. TLAP ist auf dem normalen Token-Ring Data-Link Layer aufgebaut.

TM
Traffic Management.

TMN
Telecommunication Management Network. ITU-T Modell für Transport und Verarbeitung von OAM&P-Informationen für ein Telekommunikationsnetzwerk. Siehe auch *OAM&P*.

TN3270
Eine Terminalemulationssoftware, die ein Terminal einem IBM-Host als ein Terminal vom Typ 3278 Model 2 erscheinen lässt.

TNotify
Time Notify. Zeigt an, wie häufig das Stationsmanagement Broadcasts mit Nachbarmitteilungen initiiert. Siehe auch *SMT*.

Token
Ein Steuerinformationen enthaltender Frame. Der Besitz des Token gestattet es einem Netzwerk-Gerät, Daten über das Netzwerk zu übertragen. Siehe auch *Token-Passing*.

Token-Bus
Eine LAN-Architektur, bei der der Zugang mittels Token-Passing über eine Bus-Topologie erfolgt. Diese LAN-Architektur stellt die Basis für die IEEE 802.4-LAN-Spezifikation dar. Siehe auch *IEEE 802.4*.

Token-Passing
Eine Zugangsmethode, bei der Netzwerkgeräte basierend auf dem Besitz eines als Token bezeichneten kleinen Frames auf das physikalische Medium zugreifen. Gegensatz zu *Circuit-Switching* und *Contention*. Siehe auch *Token*.

Token-Ring
Ein von IBM entwickeltes und unterstütztes Token übergebendes LAN. Token-Ringe laufen mit 4 oder 16 Mbit/s auf einer Ring-Topologie. Ähnlich zur IEEE 802.5. Siehe auch *IEEE 802.5*, *Ring-Topologie* und *Token-Passing*.

Token-Ring Interface Coupler
Siehe *TIC*.

TokenTalk Link Access Protocol
Siehe *TLAP*.

TokenTalk
Data-Link-Produkt von Apple, das die Verbindung eines AppleTalk-Netzes mit Token-Ring-Kabeln erlaubt.

TOP
Technical Office Protocol. Eine für die Bürokommunikation entwickelte OSI-basierte Architektur.

Topologie
Die physikalische Anordnung von Netzknoten und Medien in einem Unternehmensnetzwerk.

ToS
Type of Service. Siehe *COS (1)*.

TP0
Transport Protocol Class 0. Ein in der ISO 8073 definiertes verbindungsloses OSI-Transportprotokoll für den Einsatz in zuverlässigen Subnetzen.

TP4
Transport Protocol Class 4. Ein in der ISO 8073 definiertes verbindungsbezogenes OSI-Transportprotokoll.

TPD
Mechanismus einiger ATM-Switches, der es erlaubt, die verbleibenden Zellen für einen AAL5-Frame zu verwerfen, wenn eine oder mehr Zellen von dem Frame verworfen wurden. Dies verhindert die Übertragung von Teilen eines AAL5-Frames, wenn dieser nochmal gesendet werden muss. Vergleiche *EPD*.

TPPMD
Twisted-Pair Physical Medium Dependent.

TR VLAN
Token-Ring Virtual LAN.

Traceroute
Programm für die Verfolgung des Pfades eines Paketes, das auf vielen Systemen verfügbar ist. Wird meistens zur Fehlersuche bei Routingproblemen verwendet. Ein entsprechendes Protokoll ist in RFC 1393 definiert.

Traffic Management
Technik für die Vermeidung von Stauungen und Traffic-Shaping bzw. Policies. Ermöglicht es, Links mit hoher Auslastung zu betreiben, indem Traffic niedrigerer Priorität im Zweifelsfall eingeschränkt wird.

Traffic Path
Route eines Trägerkanals, der Sprachtraffic transportiert.

Traffic Policing (Verkehrsüberwachung)
Dieser Vorgang misst den tatsächlichen Verkehrsfluss auf einer gegebenen Verbindung und vergleicht ihn mit dem insgesamt für diese Verbindung zugelassenen Verkehrsfluss. Verkehr außerhalb des vereinbarten Flusses kann angehängt (dabei wird das CLP-Bit auf 1 gesetzt)

und auf der Route ausgesetzt werden, falls es zu Stauungen kommt. Die Verkehrsüberwachung wird in ATM-, Frame-Relay- und anderen Arten von Netzwerken eingesetzt. Wird auch als *Admission Control (Zugangskontrolle)*, *Permit Processing (Bearbeitungserlaubnis)*, *Rate Enforcement (Ratenzwang)* und *UPC* bezeichnet. Siehe auch *Tagged Traffic (angehängter Verkehr)*.

Traffic Profile

Reihe von CoS-Attributen, die einem bestimmten Port eines ATM-Switches zugewiesen sind. Betroffen sind unter anderem Rate, Transportpriorität und Inaktivitäts-Timer. Siehe auch *CoS*.

Traffic-Shaping (Verkehrsgestaltung)

Die Verwendung von Warteschlangen zum Begrenzen von Spitzen, die zu Stauungen im Netzwerk führen können. Daten werden zwischengespeichert und dann in geregeltem Umfang über das Netzwerk verschickt, wodurch sichergestellt wird, dass der Verkehr in den zugesagten Verkehrsumfang für diese bestimmte Verbindung passt. Traffic-Shaping wird in ATM-, Frame-Relay- und anderen Arten von Netzwerken eingesetzt. Auch als *Metering (Messung)*, *Shaping (Gestaltung)* und *Smoothing (Glätten)* bezeichnet.

Trailer

Beim Kapseln von Daten für die Netzwerkübertragung an sie angehängte Steuerinformationen. Vergleiche mit *Header*.

Trailing Traffic Discard

Siehe *TPD*.

Transaction Services Layer (Transaktionsdiensteschicht)

Schicht 7 im Architekturmodell der SNA. Diese Schicht beschreibt Anwenderfunktionen von Anwendungen, wie z.B. Arbeitsblätter, Textverarbeitung oder E-Mail, mittels derer Anwender mit dem Netzwerk interagieren. Entspricht grob der *Anwendungsschicht* des OSI-Modells. Siehe auch *Data Flow Control Layer (Datenfluss-Kontrollschicht)*, *Data Link Control Layer (Datenverbindungs-Kontrollschicht)*, *Path Control Layer (Pfad-Kontrollschicht)*, *Physical Control Layer (physikalische Kontrollschicht)*, *Presentation Services Layer (Darstellungsdiensteschicht)* und *Transmission Control Layer (Übertragungs-Kontrollschicht)*.

Transaktion

Eine ergebnisorientierte Einheit der Kommunikationsverarbeitung.

Transceiver

Siehe *MAU*.

Transceiver-Kabel

Siehe *AUI*.

Trans-European Research and Education Networking Association

Siehe *TERENA*.

Transfer Syntax

Beschreibung einer Instanz eines Datentyps, der als String von Bits ausgedrückt wird.

Transit-Bridging
Diese Bridging-Methode greift für das Verschicken eines Frames zwischen zwei ähnlichen Netzwerken über ein davon verschiedenes Netzwerk auf die Kapselung zurück.

Translational-Bridging (übersetzendes Bridging)
Das Bridging zwischen Netzwerken mit verschiedenen Protokollen für die MAM-Unterschicht. MAC-Informationen werden in der Bridge in das Format des Zielnetzwerks übersetzt. Gegensatz zu *Encapsulation-Bridging (kapselndes Bridging)*.

Transmission Control Layer (Übertragungs-Kontrollschicht)
Schicht 4 im Architekturmodell der SNA. Diese Schicht ist für die Einrichtung, Aufrechterhaltung und Beendigung von SNA-Sitzungen, die Aneinanderreihung von Datennachrichten sowie die Kontrolle des Sitzungsflusses zuständig. Entspricht der *Transportschicht* des OSI-Modells. Siehe auch *Data Flow Control Layer (Datenfluss-Kontrollschicht)*, *Data Link Control Layer (Datenverbindungs-Kontrollschicht)*, *Path Control Layer (Pfad-Kontrollschicht)*, *Physical Control Layer (physikalische Kontrollschicht)*, *Presentation Services Layer (Darstellungsdiensteschicht)* und *Transaction Services Layer (Transaktionsdiensteschicht)*.

Transmission Control Protocol/Internet Protocol
Siehe *TCP/IP*.

Transmission Control Protocol
Siehe *TCP*.

Transmission Convergence
Siehe *TC*.

Transmission Group (Übertragungsgruppe)
Beim SNA-Routing eine oder mehrere als eine Kommunikationseinrichtung behandelte parallele Kommunikationsverbindungen.

Transmission Header (Übertragungs-Header) Siehe *TH*.

Transmission Link (Übertragungsverbindung) Siehe *Link*.

TRANSPAC
Ein großes von der France Telekom betriebenes paketorientiertes Datennetz.

Transparent Asynchronous Transmitter/Receiver Interface 4-Byte/5-Byte
Siehe *TAXI 4B/5B*.

transparentes Bridging
Ein in Ethernet- und IEEE-802.3-Netzwerken häufig verwendetes Bridging-Verfahren, bei dem Frames, basierend auf Tabellen, die Endknoten mit Bridge-Anschlüssen in Verbindung bringen, von den Bridges einen Hop zurzeit weitergeleitet werden. Das transparente Bridging ist so benannt, weil das Vorhandensein von Bridges für Netzwerk-Endknoten transparent sind. Gegensatz zu *SRB*.

TransPath Component
Der Teil des Signal-Controller-Systems, in dem Signale identifiziert, konvertiert und geroutet werden.

Transport Layer (Transportschicht)

Schicht 4 des OSI-Referenzmodells. Diese Schicht ist für die zuverlässige Netzwerkkommunikation zwischen Endknoten zuständig. Die Transportschicht stellt Mechanismen für das Einrichten, Aufrechterhalten und Beenden von virtuellen Leitungen, für die Fehlererkennung und Wiederherstellung beim Transport sowie eine Informationsflusskontrolle bereit. Sie entspricht dem *Transmission Control Layer (Übertragungs-Kontrollschicht)* im SNA-Modell. Siehe auch *Application Layer (Anwendungsschicht)*, *Data Link Layer (Datensicherungsschicht)*, *Network Layer (Netzwerkschicht)*, *Physical Layer (physikalische Bitübertragungsschicht)*, *Presentation Layer (Darstellungsschicht)* und *Session Layer (Kommunikationsschicht)*.

Transport Protocol Class 0

Siehe *TP0*.

Transport Protocol Class 4

Siehe *TP4*.

Trap

Eine von einem SNMP-Agenten an ein NMS, eine Konsole oder ein Terminal gesendete Nachricht, die das Auftreten eines wichtigen Ereignisses wie z.B. eine besondere definierte Bedingung oder das Erreichen eines Schwellenwerts anzeigt. Siehe auch *Alarm* und *Event (Ereignis)*.

Tree Topology

LAN-Topologie ähnlich zu einer Bus-Topologie, außer dass die Tree-Topologie Verzweigungen mit mehreren Knoten enthalten kann. Übertragungen von einer Station breiten sich der Länge nach aus und werden von allen Stationen empfangen. Vergleiche *Bus-, Ring- und Star-Topologie*.

TRIP

Siehe *TRIP* in »Cisco Systems Begriffe und Akronyme«.

TRISL

Token-Ring Inter-Switch Link.

Trivial File Transfer Protocol

Siehe *TFTP*.

Trunk (Strang)

Eine physikalische und logische Verbindung zwischen zwei ATM-Switches, über die sich der Verkehr in einem ATM-Netzwerk bewegt. Ein ATM-Backbone setzt sich aus mehreren Trunks zusammen.

Trunk Coupling Unit

Siehe *TCU*.

Trunk Up-Down

Siehe *TUD*.

TSI

Transmitting Subscriber Information. Frame, der mit der Nummer des Anrufers geschickt werden kann, was zur Überwachung von Anrufen verwendet werden kann.

TSP
Tag-Switched Path.

TTL
Time To Live (dt. Lebensdauer). Ein Feld in einem IP-Header, das angibt, wie lange ein Paket als gültig betrachtet wird.

TUD
Trunk Up-Down. Ein in ATM-Netzwerken eingesetztes Protokoll, das Trunks überwacht und feststellt, wann einer deaktiviert oder aktiviert wird. ATM-Switches versenden regelmäßig Test-Nachrichten von jedem Trunk-Anschluss, um die Leitungsqualität zu überprüfen. Falls ein Trunk eine gegebene Anzahl dieser Nachrichten verpasst, deklariert TUD diesen Trunk als nicht aktiv. Wenn ein Trunk wieder aktiv wird, erkennt TUD, dass der Trunk aktiv ist, deklariert ihn als aktiv und stellt ihn wieder in Dienst. Siehe auch *Trunk*.

TULIP
TCP and UDP over Lightweight IP. Empfohlenes Protokoll für TCP- und UDP-Anwendungen über ATM.

TUNIP
TCP and UDP over Nonexistent IP. Empfohlenes Protokoll für TCP- und UDP-Anwendungen über ATM.

Tunneling (Tunneln)
Eine Architektur, die die notwendigen Dienste für die Implementierung eines beliebigen Punkt-zu-Punkt-Kapselungsverfahrens bereitstellen soll. Siehe auch *Encapsulation (Kapselung)*.

TÜV
Eine deutsche Überwachungsstelle, die Produkte gemäß den europäischen Sicherheitsstandards zertifiziert.

Twisted-Pair
Ein relativ langsames Übertragungsmedium, das aus zwei isolierten, in regelmäßiger Spiralform angeordneten Drähten besteht. Diese Drähte können abgeschirmt sein oder nicht. Die Verwendung von Twisted-Pair ist weit verbreitet in Telefonie-Anwendungen und verbreitet sich zunehmend auch in Datennetzen. Siehe auch *STP* und *UTP*.

Two-Way Simultaneous
Siehe *TWS*.

TWS
Two-Way Simultaneous. Ein Modus, der es einem als primäre SDLC-Station konfigurierten Router ermöglicht, eine bessere Ausnutzung einer Vollduplex-betriebenen seriellen Leitung zu erreichen. Wenn TWS in einer Multidrop-Umgebung aktiviert ist, kann der Router eine Sekundärstation auswählen und Daten von ihr erhalten, während er über dieselbe serielle Leitung gleichzeitig Daten an eine andere Sekundärstation verschickt oder von ihr empfängt.

TYMNET
Siehe *XStream*.

Type 1 Operation
IEEE 802.2 (LLC) verbindungslose Ausführung.

Type 2 Operation
IEEE 802.2 (LLC) verbindungsbezogene Ausführung.

Type of Service (Dienst-Art)
Siehe *ToS*.

U

UA

Unnumbered Acknowledgement.

UART

Universal Asynchronous Receiver/Transmitter. Ein an den Parallelbus eines Computers angeschlossener, für die serielle Kommunikation verwendeter integrierter Schaltkreis. Der UART wandelt serielle und parallele Signale ineinander um, stellt einen Übertragungstakt bereit und speichert an den oder vom Computer gesendete Daten zwischen.

UB Net/One

Ungermann-Bass Net/One. Ein von UB Networks entwickeltes Routing-Protokoll, das Hello-Pakete und eine Pfadverzögerungs-Metrik einsetzt, wobei die Endknoten mittels des XNS-Protokolls miteinander kommunizieren. Es gibt einige Unterschiede in der Art, wie Net/One das XNS-Protokoll verwendet und wie es üblicherweise von anderen XNS-Knoten eingesetzt wird.

UBR

Unspecified Bit Rate. Eine vom ATM-Forum für ATM-Netzwerke definierte QoS-Klasse. UBR gestattet bis zu einem angegebenen Maximum den Versand einer beliebigen Menge von Daten über das Netzwerk, aber es werden keine Garantien hinsichtlich der Zellverlustrate und Verzögerung gegeben. Vergleiche mit *ABR (1)*, *CBR* und *VBR*.

UBR+

Unspecified Bit Rate Plus. UBR-Dienst, der von ATM-Switches mit intelligenten Verwerfungsalgorithmen geleistet wird. Siehe auch *EPD* und *TPD*.

UCM

Universal Call Model.

UDLP

UniDirectional Link Protocol. Protokoll, das von billigen Antennen für den reinen Empfang von Daten von Satelliten verwendet wird.

UDP

User Datagram Protocol. Ein in der RFC 768 definiertes verbindungsloses Protokoll der Transportschicht aus der TSP/IP-Protokollsammlung. UDP ist ein einfaches Protokoll, das Datagramme ohne Acknowledgements oder eine garantierte Zustellung austauscht, weshalb ein anderes Protokoll für die Fehlerbehandlung und erneute Übertragung sorgen muss.

U-Frame

Unnumbered Frame. Eines von drei SDLC-Frame-Formaten. Siehe auch *I-Frame* und *S-Frame*.

UI
Unnumbered Information.

UI-Frame
Unnumbered Information Frame. Siehe auch *I-Frame, S-Frame* und *U-Frame.*

UIO
Universal I/O Serial Port (Cisco Router).

UKERNA
U.K. Education and Research Networking Association.

UL
Underwriters Laboratories. Eine unabhängige Einrichtung in den USA, die die Produktsicherheit überprüft.

ULP
Upper-Layer Protocol. Ein Protokoll, das in Bezug zu anderen Schichten auf den übergeordneten Schichten des OSI-Referenzmodells operiert. Der Begriff des übergeordneten Protokolls wird manchmal verwendet, um sich auf das nächsthöhere Protokoll (in Bezug zu einem bestimmten Protokoll) in einer Protokollsammlung zu beziehen.

Unbalanced Configuration (ungleichmäßige Konfiguration)
Eine HDLC-Konfiguration mit einer Primärstation und mehreren Sekundärstationen.

Underwriters Laboratories
Siehe *UL.*

Ungermann-Bass Net/One
Siehe *UB Net/One.*

UNI
User-Network Interface. Eine Spezifikation des ATM-Forums, die einen Standard für die Zusammenarbeit von Schnittstellen zwischen in privaten Netzwerken befindlichen ATM-basierten Produkten (ein Router oder ein ATM-Switch) und den ATM-Switches im öffentlichen Betreibernetz definiert. Wird auch zur Beschreibung ähnlicher Verbindungen in Frame-Relay-Netzwerken verwendet. Siehe auch *NNI, Q.920/Q.921* und *SNI (1).*

Unicast-Adresse
Eine ein einziges Netzwerkgerät angebende Adresse. Vergleiche mit *Broadcast-Adresse* und *Multicast-Adresse.* Siehe auch *Unicast.*

Unicast
Eine an ein einziges Netzwerkziel gesendete Nachricht. Vergleiche mit *Broadcast* und *Multicast.*

UniDirectional Link Protocol
Siehe *UCM.*

U

U-NII
Unlicensed National Information Infrastructure. Begriff von öffentlichen Stellen für den Zugang zu Informationen für Bürger und Organisationen. Entspricht dem Begriff *Information Superhighway*.

Uninsured Traffic (nicht zugesicherter Verkehr)
Verkehr innerhalb der Überschussrate (der Differenz zwischen der zugesicherten und der Maximalrate) für eine VCC. Dieser Verkehr kann vom Netzwerk weggelassen werden, wenn es zu Stauungen kommt. Siehe auch *CLP*, *Insured Rate (zugesicherte Rate)* und *Maximum Rate (Maximalrate)*.

Unipolar
Wörtlich das Vorhandensein eines Pols, der grundlegenden elektrischen Eigenschaft interner Signale von digitalen Kommunikationseinrichtungen. Gegensatz zu *bipolar*.

Unity Gain
In Breitband-Netzwerken das Gleichgewicht zwischen Signalverlust und Signalgewinn durch Verstärker.

Universal Asynchronous Receiver/Transmitter
Siehe *UART*.

Universal Resource Locator
Siehe *URL*.

UNIX
Ein 1969 in den Bell Laboratories entwickeltes Betriebssystem. UNIX hat seit seiner Einführung mehrere Entwicklungsstufen durchlaufen. Zu diesen zählen das in Berkeley an der University of California entwickelte UNIX 4.3 BSD (Berkeley Standard Distribution) und das von AT&T entwickelte UNIX System V, Release 4.0.

UNIX-to-UNIX Copy Program
Siehe *UUCP*.

Unnumbered Frames (unnummerierte Frames)
HDLC-Frames, die für verschiedene Steuerungs- und Managementaufgaben wie z.B. das Einrichten und Abbauen einer Verbindung und Modus-Einstellungen eingesetzt werden.

Unshielded Twisted-Pair (unabgeschirmtes Twisted-Pair)
Siehe *UTP*.

Unspecified Bit Rate
Siehe *UBR*.

UPC
Usage Parameter Control. Siehe *Traffic Policing (Verkehrsüberwachung)*.

Upper-Layer Protocol
Siehe *ULP*.

Upstream
Reihe von Frequenzen für das Übertragen von Daten vom Teilnehmer zur Kopfstelle.

Urban Legend
Gerücht, das irgendwann im Internet landet.

URL
Universal Resource Locator. Ein standardisiertes Adressierungsverfahren für den Zugriff mittels eines WWW-Browsers auf Hypertext-Dokumente und andere Dienste. Siehe auch *WWW-Browser.*

Usage Parameter Control
Siehe *Traffic Policing (Verkehrsüberwachung).*

USENET
Im Jahre 1979 eingeführt, ist dies eines der ältesten und mit über 10000 Hosts und einer Viertelmillion Anwendern auch eines der größten kooperativen Netzwerke. Sein hauptsächlicher Dienst ist ein verteilter Conferencing-Service namens *news.*

User Datagram Protocol
Siehe *UDP.*

User-Network Interface
Siehe *UNI.*

UTC
Coordinated Universal Time. Zeitzone bei 0 Grad Länge. Früher GMT und Zulu Time genannt.

UTP
Unshielded Twisted Pair = unabgeschirmtes Twisted-Pair. Ein vieradriges in einer Vielzahl von Netzwerken verwendetes Kabelmedium. Bei UTP ist der bei Koaxialverbindungen erforderliche feste Abstand zwischen den Verbindungen nicht erforderlich. Es gibt drei weit verbreitete Arten von UTP-Kabeln: *Kategorie-1-Kabel, Kategorie-2-Kabel, Kategorie-3-Kabel, Kategorie-4-Kabel* und *Kategorie-5-Kabel.* Vergleiche mit *STP.* Siehe auch *EIA/TIA-586* und *Twisted-Pair.*

UTS
P1024C Data-Link Layer Protocol.

UUCP
UNIX-to-UNIX Copy Program. Eine für die Punkt-zu-Punkt-Kommunikation zwischen UNIX-Systemen eingesetzte Protokollsammlung.

uudecode
UNIX-to-UNIX Dekoding. Methode zur Dekodierung von ASCII-Files, die mit uuencode kodiert wurden.

uuencode
UNIX-to-UNIX Endkoding. Methode zur Konvertierung von binären Files in ASCII, so dass sie über Terminals übertragen werden könnne.

UVM
Universal Voice Module.

UVM-C
Universal Voice Module-Channelized.

UVM-U
Universal Voice Module-Unchannelized.

V.24
Ein ITU-T-Standard für eine Schnittstelle auf der physikalischen Bitübertragungsschicht zwischen Datenendeinrichtungen und Datenkommunikationseinrichtungen. V.24 entspricht im Wesentlichen dem EIA/TIA-232-Standard. Siehe auch *EIA/TIA-232.*

V.25bis
Diese ITU-T-Spezifikation beschreibt Verfahren für das Einrichten und Beenden eines Anrufs über die DTE-DCE-Schnittstelle in einem PSDN.

V.32
Ein Standardprotokoll der ITU-T für serielle Leitungen zum bidirektionalen Übertragen von Daten mit Geschwindigkeiten von 4,8 oder 9,6 Kbit/s. Siehe auch *V.32bis.*

V.32bis
Dieser ITU-T-Standard erweitert V.32 für Geschwindigkeiten bis zu 14,4 Kbit/s. Siehe auch *V.32.*

V.34
Dieser ITU-T-Standard spezifiziert ein Protokoll für serielle Leitungen. V.34 sorgt für Verbesserungen gegenüber dem V.32-Standard, wie z.B. höhere Übertragungsraten (28,8 Kbit/s) und verbesserte Datenkompression. Vergleiche mit *V.32.*

V.35
Dieser ITU-T-Standard beschreibt ein synchrones Protokoll für die physikalische Bitübertragungsschicht, das für die Kommunikation zwischen einem Gerät für den Zugriff auf das Netzwerk und einem paketorientierten Netzwerk eingesetzt wird. V.35 findet seine größte Verbreitung in den USA und in Europa und ist für Geschwindigkeiten bis zu 48 Kbit/s empfohlen.

V.42
Ein auf LAPM zurückgreifendes standardmäßiges ITU-T-Protokoll für die Fehlerkorrektur. Siehe auch *LAPM.*

VAC
Volts Alternating Current.

VAD
Voice Activity Detection. Wenn aktiviert, wird Stille nicht über das Netzwerk übertragen – nur hörbare Sprache. Dadurch wird die Sprachqualität bei deutlichen Einsparungen an Bandbreite geringfügig verschlechtert.

Variable Bitrate
Siehe *VBR.*

Variable-Length Subnet Mask

Siehe *VLSM.*

VBR

Variable Bit Rate. Eine vom ATM-Forum für ATM-Netzwerke definierte QoS-Klasse. Die VBR ist in eine Klasse für Echtzeit (Real Time = RT) und eine für Nicht-Echtzeit (Non-Real Time = NRT) unterteilt. VBR (RT) wird für Verbindungen verwendet, bei denen es ein festes Zeitverhältnis zwischen den Mustern gibt. VBR (NRT) wird für Verbindungen verwendet, bei denen es kein festes Zeitverhältnis zwischen den Mustern gibt, die aber dennoch eine garantierte Dienstequalität (QoS) benötigen. Vergleiche mit *ABR (1), CBR* und *UBR.*

VC

Siehe *Virtual Circuit.*

VCC

Virtual Channel Connection = virtuelle Kanalverbindung. Eine logische, aus VCLs bestehende Schaltung, die Daten zwischen zwei Endpunkten in einem ATM-Netzwerk überträgt. Manchmal auch als *Virtual Circuit Connection (virtuelle Schaltungsverbindung)* bezeichnet. Siehe auch *VCI*, *VCL* und *VPI.*

VCD

Virtual Circuit Descriptor.

VCI

Virtual Channel Identifier. Ein 16 Bit großes Feld im Header einer ATM-Zelle. Der VCI wird zusammen mit dem VPI verwendet, um das nächste Ziel einer Zelle beim Durchlaufen einer Reihe von ATM-Switches auf dem Weg zu ihrem Ziel auszuweisen. ATM-Switches verwenden die VPI/VCI-Felder, um den nächsten Netzwerk-VCL herauszufinden, den eine Zelle auf ihrem Weg zum letztendlichen Ziel nehmen muss. Die Aufgabe der VCI ist ähnlich zu der des DLCI beim Frame-Relay. Vergleiche mit *DLCI.* Siehe auch *VCL* und *VPI.*

VCL

Virtual Channel Link = virtuelle Kanalanbindung. Eine Verbindung zwischen zwei ATM-Geräten. Eine VCC besteht aus einer oder mehreren VCLs. Siehe auch *VCC.*

VCN

Virtual Circuit Number = virtuelle Leitungsnummer. Ein 12 Bit großes Feld in einem X.25-PLP-Header, der eine virtuelle X.25-Leitung ausweist. Damit wird es Datenkommunikationseinrichtungen ermöglicht, zu ermitteln, wie ein Paket durch das X.25-Netzwerk geroutet wird. Manchmal als *LCI* oder *LCN* bezeichnet.

VDC

Volts Direct Current.

VDSL

Very-High-Data Rate Digital Subscriber Line. Eine von vier DSL-Techniken. VDSL leistet 13 bis 52 Mbit/s Downstream und 1,5 bis 2,3 Mbit/s Upstream über ein einzelnes Drahtpaar. Die Reichweite ist auf 304,8 bis 1,372 Meter begrenzt. Vergleiche *ADSL, HDSL* und *SDSL.*

Vektor

Ein Datensegment einer SNA-Nachricht. Ein Vektor besteht aus einem Feld für die Länge, einem den Vektortyp beschreibenden Schlüssel sowie vektorspezifischen Daten.

Veronica

Very Easy Rodent Oriented Netwide Index to Computer Archives. Gopher-Utility, das Gopher-Server auf Basis von User-Schlüsselwörtern durchsucht.

Versatile Interface Processor

Siehe *VIP* in »Cisco Systems Begriffe und Akronyme«.

VF

Variance Factor. Eines von drei Link-Attributen, das mittels PTSPs zum Bestimmen der Ressourcen in einem ATM-Netzwerk ausgetauscht wird.

VINES

Virtual Integrated Network Service. Ein von Banyan Systems entwickeltes und vermarktetes Netzwerkbetriebssystem (NOS).

VIP

Siehe *VIP* in »Cisco Systems Begriffe und Akronyme«.

Virtual Channel Connection (virtuelle Kanalverbindung)

Siehe *VCC*.

Virtual Channel Identifier (virtuelle Kanal-ID)

Siehe *VCI*.

Virtual Channel Link (virtuelle Kanalanbindung)

Siehe *VCL*.

Virtual Circuit (virtuelle Leitung)

Eine zur Gewährleistung einer zuverlässigen Kommunikation zwischen zwei Netzwerkgeräten erzeugte logische Leitung. Eine virtuelle Leitung ist durch ein VPI/VCI-Paar definiert und kann entweder dauerhaft (PVC) oder geschaltet (SVC) sein. Virtuelle Leitungen werden von Frame-Relay und X.25 eingesetzt. Unter ATM wird eine virtuelle Leitung als *virtueller Kanal* bezeichnet. Manchmal mit *VC* abgekürzt. Siehe auch *PVC*, *SVC*, *VCI*, *virtuelle Route* und *VPI*.

Virtual Circuit Connection

Siehe *VCC*.

Virtual Circuit Number

Siehe *VCN*.

Virtual Integrated Network Service

Siehe *VINES*.

Virtual LAN

Siehe *VLAN*.

Virtual LAN Internetwork

Siehe *VLI*.

Virtual Path Connection
Siehe *VPC.*

Virtual Path Identifier
Siehe *VPI.*

Virtual Path Identifier/Virtual Channel Identifier
Siehe *VPI/VCI.*

Virtual Path Link
Siehe *VPL.*

Virtual Telecommunications Access Method Siehe *VTAM.*

Virtual Terminal Protocol
Siehe *VTP.*

Virtualization (Virtualisierung)
Der Vorgang der Implementierung eines Netzwerks, basierend auf virtuellen Netzwerksegmenten. Geräte werden unabhängig von ihrem physikalischen Aufenthaltsort und ihrer physikalischen Anbindung an das Netzwerk mit virtuellen Segmenten verbunden.

virtuelle Adresse
Siehe *Netzwerk-Adresse.*

virtuelle Route
In der SNA eine logische Verbindung zwischen Subarea-Knoten, die physikalisch als eine bestimmte explizite Route verwirklicht ist. Der SNA-Begriff für eine virtuelle Leitung. Siehe auch *Virtual Circuit (virtuelle Leitung).*

virtueller Kanal
Siehe *Virtual Circuit (virtuelle Leitung).*

virtueller Pfad
Eine logische Gruppierung von virtuellen Leitungen, die zwei Standorte miteinander verbinden. Siehe auch *Virtual Circuit (virtuelle Leitung).*

virtueller Ring
Eine Entität in einem SRB-Netzwerk, das zwei oder mehr physikalische Ringe entweder lokal oder entfernt logisch miteinander verbindet. Das Konzept virtueller Ringe kann über Routergrenzen hinweg ausgedehnt werden.

VLAN
Virtual LAN. Eine Gruppe von Geräten in einem LAN, die (mittels Managementsoftware) derart konfiguriert sind, dass sie so miteinander kommunizieren können, als wären sie am selben Kabel angeschlossen, obwohl sie sich in Wirklichkeit auf mehrere verschiedene LAN-Segmente verteilen. Da VLANs auf logischen statt auf physikalischen Verbindungen basieren, sind sie äußerst flexibel.

VLI
Virtual LAN Internetwork. Ein aus VLANs zusammengesetztes Internetwork. Siehe *VLAN.*

VLSM

Variable-Length Subnet Mask. Die Fähigkeit, eine andere Subnetz-Maske für dieselbe Netzwerknummer in unterschiedlichen Subnetzen anzugeben. Die VLSM kann beim Optimieren des verfügbaren Adressraums behilflich sein.

VMAC

Virtual Media Access Control.

VNS

Siehe *Virtual Networking Services* in »Cisco Systems Begriffe und Akronyme«.

VoATM

Voice over ATM. Ermöglicht es Routern, Sprach-Traffic (etwa Anrufe und Faxe) über ein ATM-Netzwerk zu transportieren. Voice-Traffic wird dabei AAL5 gekapselt.

VoATM Dial Peer

Über ATM-Netzwerk angeschlossener Dial-Peer. VoATM-Peers zeigen auf spezifische VoATM-Geräte.

VoFR Dial Peer

Dial Peer, der über ein Frame Relay-Netz angeschlossen ist. VoFR-Dial-Peers zeigen auf spezifische VoFR-Geräte.

VoFR

Voice over Frame Relay. Ermöglicht es Routern, Sprach-Traffic (etwa Anrufe und Faxe) über ein Frame Relay-Netzwerk zu übertragen. Bei der Übertragung wird Sprach-Traffic segmentiert und FRF.12 gekapselt.

VoHDLC

Voice over HDCL. Ermöglicht es Routern, Sprach-Traffic (etwa Anrufe und Faxe) über ein HDLC-Netzwerk zu einem zweiten Router über eine serielle Leitung zu übertragen.

VoHDLC Dial Peer

Mit HDLC-Netz verbundener Dial-Peer. Dial-Peers zeigen auf ein spezifisches VoHDLC-Gerät.

VoIP

Voice over IP. Ermöglicht es Routern, Sprach-Traffic (etwa Anrufe oder Faxe) über ein IP-Netzwerk zu übertragen. Der DSP segmentiert dabei das Sprachsignal in Frames, die zu Zweiergruppen zusammengefasst werden und in Sprachpaketen gespeichert werden. Diese Pakete werden über IP entsprechend ITU-T H.323 übertragen.

vollduplex

Die Fähigkeit zur gleichzeitigen Datenübertragung zwischen einer Sendestation und einer Empfangsstation. Vergleiche mit *halbduplex* und *simplex*.

VP

Virtual Path. Eine von zwei ATM-Leitungsarten, die durch VPI identifiziert. werden. Ein VP ist ein Bündel von virtuellen Kanälen, die alle transparent über ein ATM-Netzwerk auf Basis einer allgemeinen VPI geswicht werden. Siehe auch *VPI*.

VPC
Virtual Path Connection = virtuelle Pfadverbindung. Eine Gruppierung von VCCs, die sich eine oder mehrere zusammenhängende VPLs teilen. Siehe auch *VCC* und *VPL*.

VPDN
Virtual Private Dial-Up Network. Siehe auch *VPN*.

VPI
Virtual Path Identifier = virtuelle Pfad-ID. Ein 8 Bit großes Feld im Header einer ATM-Zelle. Der VPI wird zusammen mit dem VCI verwendet, um das nächste Ziel einer Zelle beim Durchlaufen einer Reihe von ATM-Switches auf dem Weg zu ihrem Ziel auszuweisen. ATM-Switches verwenden die VPI/VCI-Felder, um den nächsten Netzwerk-VCL herauszufinden, den eine Zelle auf ihrem Weg zum letztendlichen Ziel nehmen muss. Die Aufgabe der VPI ist ähnlich zu der des DLCI beim Frame-Relay. Vergleiche mit *DLCI*. Siehe auch *VCI* und *VCL*.

VPI/VCI
Siehe *VCI* und *VPI*.

VPL
Virtual Path Link = virtuelle Pfadanbindung. Innerhalb eines virtuellen Pfads eine Gruppe von unidirektionalen VCL mit denselben Endpunkten. Die Gruppierung von VCL in VPL reduziert die Anzahl der zu verwaltenden Verbindungen, wodurch der Overhead und der Aufwand für die Netzwerkkontrolle abnimmt. Eine VPC besteht aus einem oder mehreren VPL.

VPN
Virtual Private Network. Erlaubt es, IP-Traffic sicher über öffentliche TCP/IP-Netzwerke durch Verschlüsselung zu übertragen. Ein VPN benutzt Tunneling, um alle Informationen auf IP-Ebene zu verschlüsseln.

VRML
Virtual Reality Modeling Language. Spezifikation für die Anzeige von 3-dimensionalen Objekten über das WWW. Im Prinzip 3D-äquivalent zu HTML.

VS/VD
Virtual Source/Virtual Destination.

VSC
Siehe *VSC* in »Cisco Systems Begriffe und Akronyme«.

VSI
Virtual Switch Interface.

VTAM
Virtual Telecommunications Access Method. Eine Reihe von Programmen zur Steuerung der Kommunikation zwischen LUs. VTAM steuert die Datenübertragung zwischen per Kanal angebundenen Geräten und führt Routing-Aufgaben durch.

VT-n

Virtual Tributary Level n. SONET-Format für die Abbildung von Signalen niedrigerer Rate in SONET-Daten. VT-1.5 etwa wird für den Transport von DS1-Signalen verwendet. Siehe auch *SONET*.

VTP

Virtual Terminal Protocol. Eine ISO-Anwendung für das Einrichten einer virtuellen Terminalverbindung über ein Netzwerk hinweg.

vty

Virtual Type Terminal, aber häufig als Virtual Terminal Lines verwendet.

W

WAIS

Wide Area Information Server. Verteiltes Datenbank-Protokoll, das für die Suche nach Informationen über ein Netzwerk konzipiert wurde. WAIS unterstützt Volltext-Datenbanken, mit denen sich ein vollständiges Dokument durchsuchen lässt.

WAN

Wide Area Network. Ein Datenkommunikationsnetz, das Anwender in einem großräumigen Bereich bedient und häufig von öffentlichen Betreibern bereitgestellte Übertragungsvorrichtungen einsetzt. Frame-Relay, SMDS und X.25 sind Beispiele für WANs. Vergleiche mit *LAN* und *MAN*.

WAP

Wireless Application Protocol.

Watchdog-Paket

Wird verwendet, um sicherzustellen, dass ein Client noch immer mit einem NetWare-Server verbunden ist. Falls der Server für eine bestimmte Zeit kein Paket vom Client erhält, schickt er dem Client eine Reihe von Watchdog-Paketen (»Wachhund«). Falls die Station auf eine vordefinierte Anzahl von Watchdog-Paketen nicht reagiert, schließt der Server daraus, dass die Station nicht mehr verbunden ist, und löscht die Verbindung zu dieser Station.

Watchdog-Spoofing

Eine Unterart des Spoofing, die sich speziell auf einen Router bezieht, der für einen NetWare-Client agiert, indem er Watchdog-Pakete an einen NetWare-Server schickt, um die Sitzung zwischen Client und Server aufrechtzuerhalten. Siehe auch *Spoofing*.

Watchdog-Timer

1. Ein Hardware- oder Software-Mechanismus, der verwendet wird, um ein Ereignis oder einen Austritt aus einem Prozess auszulösen, falls der Timer nicht regelmäßig neu gesetzt wird.

2. Unter NetWare ein Timer, der die maximale Zeitspanne angibt, die ein Server darauf wartet, dass ein Client auf ein Watchdog-Paket reagiert. Wenn der Timer abgelaufen ist, verschickt der Server (bis zu einem gesetzten Maximum) ein weiteres Watchdog-Paket. Siehe auch *Watchdog-Paket*.

Waveform Koding

Zum Befördern digitaler Signale eingesetzte elektrische Techniken.

W-DCS

Wideband Digital Crossconnect System. SONET-DCS für die Verbindung von DS-1 und VT1.5-Signalen. Siehe auch *DCS, DS-1, SONET* und *VT-n*.

WDM

Wave Division Multiplexing.

Webbrowser
Siehe *Browser.*

WFQ
Weighted Fair Queuing. Algorithmus zur Stauverwaltung, der Konversationen (in Form von Traffic Strömen) identifiziert, Pakete separiert, die zu jeder Konversation gehören, und sicherstellt, dass die Kapazität gleichmäßig auf die Konversationen aufgeteilt wird. WFQ leistet eine automatische Stabilisierung des Netzwerkverhaltens bei Überlastungen und sorgt somit für höhere Leistungen, da weniger erneute Übertragungen nötig sind.

Wide Area Network
Siehe *WAN.*

Wideband (Breitband)
Siehe *Broadband (Breitband).*

Wildcard-Maske
Eine 32-Bit-Größe, die zusammen mit einer IP-Adresse verwendet wird, um festzustellen, welche Bits einer IP-Adresse beim Vergleich der Adresse mit einer anderen IP-Adresse ignoriert werden sollen. Eine Wildcard-Maske wird angegeben, wenn Zugangslisten erstellt werden.

WinSock
Windows Socket Interface. Software-Interface, das es vielen Anwendungen ermöglicht, Netzverbindungen zu nutzen und zu teilen. WinSock ist als DLL mit einigen unterstützenden Programmen wie Dailer implementiert.

Wireless Access Protocol
Sprache für die Erstellung von Webseiten mit deutlich reduziertem Overhead, was Vorteile bei der mobilen Abfrage bietet. Das mit WAP korespondierende Betriebssystem wurde von 3Com im Palm-Pilot entwickelt. Nokia hat das Palm-OS für die internet-tauglichen Telefone übernommen.

Wiring Closet (Schaltschrank)
Ein besonderer Raum für die Verkabelung eines Daten- oder Sprachnetzes. Schaltschränke dienen als zentraler Knotenpunkt für Kabel und Verkabelungsmaterial, der für das Verbinden der Geräte verwendet wird.

WISCNET
Ein TCP/IP-Netzwerk in Wisconsin (USA), das die Campus der University of Wisconsin und einige private Colleges über 56-Kbit/s- und T1-Leitungen miteinander verbindet.

Workgroup
Eine Ansammlung von Workstations und Servern in einem LAN, die untereinander kommunizieren und Daten austauschen können.

Workgroup-Switching
Eine Switching-Methode, die mit hohen Geschwindigkeiten (100 Mbit/s) für transparentes Bridging zwischen Ethernet-Netzen und für übersetzendes Bridging zwischen Ethernet und CDDI oder FDDI sorgt.

World Wide Web

Siehe *WWW*.

Wrap

Eine von einem FDDI- oder CDDI-Netzwerk im Falle eines Ausfalls vorgenommene Handlung zur Wiederherstellung. Die Stationen auf jeder Seite des Ausfalls konfigurieren sich selber neu und erzeugen einen einzigen logischen Ring ausserhalb des Primär- und Sekundärrings.

WWW-Browser

Eine GUI-basierte Client-Anwendung wie z.B. Mosaic, die für den Zugriff auf Hypertext-Dokumente und andere auf unzähligen entfernten Servern im gesamten WWW und Internet befindliche Dienste verwendet wird. Siehe auch *Hypertext*, *Internet*, *Mosaic* und *WWW*.

WWW

World Wide Web. Ein großes Netzwerk von Internet-Servern, die Hypertext und andere Dienste für Terminals bereitstellen, auf denen Client-Anwendungen wie z.B. WWW-Browser laufen. Siehe auch *WWW-Browser*.

X

X Display Manager Control Protocol
Siehe *XDMCP.*

X Terminal
Ein Terminal, das einem Anwender durch die Implementierung von X Windows den gleichzeitigen Zugriff auf unterschiedliche Anwendungen und Ressourcen von verschiedenen Herstellern ermöglicht. Siehe auch *X Windows.*

X Windows
Ein ursprünglich vom MIT für die Kommunikation zwischen X-Terminals und UNIX-Workstations entwickeltes, verteiltes, netzwerktransparentes, geräteunabhängiges multitaskingfähiges Fenster- und Grafiksystem. Siehe auch *X Terminal.*

X.121
Dieser ITU-T-Standard beschreibt ein in X.25-Netzwerken eingesetztes Adressierungsverfahren. X.121-Adressen werden manchmal als *IDNs (Internationale Datennummern)* bezeichnet.

X.21bis
Dieser ITU-T-Standard definiert das Protokoll der physikalischen Bitübertragungsschicht für die Kommunikation zwischen Datenkommunikationseinrichtungen und Datenendeinrichtungen in einem X.25-Netzwerk. Nahezu identisch zu EIA/TIA-232. Siehe auch *EIA/TIA-232* und *X.25.*

X.21
Ein ITU-T-Standard für die serielle Kommunikation über synchrone digitale Leitungen. Das X.21-Protokoll findet hauptsächlich in Europa und Japan Verwendung.

X.25 Level 3
Siehe *PLP.*

X.25 Protokoll
Siehe *PLP.*

X.25
Dieser ITU-T-Standard definiert, wie Verbindungen zwischen Datenendeinrichtungen und Datenkommunikationseinrichtungen für den Fernzugriff per Terminal und die Computerkommunikation in PDNs aufrechterhalten werden. X.25 spezifiziert LAPB, ein Protokoll der Datensicherungsschicht, und PLP, ein Protokoll der Netzwerkschicht. Frame-Relay hat X.25 bis zu einem gewissen Grad verdrängt. Siehe auch *Frame-Relay*, *LAPB* und *PLP.*

X.28
Eine ITU-T-Empfehlung, die die Schnittstelle zwischen Terminals und PADs in X.25-Netzwerken definiert. Siehe auch *PAD* und *X.25.*

X.29
Eine ITU-T-Empfehlung, die die Form der Steuerinformationen für die Schnittstelle zwischen Terminals und PADs in X.25-Netzwerken definiert. Siehe auch *PAD* und *X.25*.

X.3
Eine ITU-T-Empfehlung, die verschiedene in X.25-Netzwerken verwendete PAD-Parameter definiert. Siehe auch *PAD* und *X.25*.

X.400
Diese ITU-T-Empfehlung gibt einen Standard für elektronischen Mail-Transfer an.

X.500
Diese ITU-T-Empfehlung spezifiziert einen Standard für die verteilte Wartung von Dateien und Verzeichnissen.

X.75
Diese ITU-T-Spezifikation definiert das Signalisierungssystem zwischen zwei PDNs. Bei X.75 handelt es sich im Wesentlichen um ein NNI. Siehe auch *NNI*.

X3T9.5
Die Nummer des internen, FDDI beschreibenden Arbeitspapiers des ANSI Task Group of Accredited Standards Committee.

XDMCP
X Display Manager Control Protocol. Ein für die Kommunikation zwischen X-Terminals und unter UNIX betriebenen Workstations eingesetztes Protokoll.

XDR
eXternal Data Representation. Standard für maschinenabhängige Datenstrukturen von Sun Microsystems. Ähnlich wie *BER*.

xDSL
Überbegriff für ADSL, HDSL, SDSL und VDSL. Dies sind alles digitale Techniken, die die bestehende analoge Infrastruktur zur Datenübertragung verwenden. xDSL ist eine Geschwindigkeitsalternative zu ISDN.

XE
TransPath Execution Environment. Software-Schicht, die geteilte Dienste für alle Anwendungsprogramme im TransPath bietet und höhere Softwareschichten von Betriebssystem-Abhängigkeiten isoliert.

Xerox Network Systems
Siehe *XNS*.

XID
Exchange Identification. Request- und Response-Pakete, die vor einer Sitzung zwischen einem Router und einem Host eines Token-Rings ausgetauscht werden. Falls die im XID-Paket enthaltenen Parameter des seriellen Geräts nicht mit der Konfiguration des Hosts übereinstimmen, wird die Sitzung eingestellt.

Xid
Siehe *Termid*.

XML
eXtensible Markup Language. Text Markup Language, die für den Einsatz von SGML im WWW gedacht ist. XML ermöglicht es, eine eigene, angepasste Markup-Sprache zu entwerfen.

XNS
Xerox Network Systems. Eine ursprünglich von PARC entworfene Protokollsammlung. Viele der sich mit PC-Netzwerken beschäftigenden Firmen wie beispielsweise 3Com, Banyan, Novell und UB Networks haben als erstes Transportprotokoll eine XNS-Variante verwendet, oder sie verwenden noch immer eine.

XOT
X.25 over TCP.

XRemote
Ein speziell für die Optimierung der Unterstützung von X Windows über eine serielle Kommunikationsverbindung entwickeltes Protokoll.

XStream
Das Wichtigste von der MCI betriebene öffentliche PSN in den USA. Wurde früher als *TYMNET* bezeichnet. Siehe auch *PSN (1)*.

XTagATM
Extended Tag ATM.

Z

Zero Code Suppression

Ein Leitungskodierungsverfahren zur Taktübertragung. Bei der Zero Code Suppression substituiert eine Eins im siebten Bit einer Zeichenkette aus acht aufeinander folgenden Nullen. Siehe auch *Ones-Density (Einser-Dichte)*.

ZIP

Zone Information Protocol. Ein AppleTalk-Protokoll der Kommunikationsschicht, das Netzwerknummern auf Zonennamen abbildet. Siehe auch *ZIP-Sturm* und *Zone*.

ZIP-Sturm

Ein Broadcast-Sturm, der auftritt, wenn ein mit AppleTalk betriebener Router eine Route verbreitet, für die er momentan über keinen entsprechenden Zonennamen verfügt. Die Route wird dann von stromabwärts gelegenen Routern weitergeleitet, und es entsteht ein ZIP-Sturm. Siehe auch *ZIP*.

Zone

Unter AppleTalk eine logische Gruppe von Netzwerkgeräten. Siehe auch *ZIP*.

Zone Information Protocol

Siehe *ZIP*.

Zone Multicast Address

Data-Link-abhängige Multicast-Adresse, an der ein Knoten NBP-Broadcasts empfängt, die an seine Zone gerichtet sind. Siehe auch *NBNS*.

Zyklen pro Sekunde

Siehe *Hertz*.

Cisco Systems Begriffe und Akronyme

A

Address Translation Gateway
Siehe *ATG*.

AIP
ATM Interface Processor. ATM-Netzwerk-Schnittstelle für die Router der 7000er-Serie, die für die Minimierung von Flaschenhälsen im UNI ausgelegt ist. AIP unterstützt AAL3/4 und AAL5. Siehe auch *AAL3/4* und *AAL5*.

APaRT
Automated Packet Recognition/Translation. Technik, die es ermöglicht, Server an FDDI oder CDDI anzuschließen, ohne Anwendungen oder Netzwerk-Protokolle rekonfigurieren zu müssen. APaRT erkennt den Typ spezifischer Data-Link Layer-gekapselter Pakete und übersetzt sie in das native Format des Zielgerätes, wenn die Pakete von einem Medium zum anderen übertragen werden.

ATG
Address Translation Gateway.

Cisco DECnet Routing Software-Funktion, die es einem Router ermöglicht, mehrere unabhängige DECnet-Netze zu routen und vom User spezifizierte Adress-Übersetzungen für ausgewählte Knoten zwischen den Netzwerken durchzuführen.

ATM Interface Processor
Siehe *AIP*.

ATM Network Interface Card
ESP-Karte, die als OC-3-Interface zum BXM eines PBX benutzt wird.

Automated Packet Recognition/Translation
Siehe *APaRT*.

Autonomous Switching
Feature von Cisco Routern, das die Verarbeitung von Paketen beschleunigt, indem der CiscoBus-Pakete ohne Unterbrechung des Systemprozessors switcht.

B

BIGA

Bus Interface Gate Array. Erlaubt es dem Catalyst 5000, Frames von seinem Paket-Switching-Speicher zum lokalen MAC-Puffer-Speicher zu übertragen, ohne dass dazu Eingriffe des Host Prozessors nötig sind.

BOBI

Break-Out/Break-In. VNS-Feature, das das Internetworking zwischen Euro-ISDN (ETSI) und anderen von VNS unterstützten Signalisierungsverfahren wie DPNSS und QSIG erlaubt.

BPX Service Node

Integrierter PBX-Switch, AIXS Interface Shelf und erweiterter Service-Prozessor für die Unterstützung von ATM- und Frame Relay-geswitchten VCs genauso wie traditionellen PVCs.

Break-Out/Break-In

Siehe *BOBI*.

Bus Interface Gate Array

Siehe *BIGA*.

C

Call Detail Record

Siehe *CDR*.

CAM

Cisco Access Manager.

CCIE

Cisco Certified Internetwork Expert.

CCNA

Cisco Certified Network Associate.

CDP

Cisco Discovery Protocol. Medien- und protokollunabhängiges Geräte-Erkennungsprotokoll, das auf allen Cisco-Geräten wie Routern, Access-Servern, Bridges und Switches läuft. Mit CDP kann ein Gerät seine Existenz anderen Geräten mitteilen und Informationen über andere Geräte in LAN oder WAN erhalten. Läuft auf allen Medien, die SNAP unterstützen, also auch LANs, Frame Relay und ATM.

CDR

Call Detail Record. VNS-Record von Sprach- oder Daten-SVCs, der angerufene und anrufende Nummer, lokale und entfernte Host-Namen, Daten und Timestamp, vergangene Zeit und Call Failure Class Felder enthält.

CEF

Cisco Express Forwarding.

CFRAD

Siehe *Cisco FRAD*.

Channel Interface Processor

Siehe *CIP*.

CIP

Channel Interface Processor. Interface zum Kanalanschluss für die Router der Cisco 7000 Serie. CIP wird zum Anschluss eines Host-Mainframes an eine Kontrolleinheit verwendet, weshalb kein FEP mehr zum Kanalanschluss benötigt wird.

Cisco Discovery Protocol

Siehe *CDP*.

Cisco FRAD

Cisco Frame Relay Access Device. Cisco-Produkt, das den Cisco IOS Frame Relay SNA-Dienst unterstützt und zu einem vollen Multiprotokoll-Router ausgebaut werden kann. Cisco FRAD verbindet SDLC-Geräte mit Frame Relay, ohne dass ein bestehendes LAN nötig wäre. Cisco FRAD unterstützt dennoch auch angeschlossene LANs und kann SDLC zu Ethernet und Token-Ring konvertieren. Siehe auch *FRAD*.

Cisco Frame Relay Access Device

Siehe *FRAD*.

Cisco Internet Operating System

Siehe *Cisco IOS*.

Cisco IOS

Cisco System-Software, die allgemeine Funktionen, Skalierbarkeit und Sicherheit für alle Produkte mit CiscoFusion-Architektur bietet. Cisco IOS erlaubt zentralisierte, integrierte und automatisierte Installation und Verwaltung von Internetworks, wobei eine breite Palette an Protokollen, Medien, Diensten und Plattformen unterstützt wird. Siehe auch *CiscoFusion*.

Cisco Link Services Interface

Siehe *CLSI*.

Cisco Link Services

Siehe *CLS*.

CiscoBus Controller

Siehe *SP*.

CiscoFusion

Cisco Internetworking-Architektur, die Skalierbarkeit, Stabilität und Sicherheit der neuesten Routing-Techniken mit den Leistungsvorteilen von ATM- und LAN-Switching sowie den Verwaltungsvorteilen von VLANs vereinigt. Siehe auch *Cisco IOS*.

Cisco-Trunk (Private Line) Call

Ein Cisco-Trunk (Private Line) Call wird durch die forcierte Verbindung eines dynamisch geswitchten Anrufs aufgebaut. Wird während der Konfiguration des Baumes aufgebaut und bleibt solange bestehen wie die Konfiguration. Optional gibt es die Möglichkeit, Signalisierungsinformationen zwischen zwei Telefon-Interfaces auszutauschen.

CiscoView
GUI-basierte Software für das Geräte-Management, die dynamische Status, Statistik und umfassende Konfigurationsinformationen für Cisco Internetworking-Geräte bietet. Zusätzlich zur physikalischen Ansicht von Cisco-Gehäusen gibt es auch Geräteüberwachungsfunktionen und grundlegende Fehlerbehebungsmöglichkeiten. Kann mit diversen SNMP-basierten Netzwerk-Management Plattformen integriert werden.

C-ISUP
Proprietäres Cisco-Protokoll auf Basis von *ISUP*.

CLS
Cisco Link Services. Ein Front-End für eine Reihe von Data Link Control Services.

CLSI
Cisco Link Services Interface. Nachrichten, die zwischen CLS und Data Link-Usern wie APPN, SNA Service Point und DLSw+ ausgetauscht werden.

Coax Cable
Kabel zum Anschluss von Cisco-Geräten an Antennen.

Configuration Register
Ein 16 Bit benutzerkonfigurierbarer Wert bei Cisco-Routern, der bestimmt, wie der Router sich während der Initialisierung verhält. Das Configuration-Register kann in Hard- oder Software gespeichert sein. In Software wird die Bit-Position durch Spezifizierung eines Hex-Wertes mittels Konfigurationsbefehlen gesetzt.

CPP
Combined Proprietary Protocol.

CxBus
Cisco Extended Bus. Datenbus für Interface-Prozessoren in Cisco-7000-Routern. Siehe auch *SP*.

D

Data Movement Processor
Siehe *DMP*.

Diffusing Update Algorithm
Siehe *DUAL*.

DistributedDirector
Methode für die Verteilung von Web-Traffic unter Berücksichtigung von Webserver Verfügbarkeit und relativer Client-Server-topologischer Entfernung. DistributedDirector benutzt das Director Response Protocol zur Abfrage von DRP-Server-Agenten für die BGP- und IGP-Routing-Metriken.

DLSw+

Data-Link Switching plus. Cisco-Implementierung des DLSw-Standards für die Weiterleitung von SNA und NetBIOS Traffic. DLSw+ geht über den Standard hinaus, um zusätzliche Features von der aktuellen Cisco RSRB-Implementierung zu integrieren und die Skalierbarkeit zu verbessern. Siehe auch *DLSw* im Hauptindex.

DMP

Data Movement Processor. Prozessor des Catalyst 5000, der zusammen mit dem Multiport Packet Buffer Memory Interface für das Frame-Switching zuständig ist. Der DMP führt auch Translational Switching zwischen Ethernet und FDDI-Interfaces, IP-Segmentierung und intelligentes Bridging mit protokollbasierter Filterung durch.

DRP

Director Response Protocol. Protokoll, das vom DistributedDirector-Feature beim IP-Routing benutzt wird.

DSPU Concentration

Cisco IOS-Feature, das es einem Router erlaubt, als PU-Concentrator für SNA-PU-2-Konten arbeiten. PU-Konzentration am Router vereinfacht die Aufgabe der PU-Definition am Upstream-Host und bietet zusätzliche Flexibilität und Mobilität für Downstream-PU-Geräte.

DUAL

Diffusing Update Algorithm. Konvergenz-Algorithmus von EIGRP, der durch Routen Berechnungen schleifenfreie Pfade erreicht. Ermöglicht es Routern, die von einer topologischen Veränderung betroffen sind, sich gleichzeitig zu synchronisieren, wobei Router nicht miteinbezogen werden, die von der Veränderung nicht betroffen sind. Siehe auch *Enhanced IGRP.*

E

EIGRP

Siehe *Enhanced IGRP.*

EIP

Ethernet Interface Processor. Interface-Prozessor-Karte von Routern der Cisco-7000-Serie. Der EIP besitzt einen schnellen (10 Mbit/s) AUI-Port, der Ethernet Version 1 und Ethernet Version 2 oder IEEE-802.3-Schnittstellen unterstützt, sowie einen schnellen Datenpfad zu anderen Interface Prozessoren.

Enhanced IGRP

Enhanced Interior Gateway Routing Protocol. Erweiterte Version von IGRP, die von Cisco entwickelt wurde. Bietet höhere Konvergenz und Betriebseffizienz und kombiniert die Vorteile von Link-State-Protokollen mit denen von Distanz-Vektor-Protokollen. Vergleiche mit *IPGR*. Siehe auch *IGP, OSPF* und *RIP.*

Enhanced Interior Gateway Routing Protocol

Siehe *EIGRP.*

Enhanced Monitoring Services

Reihe von Analyse-Tools des Catalyst 5000-Switch, die aus einem integrierten RMON-Agenten und dem SPAN bestehen. Diese Tools leisten Traffic-Überwachung, Netzwerk-Segmentanalyse und Management.

ESP

Extended Services Processor. Im Rack montierter Zusatzprozessor, der zu einem Cisco BPX/AXIS gehört (alle drei Einheiten machen einen PBX-Service-Knoten aus) und eine IP-Verbindung zu einer StrataView Plus Workstation hat.

EXEC

Interaktiver Befehlsprozessor für Cisco IOS.

Extended Interface Processor

Siehe *EIP*.

Extended Services Processor

Siehe *ESP*.

F

Fast Ethernet Interface Processor

Siehe *FEIP*.

Fast Sequenced Transport

Siehe *FST*.

Fast Serial Interface Processor

Siehe *FSIP*.

Fast Switching

Cisco-Feature, das den Cache nutzt, um Pakete beim Switching durch einen Router zu beschleunigen.

FDDI Interface Processor

Siehe *FIP*.

FEIP

Fast Ethernet Interface Processor. Interface-Prozessor in einem Router der Cisco 7000-Serie. Der FEIP unterstützt bis zu zwei 100 Mbit/s 100BaseT-Ports.

FIP

FDDI Interface Processor. Interface-Prozessor in Routern der Cisco 7000-Serie. FIP unterstützt SASs, DASs, Dual Homing und optical bypass und enthält 16-mips-Prozessoren für schnelle (100 Mbit/s) Interface-Raten. Der FIP entspricht den ANSI- und ISO-FDDI-Standards.

FRAS

Frame Relay Access Support. Cisco IOS-Feature, das es über SDLC, Token-Ring, Ethernet und Frame Relay angeschlossenen IBM-Geräten ermöglicht, sich mit anderen IBM-Geräten über Frame Relay zu verbinden. Siehe auch *FRAD*.

FSIP
Fast Serial Interface Processor. Standard-Prozessor für serielle Interfaces bei Routern der Cisco 7000-Serie. Der FSIP bietet vier oder acht schnelle serielle Ports.

FST
Fast Sequenced Transport. Verbindungsloses, sequenziertes Transportprotokoll, das auf dem IP-Protokoll läuft. SRB-Traffic wird in IP-Datagrammen gekapselt und wird über eine FST-Verbindung zwischen zwei Netzwerk-Geräten (wie Routern) weitergegeben. Beschleunigt die Datenzustellung, reduziert Overhead und verbessert die Antwortzeiten.

G

Gateway Discovery Protocol
Siehe *GDP.*

GDP
Gateway Discovery Protocol. Cisco-Protokoll, das es Hosts ermöglicht, neue Router dynamisch zu erkennen sowie festzustellen, wenn Router nicht mehr laufen. Basiert auf UDP. Siehe auch *UDP* im Hauptglossar.

Generic Routing Encapsulation
Siehe *GRE.*

GRE
Generic Routing Encapsulation. Tunneling-Protokoll von Cisco, das eine große Zahl von Protokoll-Pakettypen in IP-Tunneln kapseln kann, was zu einer virtuellen Punkt-zu-Punkt-Verbindung zu Cisco-Routern am entfernten Ende über IP-Netze führt. Da so die Verbindung von Subnetzen mit verschiedenen Protokollen zu einer Backbone-Umgebung mit nur einem Protokoll möglich wird, können Netzwerke auch über solche Backbones hinauswachsen.

H

Helper Address
Adresse eines Interfaces, an die an diesem Interface empfangene Broadcasts gesendet werden.

High-Speed Communications Interface
Siehe *HSCI.*

HIP
HSSI Interface Processor. Interface-Prozessor in Routern der Cisco 7000-Serie. HIP bietet einen HSSI Port, der Verbindungen zu ATM, SMDS, Frame Relay oder privaten Verbindungen bei Geschwindigkeiten bis zu T3/E3 unterstützt.

Hot Standard Router Protocol
Siehe *HSRP.*

HSCI
High-Speed Communications Interface. Interface mit einem Port, das von Cisco entwickelt wurde; leistet vollduplexsynchrone serielle Übertragungen mit bis zu 52 Mbit/s.

HSRP

Hot Standby Router Protocol. Erlaubt hohe Netzwerk-Verfügbarkeit und transparente Veränderungen der Topologie. HSRP erzeugt eine Hot Standby Router-Gruppe mit einem Hauptrouter, der alle Pakete bedient, die an die Hot Standby-Adresse geschickt werden. Der Hauptrouter wird von den anderen Routern der Gruppe überwacht; fällt er aus, übernimmt einer der übrigen Router seine Position.

HSSI Interface Processor

Siehe *HIP*.

I

IGRP

Interior Gateway Routing Protocol. Von Cisco entwickeltes IGP für das Routing in großen heterogenen Netzwerken. Vergleiche mit *EIGRP*. Siehe auch *IGP*, *OSPF* und *RIP*.

Interface Processor

Beliebige Zahl von Prozessor-Modulen in einem Router der Cisco 7000-Serie. Siehe auch *AIP*, *CIP*, *EIP*, *FEIP*, *FIP*, *FSIP*, *HIP*, *MIP*, *SIP* und *TRIP*.

Interior Gateway Routing Protocol

Siehe *IGRP*.

Inter-Switch Link

Siehe *ISL*.

IOS

Siehe *Cisco IOS*.

ISL

Inter-Switch Link. Proprietäres Cisco-Protokoll, das VLAN-Informationen über den Traffic-Fluss zwischen Switches und Routern verwaltet.

L

LMT

Ciscos Last Mile Technology.

Local Adjacency

Zwei VPNs, die unterschiedliche VSN-Gebiete kontrollieren, aber miteinander über einen Frame Relay-PVC kommunizieren, werden als locally adjacent bezeichnet.

M

MICA

Multiservice IOS Channel Aggregation. Technik, die die simultane Unterstützung von Remote Access-Usern über analoge Modems oder ISDN-Geräte erlaubt.

MIP

MultiChannel Interface Processor. Interface-Prozessor der Cisco 7000-Serie-Router, der bis zu zwei kanalisierte T1/E1-Verbindungen über serielle Kabel zu einer CSU unterstützt. Die beiden Controller auf dem MIP können jeweils bis zu 24 T1- oder 30 E1-Kanalgruppen bewältigen, wobei jede Kanalgruppe dem System als serielles Interface präsentiert wird, das individuell konfiguriert werden kann.

MultiChannel Interface Processor

Siehe *MIP*.

N

Native Client Interface Architecutre

Siehe *NCIA*.

NCIA

Native Client Interface Architecture. SNA-Anwendungszugangsarchitektur von Cisco, die die volle Funktionalität eines SNA-Interfaces auf Host und Client-Seite mit der Flexibilität eines TCP/IP-Backbones verbindet. NCIA kapselt SNA-Traffic bei einem Client-PC oder einer Arbeitsstation, was direkten TCP/IP-Zugang bei Erhalt des nativen SNA-Interfaces auf Ebene des End-Users bedeutet. In vielen Netzwerken erübrigt sich somit eine Standalone-Gateway und flexibler TCP/IP Zugang wird bei Erhalt des SNA-Interfaces für den Host möglich.

NetFlow

Network Flow ist als unidirektionale Sequenz von Paketen zwischen gegebenen Quell- und Zielpunkten definiert.

NETscout

Cisco Netzwerk-Management-Software, die eine einfach zu bedienende GUI-Oberfläche für die Überwachung von RMON-Statistiken und Protokollanalysen bietet. Diese Tools erlauben es Administratoren Traffic zu überwachen, Grenzen zu setzen und Daten aus einem beliebigen Netzwerk Segment aufzugreifen.

NMP

Network Management Processor. Prozessormodul für den Catalyst 5000-Switch für Steuerung und Überwachung des Switches.

NSP

Netword Service Point.

O

OPT

Ciscos Open Packet Telephony Architecture.

P

Physical Layer Interface Module

Siehe *PLIM*.

PLIM
Physical Layer Interface Module. Interface, das den AIP (ATM Interfac Processor) für eine Reihe von Protokollen des PHY möglich macht, etwa TAXI und SONET Multimode-Glasfaser-Kabel, SDH/SONET Singlemode-Glasfaser oder E3-Koaxialkabel.

Process Switching
Betrieb mit voller Routenbestimmung und Lastverteilung per Paket über parallele WAN-Links. Umfasst die Übertragung von ganzen Frames an die Router-CPU, wo sie für die Übertragung über das WAN-Interface verpackt werden, wobei der Router eine Route für jedes Paket wählt. Process-Switching ist der ressourcenintensivste Modus, in dem die CPU laufen kann. Vergleiche *Fast Switching*.

Proxy Polling
Technik, die die Last über ein SDLC-Netzwerk verringert, indem es dem Router ermöglicht wird, als Proxy für primäre und sekundäre Knoten zu arbeiten und somit Polling-Traffic von den geteilten Links fernzuhalten. Proxy Polling wurde durch *SDLC Transport* ersetzt.

R

Reliable SAP Update Protocol
Siehe *RSUP*.

Route Processor
Siehe *RP*.

RP
Route Processor. Prozessormodul in der Cisco 7000-Router-Serie, das CPU, System-Software und den größten Teil der Speicherkomponenten enthält. Manchmal als Supervisory Processor bezeichnet.

RSP
Route/Switch Processor. Prozessormodul der Cisco 7500-Router-Serie, das die Funktionen von RP und SP vereint. Siehe auch *RP* und *SP*.

RSUP
Reliable SAP Update Protocol. Bandbreite schonendes Protokoll von Cisco für die Verteilung von Dienstinformationen. RSUP ermöglicht es Routern, normale Novell SAP-Pakete dann zu senden, wenn eine Äderung bei den Diensten stattgefunden hat. RSUP kann Netzwerk-Informationen unabhängig von oder in Verbindung mit EIGRP-Routing-Funktionen in IPX transportieren.

S

SDLC Broadcast
Feature von Cisco-Routern, durch das verteilte Umgebungen in ein einzelnes, schnelles, firmenweites Netzwerk zusammen gefasst werden können. Nativer SDLS-Traffic kann über serielle Punkt-zu-Punkt-Links mit anderem Traffic gemultiplext werden. Cisco-Router kann auch SDLC-Frames in IP-Datagrammen für den Transport über Nicht-SDLC-Netzwerke kapseln. Ersetzt Proxy Polling. Siehe auch *Proxy Polling*.

SDLC

SDLC Logical Link Control. Cisco IOS-Feature, das die Übersetzung zwischen SDLC und IEEE 802.2 Type 2 ermöglicht.

Serial Tunnel

Siehe *STUN*.

Silicon Switch Processor

Siehe *SSP*.

Silicon Switching

Switching auf Basis von SSE; erlaubt die Verarbeitung von Paketen unabhängig vom SSP. Silicon Switching erlaubt schnelles dediziertes Paket-Switching. Siehe auch *SSP* und *SSE*.

Silicon Switching Engine

Siehe *SSP*.

SIP

1. SMDS Interface Protocol. Wird für die Kommunikation mit CPE und SMDS-Netzwerk-Geräten verwendet. Ermöglicht es der CPE, SMDS-Dienste für schnelles WAN-Internetworking zu nutzen. Basiert auf dem IEEE-802.6-DQDB-Standard. Siehe auch *DQDB*.

2. Serial Interface Processor.

SP

Switch Processor. Prozessormodul der Cisco 7000-Serie, das als Administrator für alle Cx-Bus-Aktivitäten fungiert. Manchmal als CiscoBus-Controller bezeichnet. Siehe auch *CxBus*.

SPAN

Switched Port Analyzer. Feature des Catalyst 5000-Switch, das die Überwachungsfunktionen von bestehenden Netzwerk-Analysatoren in geswitchten Ethernet-Umgebungen erweiter. SPAN spiegelt den Traffic eines geswitchten Segments auf einen vordefinierten SPAN-Port. Ein daran angschlossener Netzwerk-Analysator kann somit den Traffic von jedem der geswichten Ports überwachen.

SPNNI Connection

Frame Relay-Verbindung zwischen VNSs in verschiedenen Bereichen oder Domänen. Die SPNNI-Verbindung hat ihren Namen vom proprietären Netzwerk-zu-Netzwerk-Interface-Protokoll, das über diese Verbindung betrieben wird.

SSE

Silicon Switching Engine. Routing und Switching-Mechanismus, der den Data Link oder Network-Header eines eingehenden Paketes mit dem Silicon-Switching-Cache vergleicht, die passende Aktion ermittelt (Routing oder Bridging) und das Paket über das geeignete Interface weiterleitet. SSE ist direkt in der Hardware des SSP eines Routers der Cisco 7000-Serie kodiert. Somit kann das Switching unabhängig vom Systemprozessor statt finden, was die Ausführung der Routing Entscheidung gegenüber einer Softwarekodierung wesentlich beschleunigt. Siehe auch *Silicon Switching* und *SSP*.

SSP

Silicon Switch Processor. Hochperformanter Silicon-Switch für die Cisco 7000-Router-Serie, der verteilte Verarbeitung und Steuerung der Interface-Prozessoren leistet. Der SSP schöpft die schnellen Routing- und Switching-Fähigkeiten des SSE aus, um die erreichbare Router-Leistung deutlich zu erhöhen und Flaschenhälse an den Interface-Punkten zwischen Routern und schnellen Backbones zu minimieren. Siehe auch *Silicon Switching* und *SSP*.

STUN

Serial Tunnel. Router-Feature für den Anschluss von zwei SDLC- oder HDLC-Geräten an ein anderes über eine beliebige Multiprotokoll-Architektur statt über einen direkten seriellen Link.

Supervisory Processor

Siehe *RP*.

Switch Processor

Siehe *SP*.

T

TAC

Cisco Technical Assistance Center. Es gibt weltweit vier TACs.

TACACS+

Terminal Access Controller Access Control System Plus. Proprietäre Cisco-Erweiterung für TACACS. Bietet zusätzliche Unterstützung für Authentifizierung, Authorisierung und Accounting. Siehe auch *TACACS* im Hauptglossar.

THC over X.25

Feature, das die TCP/IP-Header-Kompression über X.25-Links zum Zweck der höheren Effizienz ermöglicht.

TRIP

Token-Ring Interface Processor. Schneller Interface-Prozessor von Routern der 7000-Serie. TRIP bietet zwei oder vier Token-Ring-Ports für Verbindung zu IEEE 802.5 und IBM-Token-Ring-Medien mit Ports, die unabhängig voneinander mit Geschwindigkeiten von 4 oder 16 Mbit/s betrieben werden können.

Two-Way Simultaneous

Siehe *TWS*.

TWS

Two-Way Simultaneous. Modus, der es ermöglicht, Router als primäre SDLC-Station zu konfigurieren, um eine bessere Ausnutzung für eine serielle Vollduplex-Leitung zu erhalten. Ist TWS in einer Multidrop-Umgebung aktiv, kann der Router sekundäre Stationen pollen und erhält Daten von der Station, während Daten mit einer anderen sekundären Station auf derselben seriellen Leitung ausgetauscht werden.

V

Versatile Interface Processor

Siehe *VIP.*

VIP

1. Versatile Interface Processor. Interface-Karte für die Cisco-7000- und 7500-Router-Serien. VIP ermöglicht Multilayer-Switching und betreibt Cisco-IOS. Die neueste VIP-Version ist VIP2.

2. Virtual IP. Funktion, die die Schaffung von logisch getrennten geschwichten IP-Workgroups über die Ports eines Catalyst 5000 ermöglicht, auf denen die Virtual Networking Services-Software läuft. Siehe auch *Virtual Networking Services.*

Virtual IP

Siehe *VIP.*

Virtual Networking Services

Software auf manchen Catalyst 5000-Switches, die die Definition mehrerer Arbeitsgruppen über die Switches, Traffic-Segmentierung und Zugangskontrolle erlaubt.

VNS

Siehe *Virtual Networking Services.*

VSC

Ciscos Virtual Switch Controller.

W

WorkGroup Director

SNMP-basiertes Netzwerk-Management-Tool von Cisco. Workgroup Director läuft auf UNIX-Workstations als Standalone-Applikation oder integriert mit einer SNMP-basierten Netzwerk-Management Plattform; dies ermöglicht ein reibungsloses und mächtiges Management von Cisco Workgroup-Produkten. Siehe auch *SNMP.*